History Getting Started an academic from the media reading test

一个学术自媒体的阅读实验

如何入门历史学

历史研习社◎编

图书在版编目（CIP）数据

如何入门历史学 / 历史研习社编 . -- 北京 : 中国书籍出版社 , 2017.12

ISBN 978-7-5068-6579-1

Ⅰ . ①如… Ⅱ . ①历… Ⅲ . ①史学—文集 Ⅳ . ① K0-53

中国版本图书馆 CIP 数据核字 (2017) 第 318059 号

如何入门历史学

历史研习社 编

责任编辑 叶心忆

责任印刷 孙马飞 马 芝

封面设计 田新培

出版发行 中国书籍出版社

地 址 北京市丰台区三路居路 97 号（邮编：100073）

电 话 （010）52257143（总编室） （010）52257153（发行部）

电子邮箱 chinabp@vip.sina.com

经 销 全国新华书店

印 刷 北京柏力行彩印有限公司

开 本 170 毫米 ×240 毫米 1/16

字 数 239 千字

印 张 18.5

版 次 2017 年 12 月第 1 版 2019 年 9 月第 1 次印刷

书 号 978-7-5068-6579-1

定 价 58.00 元

编　委

自 序

这是本有点特别的书。

这本书缘起于一个微信公众号，公众号的名字是“历史研习社”，更早的名字是“明清史研究资讯”。由一个微信公众号来策划一本书，在中国的历史学界应该尚属首例，从这个角度上来说它还有一点历史价值。

2011 年 1 月 21 日，腾讯公司低调推出了一个为智能终端提供即时通讯服务的免费应用程序，它的名字叫作微信（WeChat）。如果一百年后的历史学家要写 21 世纪第二个十年的中国社会发展史，微信或许是个绕不开的话题。它的出现改变了许多人的生活方式，让社会的链接更加充满想象力。对于历史学这个古老的学科来说，微信也在悄然对它产生一些影响。

2014 年 6 月 17 日，我们注册了名为“明清史研究资讯”的微信公众号，这个公众号在历史学研究领域尚属首例。一系列始料未及的变化，伴随着移动互联网的浪潮接踵而至。公众号每日推送学术研究信息，新出书籍、学术会议、经典论文、期刊目录……本来在各个学术流派中流传的信息，突然在移动互联网上有了一个“公告板”。对历史研究有兴趣的人，跨越年龄、学历、学识、地位的差异，通过相同的路径阅读相同的文章。信息开始借助人际关系网络迅速传播，原本散落在全世界各地的历史学者，因为一个小小的公众号而被连接起来。一起阅读，一起交流，一起分享，有点“同声相和，同气相求”的感觉，一个更广泛意义上的学术共同体初现端倪。

为了保证推送文章质量的问题，我们成立了由“青年学者 + 高校学生”为主的双重编辑架构。由青年学者根据自己的阅读兴趣推荐优质的学术内容，由高校学生来负责编辑排版。每个人做自己擅长的事情，各司其职，形成了一整套运作良好的机制。经过两年的发展，公众号相继推送过将近 3000 篇文章，成为许多老师、学生学习历史的亲密伙伴，积累了一定的声望，并带动了一大批各时段、各专业方向的历史学微信号的出现。“微信号 + 历史学”的模式，成为高校历史学教育中不可或缺的一部分。

我们一直想为历史学界做点什么，来回馈各位师友的支持与厚爱。思忖再三，还是做一本书吧！每个卓有成就的研究者，都曾是历史学大门口的陌生人。刚踏进史学研究的大门，总会有一些彷徨无助的时刻，希望有人指点迷津，示以轨辙。我们的读者，十有七八都是在校负笈求学的学子，我们想为这些准备踏入历史学大门，或者想了解历史学如何看待世界的朋友做一本书。

在这本书里，我们会看到一些名家谈基本的学术训练，会看到一些真正展示历史学研究水平的前沿文章，也会看到一些学者对于历史学研究的领域与反思。本书开篇即从方法论的层面分享学术研究的基本技能，如何写一篇读书评论、如何做文献综述、如何利用古籍数据库……这些看似不言自明的知识，在传统的大学教育中常常被忽视，令许多初入学术门槛的人迷茫无助。本编所选文章皆由学者结合自己研究经验讲述基本功，希望能帮助大家从起步之时就养成良好的治学习惯。淬炼学术基本功会让你收获一个读书人应有的手艺与尊严。

舆地志、食货志、田野记、思想谈、新清史是我们的常设栏目，每个栏目会邀请一位在该领域颇具造诣的青年学者担纲，根据自己的阅读经验，为大家推荐优秀的学术研究。本书剩余部分的文章即从这些专栏精选，展示各个历史学细分领域的传承与发展。我们原本设计了第三部分，将尝试用一些互联网的方式“生产”内容，比如微信群导流、主题书单、众筹问答、原创写作、音频节目、微课讲座等等择其精要者记录下来，无奈限于篇幅及本书整体的叙述风格，只得忍痛割爱。我们将微课堂、尚书坊（书单）这两个贴近本书主旨的特色栏目文章整理成附录，希望能对大家学习历史有所帮助。

历史研习社

2019 年 8 月 21 日

目 录

舆地志

田野记

新清史

附　录

后　记

方法论

「编者导言」

陈博翼（栏目编辑·厦门大学人文学院历史系）

此书意在作为一份参考读物，供刚进入该领域及有志于继续深造的学生进阶学习，以及同行青年教师作为教学参考。因此，第一部分特先标明方法论，继而精选一些有代表性的作品，示人以轨辙，最后呈现以新媒体作为媒介的学科互动和知识表现形式，也包括实际操作技术的指导。『经验方法』这部分选入五篇代表作品，前三篇涵盖文献综述、阅读学术著作选题、进行研究写作和撰写书评的基本训练要求和技巧，末篇概述了现有的一些文献数据库及评估了古籍数字化的基本状况，能进一步引发我们对于未来图书数字化的方向性思考。总体而言，掌握这一部分方法论的精髓，将有助于了解本学科及其所吸纳的其他学科的优秀方法，迅速把握学术研究基本的规则和可利用的资源，明晰设定有效问题和研究的边界，并进一步养成良好的阅读和写作习惯、思考和发展自身的训练和研究方向。『史无定法』不应成为推卸对学生进行必要方法论训练责任的托辞，而应该是后学在前辈经验正确引导下、阅读和思考之后，海纳百川、厚积薄发，最终『自成一格』，这也是我们编这本小书的初衷。

如何阅读学术著作和做读书笔记

黄宗智

加利福尼亚大学洛杉矶分校历史系

本文的主要内容选自我多年来教授“社会、经济与法律：历史与理论”这门课程的大纲。该课程系将我在加利福尼亚大学设计的博士课程核心内容压缩到八个星期而成，重点训练培养学生的阅读方法和习惯、学术理论的掌握和运用以及新概念的建造。课程的中心问题是事实和概念的连接，也可以说是经验研究和理论概念的媒介。这不是一朝一夕、一年半载的事，而是每个研究人员终身会面对的问题。它是每个人需要通过研究的实践来寻找答案的问题，唯有通过具体去做才有可能发现自己的长处和短处，并形成自己独特的风格。

根据我的经验，美国学生比较偏向理论，近一二十年来尤其如此。经验、知识需要长期的积累，而时髦理论则可以很快掌握。因此，越聪明的青年学生越偏向理论，大部分如此。我在那里强调的因此是“经验研究那一只手”。国内实证研究的传统比较强，起码法史和历史学科就是如此，倒是学术理论上的训练可能比较薄弱。因此，我这门课程的第二部分在设计上更强调学术理论传统的概念的掌握和形成，但是不可脱离经验研究。

课程阅读的书也是从这个角度来选择的。纯理论性的著作不太容易掌握，我一般的做法是把某一理论著作和使用那个理论的经验研究放在一起来读。那样，更容易掌握理论概念，也更容易进行判断，决定取舍。课程这两个阅读的部分大致相当于美国研究生培训中的“reading course”，有所不同的是比较系统的理论介绍。课程原有的第三部分重点在于原创性论文写作，大致相当于美国的“writing seminar”，最近几年用高研所的写作会来替代。

一、阅读方法与习惯

我个人认为，学术专著都应带有一个中心论点，而阅读那样的著作，首先要掌握其中心论点，用自己的话（一段，甚或是一句话）表达出来。然后，用三、四段总结其主要的次级论点，同时总结其经验证据，注意到概念与经验证据的连接。总结的时候，必须精确，但关键在于不要摘抄，要用自己的话，因为那样才会容易消化吸收，使它变成自己的东西。一个可行的阅读次序是先看首尾，掌握其中心论点之后才逐章阅读，每章看完之后用自己的话总结。最后要回答这样一个问题：作者把你说服了没有，为什么？（甚或更进一步：如果由你来写这本书，你会做怎样的修改？）至于比较纯理论性的著作，我们要问：它对了解中国的实际或你自己的研究课题会有什么作用？

这样的看书写笔记方法乃是一种思维上的锻炼，也是养成自己的思考、写作习惯的办法。关键在养成看后就写系统笔记的习惯，不可依赖自己的记忆，因为几个月（最多一两年）之后记忆肯定会变得模糊不清。笔记最好既不要太简短也不要太详细，应在两千字左右的范围之内。这样长年积累，随时可供将来的研究和教学之用。关于课程的基本阅读材料，学生可以把重点放在法律史和（社会）经济史两者之中的任何一个，但最理想的是跨越两个领域，同时参与两个领域的讨论。这是因为社会经济史可以为法史研究提供相关背景和问题意识，而法史研究和材料则可以为经济史和社会史提供重要的材料和不同的视角。

【此节参考书目】

1. 黄宗智．华北的小农经济与社会变迁 [M]. 北京：中华书局，法律出版社增订版，2014.

2. 黄宗智．清代的法律、社会与文化：民法的表达与实践 [M]. 上海：上海书店出版社，法律出版社增订版，2014.

3. 黄宗智．长江三角洲小农家庭与乡村发展 [M]. 北京：中华书局，法律出版社增订版，2014.

4. 黄宗智．法典、习俗与司法实践：清代与民国的比较 [M]. 上海：上海书店，法律出版社增订版，2014.

5. 黄宗智．过去和现在：中国民事法律实践的探索 [M]. 北京：法律出版社，2014.

6. 黄宗智．超越左右：从实践探寻中国农村发展出路 [M]. 北京：法律出版社，2014.

二、学术理论入门

我个人认为，学习理论不应限于任何一个传统或流派，而应从掌握各个（至少两个）主要传统的基本论点出发，用实际经验来决定取舍，按实用需求来挑选，完全可以同时采用不同理论的不同部分。更好的办法是从不同流派的交锋点出发，根据实际建立自己的概念和解答。前人有众多的理论著作，对我们来说是有价值的资源。我自己提倡的途径是要掌握不同流派的主要理论，作为入门途径。阅读时要求与之对话，而不是简单的死学。而对话、决定取舍的最好方法，乃是看它对组织、解释自己掌握的经验材料有没有价值。学习理论的目的不是寻求或掌握全能性的真理，而是提出问题，较高的一个境界是在理论和实际脱节点上，或不同流派理论的交锋点上，提出问题，试图超越现存视野。另一用途是通过与现存理论的对话来澄清、推进自己的分析概念。也可以说，我们要从理论得到的不是答案，而是问题。下列书单是今天主要理论体系的一些入门性著作，主要是四大理论流派——实体主义、形式主义、后现代主义和马克思主义——阅读目的是建立基础，让大家今后可以自己按兴趣和需要继续深入。

此部分的阅读可以参考我的《实践与理论：中国的社会、经济与法律的历史与现实研究》（法律出版社，2015 年版），该书较详细地讨论了下列每位理论家对理解中国的可能用处，并提供了根据他们的影响来建构新鲜概念或理论的实际例子。（我之所以编写该书是为了让未来的学生能够通过它来自学这里提倡的一套学术方法。）

【此节参考书目】

1. 恰亚诺夫 . 农民经济组织 . 肖正洪译 [M]. 北京：中央编译出版社，1996.
2. 詹姆斯·斯科特 . 农民的道义经济学：东南亚的反叛与生存 . 程立显、刘建等译 .[M]. 南京：译林出版社，2001.
3. 韦伯 . 法律社会学 . 康乐，简惠美译 .[M]. 广西师范大学出版社，2005 年版 .（读第一章结尾总结四大理想类型部分后，跳过前三章直接进入第四章）
4. 吉尔茨 . 地方性知识：事实与法律的比较透视 . 见梁治平编：法律的文化解释 . 邓正来译 . 北京：三联书店，1999，第 73—171 页 .
5. 萨义德 . 东方主义 . 王宇振译 [M]. 北京：三联书店，1999.
6. 布迪厄 . 实践感 [M]. 南京：译林出版社，2003.（不必读第二卷）

三、研究写作

本人从 1976—1990 年集中于中国农村家庭的社会经济研究，从微观层面来分析、理解宏观经济和社会结构，尤以基层原始调查资料为主。之后，从 1988 年到我退休的 2004 年，则更多集中于从诉讼案件出发来从事带有社会和理论关怀的法史与法学研究。而最近十年在国内教学中，更强调历史与现实的连接，把研究范围从清代与民国延伸到当代，并从历史延伸到立法。

学生们最好通过自己的研究或关系去搜集一手调查材料或诉讼案件，包括当代的案件。在诉讼案件方面，台湾淡水—新竹档案（行政、民事、刑事）已经出版。巴县档案也有《清代巴县档案汇编乾隆卷》和《清代乾嘉道巴县档案选编》可供使用。同时，我将为学生们提供我和夫人白凯 20 多年以来搜集的部分案件档案（全部材料已经捐赠给美国斯坦福大学东亚图书馆——见“Philip Huang–Kathryn Bernhardt Collection”，但我自己和人大图书馆存有清代巴县和 [顺天府] 宝坻县部分民事案件的 PDF 文档，共约 400 起，可供阅读和复制）。（欢迎学生们使用。）

课程的基本要求是在本学期内提交一篇八千字以上的原创性学术论文。“原创性”是指既带有新鲜经验证据也带有新鲜概念的文章。研究课题设计的关键首先是选择一个自己特别关心而在经验研究层面上可能有所创新的题目，通过新鲜材料的掌握，建立中层（即可以凭经验证据论证）的新概念（区别于不可论证的理论）。应该避免空泛的理论探讨以及没有问题意识的经验信息堆积。根据以往的经验，可能会有一半以上学生的论文能够达到可以发表的水平。

学员们应在两周之内确定研究的题目和基本材料，然后，在投入资料的阅读和整理之后，提出一个论文提纲。提纲应该具有一个中心论点，而文章的各部分应为证明自己的中心论点提出前后一贯的论证和阐释。将由全班学生一起讨论初稿，然后在修改之后再次由全班学生一起讨论。最后是论文本身的写作，初稿应该在课程结束后三周之内完成。

【此节参考书目】

A．诉讼案件史料示例：

《淡新档案》，第一编（行政）1~16 册；第二编（民事）17~24 册；第三编（刑事）25~32 册，1995—2009。（中国国家图书馆）

《清代乾嘉道巴县档案选编》（上、下），四川大学历史系，1996。

《清代巴县档案汇编乾隆卷》，档案出版社，1991。

巴县档案，土地、债务、婚姻（奸情）、继承类，1760—1859年，共300起案件，PDF文档3卷，共3996页。

顺天府宝坻县档案，土地、债务、婚姻（奸情）、继承类，118起案件。1810年代到1910年代，PDF文档3卷，共1621页。

《刑案汇览》，1886，重印，台北：成文出版社，1968，8册。

B．（社会）经济史基本研究史料示例：

中国农村惯行调查刊行会（1952—1958）：《中国农村惯行调查》六卷，东京：岩波书店。

满铁（南满洲铁道株式会社），冀东农村实态调查班（1937）：《第二次冀东农村实态调查报告书：统计篇。第一班：平谷县》、第三班：丰润县、第四班：昌黎县。大连：满铁。

满铁，上海事务所（1941、1940、1939）：《江苏省无锡县农村实态调查报告书》《江苏省南通县农村实态调查报告书》《江苏省松江县农村实态调查报告书》《上海特别市嘉定区农村实态调查报告书》《江苏省常熟县农村实态调查报告书》《江苏省太仓县农村实态调查报告书》，无出版处。

李文治编（1957）：《中国近代农业史资料，第一辑：1840—1911》，北京：三联书店。

章有义编（1957）：《中国近代农业史资料，第二辑，1912—1927》《中国近代农业史资料，第三辑，1927—1937》，北京：三联书店。

此外则是历代的方志（如台湾成文出版社所收）以及当代的“新县志”。

再就是20世纪80年代以来的众多统计和调查资料，例如：《中国第二次全国农业普查资料综合提要》，2008。北京：中国统计出版社；《中国第二次全国农业普查资料汇编，农业卷》，2009。北京：中国统计出版社；《中国农村统计年鉴》，1997—2011，北京：中国统计出版社。

在这里我要强调的是，设计论文首先应要求自己能在经验层面做出前人所未做的贡献，因为作为一个青年学者，思想上多未完全成熟，若能老老实实做经验研究，最起码可以在那个层面上做出新的贡献。但这不是说只要做经验信息的简单堆积，因为那样无从区别重要和不重要的信息。优秀的学术贡献需要带有明确的问题，使用经验证据的目的是用来解决重要的问题，而问题的建立要靠经验与理论的连同使用，不可只靠单一方面。最理想的状况则是通过新鲜的经验证据来提炼新鲜的概念，用以解决重要的理论问题。而所谓理论问题，上面已经提到，既可以是不同流派理论的交锋点，也可以是理论与实际的脱节点。另外，最好是自己特别关心的问题，因为那样才会有驱动力，使自己做出长时期的持续投入。

这里应该说明，寻找自己最想做而又是最能做的题目常常是一个曲折的过程。我当年便因导师的影响而选择了思想史的题目，并试图为导师而挑战当时占美国首席位置的列文森（Joseph R. Levenson）。后来才发现，自己无论在感情上还是能力上，都更倾向于关注普通人民，而又比较喜欢解答有关人们实际生活的问题，更适合做经济史、社会史和法律史。但清楚地认识到这一点的时候已经近乎不惑之年了。

基于以上的经验，我自己一贯避免指定学生做某个题目，因为我认为这几乎等于在替他们找对象。做学问是个长时期的磨炼，很有必要找到自己真正愿意一生与之做伴的主题，但国内由导师包办的做法仍然比较普遍，亟须改革。

最后，怎样在经验证据上提炼新鲜概念。前面的内容已经提到，一个好的方法是从经验证据与现存理论的脱节点出发，与现存理论，尤其是经典性的著作对话来澄清、推进自己的概念。最好是跨越不同流派的理论，因为同一流派中的论证，多只关乎次级问题，而不同流派的交锋点，常常是最为基本和关键的问题。有的同学可能会觉得掌握单一流派的理论已经非常不容易，要求同时与不同流派对话，可能是过分苛求。但实际上，只掌握单一流派，常常会陷于不自觉地完全接受其预设前提，久而久之，甚至会以为是天经地义、无可置疑的“真理”，因此陷入由意识形态主宰的研究。而且，通过不同流派之间的争议，可以更清晰深入地同时掌握不同概念，并把自己的认识和问题提高到最基本的层面上。这方面中国的研究生其实具有比美国学生优越的条件。作为处于两种文化冲击下的知识分子，中国的研究生更能体会到理论与实际的脱节以及不同理论之间的交锋。今天中国的研究生，几乎不可避免的都是“双重文化人”（见黄宗智《近现代中国和中国研究中的文化双重性》），和美国一般研究生很不一样。若能既不迷信普世理论，又不迷信自己的感性认识，这本身就是一个可资学术使用的重要资源。最后是通过严谨的经验研究与高层次的理论问题意识的探讨，来回反复连接，由此才可能建立既是中国的也是现代性的学术，并为全人类建立一个不同于西方现代主义传统的学术传统。

（本文来源：作者提供课纲修正稿）

如何写一篇评论性的学术书评

蒋竹山

（中国台湾）东华大学历史学系

近一个月来，我逐字逐句仔细地批改了历史学系两门课“中国通史四”与“东西文化交流史”的期中报告，报告内容是要求学生写一篇专业书的书评。原来我们的学生对于如何写一个完整句子的段落都存在很多问题，更何况要求他们去写一篇带有评论性质的书评。我想我们的学生之所以会犯这样的错误，身为老师的我们要负大部分责任。或许我们太过相信每位同学对于如何读懂一本书或去评论一本书是想当然的事情。但这些已经上大二的学生真的已经清楚地知道该如何写一篇书评了吗？我想其实不然。经过仔细批改学生作业的结果，我发现大多数的学生对如何写好一篇书评仍然相当迷惑，不仅不知该如何铺陈评论性的句子，就连导读性质的句子也写得并不完整。事实上，这些学生分辨不清评论性书评和报告一本书有何不同。大多数同学表示，以往的书评或报告，老师不曾逐字逐句地批改，显然他们不习惯这种改作业的形式，这自然使得他们对自己的文章所犯的错误一无所知。就我而言，评论者的首要工作不是将书的内容做出简单的摘要，而是要针对一本书撰写评论。事实上，书评者不仅要报告书的内容，而且要提出对这本书的优点及缺点的看法。简单来说，书评者的评论最好谨守两个原则：首先是告诉读者有关这本书的内容，其次是提供读者对这本书的评价。以下我综合了学界对该如何撰写书评的一些看法，归纳出几项要点，希望能对想要写好一篇评论性书评的学生有所帮助。

1. 书评写作原则

（1） 慎选一本你能力范围内可以评论的学术专书。

（2）一篇评论性的书评要简明扼要地描述这本书的内容，更重要的是，它要对所评书籍的观念及目的提出深度分析和评价。

（3） 书评的叙述要素应当是让读者了解作者的论点，并且评论的内容应当详尽地评价该书的观念。

（4）在阅读前，评论者要先对该书有所了解。

（5） 注意标题及副标题。透过这些标题看看你如何评断这本书的想法，研究内容及章节标题以了解作者如何组织这些内容？

（6）通过阅读“前言”或“导论”来了解作者在写作此书时的动机及目的。

（7）对作者要有初步了解，搜集有关作者的资料并做一些研究，以了解作者写这本书的主题的权威性。

（8）你的介绍(introduction)应当包括对这本书的概述(overview)，其性质是一种浓缩的摘要（summary）以及你对本书的一般性评断（judgment）。对全书的摘要不要超过书评全文的三分之一。一般而言，中文的书评约在 3500 字，英文书评约在 1500 字。

（9）在写作书评时，不应只提到你是否喜欢或不喜欢这本书，而是还要告诉你的读者为何喜欢或不喜欢的理由。

（10）只说“这本书是有趣的”是不够的，你必须解释“这为何有趣或没趣”。

（11）为了了解你对这本书的态度，你必须小心地及批判性地阅读这本书。

（12）作为一位批判性的读者，你的角色不是被动的，你应当提出读后对此书的一些疑问以及响应。

（13） 作者尝试回答什么问题？作者如何去回答他所提出的问题？作者以何种方法讨论这本书的主旨？回答本书的主要问题有何其他可能方式？作者的回答有何遗漏的？你对作者的论点有何异议？这本书所提出的问题和回答和你所熟知的其他历史著作的数据有何不同？

（14）除非你已经成为一位经验老到而又具有权威性的书评者，否则一开始时最好不要去找其他书评来当作参考，这容易使你的想法受到这些书评的影响。

2. 书评的架构

有关书评的架构，通常可粗分为三部分，初学者可以此为规范，熟悉此道之后，则可以任意变换架构及段落。

（1）导论：在这部分，书评者必须说明这本书的研究课题及论点对历史学有何贡献。通过这一段文章，阅读你的书评的读者将可以对这本书有个初步及良好的印象。

（2）书评的主体：在这部分，你必须描述这本书作者所提出的观点，并说明作者的依据是什么？切记，这部分不是要去摘要整本书，而是通过下文“如何设计问题”中的一些问题，对整本书给读者提供一个较为详细的摘要。如果只是对全书提供一种章节纲要式的介绍，这是一种非常枯燥无趣的做法（注：逐章的介绍内容，事实上包括我早期的书评在内，许多学者都不免进行这样的书评写作，我现在已经尽量避免这样介绍相应的内容）。因此，我们必须将书评的焦点放在二至三个你认为这本书的重要见解上，如尝试去问作者他的观点是如何提出的？他的观点与一般历史学界的看法有何关联性？

（3）结论部分：书评者的焦点则在对这本书的评论中。你应当详细列举作者在史料的运用上的缺点、证据使用的类型、作者提供的历史分析，最后做个总结。恰当的方式是将这本书的优点及缺点、成果与不足之处做平衡报道。

3. 如何设计问题

以下的问题设计提供书评者在提出问题时参考，你无须回答所有的问题，但在书评中设计至少一至两个是很有必要的。这些问题并无前后关系，所以无须一整个段落就只回答一个问题，然后再以另外一段回答另一个问题。你的答案应当相当小心地运用主题句（topic sentences）及转换句来构筑你的书评。你的标题应当悦耳易记，而句子应当能吸引读者的兴趣，这样读者才会有兴趣读你其余的评论。

（1）你对这本书的全面看法是什么？本书所阐述的看法的立论凭据是什么？也就是说，你必须告诉读者，你所想的以及如何进行评断。当你拿起这本书以及阅读前言时，你期待从中获得什么？这本书与你的期待相符到何种程度？你期望能对作者有何回馈呢？最后要进一步陈述你对本书的回应。

（2）确认作者的论题，并以自己的语言予以诠释。这些论题是如何清晰地陈述以及是在何种脉络下陈述，之后的发展又如何？这些论题被证明到什么程度及如何有效？书评者应当适当地引用书中的例句进一步阐述你的回应。如果本书遗漏了某些论点或观点的话，你认为应当如何才好？

（3）作者的目的是什么？这些目的站得住脚或能够自圆其说吗？书中有能让你强烈反应的段落或句子吗？有哪些字或句子？你的回应是什么？

（4）你觉得作者所提出、解释及支持的主要论点是什么？这些论点背后的假设是什么？对你而言，哪些是去浓缩或重组作者所提出及争辩之方案的最有效方式？

（5）作者的研究取向（approach）是什么？确认作者为书中的研究取向及写作所做的假设。例如，哪些是作者希望读者所拥有的较为重要的知识。你认为作者不应该去做哪种假设？为什么？

（6）作者讨论的时代断限是什么？涵盖哪些地理区域？

（7）作者运用了哪些历史研究方法（methods）？社会史、知识史、文化史、思想史或者经济史等。

（8）作者使用了哪些历史数据？正史、档案、方志、文集、笔记、医书、报纸、地方文书等。

（9）阅读此书后，你具有哪些新的视野？你的世界观可曾改变？如果有，那是为什么？如果不是，那又为了什么？

（10）你认为作者的说法是公允及正确的吗？其诠释是有根据的吗？通过此书，你已经了解历史的新的途径了吗？

（11）你对作者的评论是什么？

（12）你的推荐是什么？你认为其他读者会喜欢读这本书吗？读过此书，你有何收获？如果你对此书有负面的看法，请告诉读者你为何不喜欢这本书。

（13）这本书有哪些缺点？有哪些问题尚未解决？

4. 写作风格指引

根据美国麻省理工学院（MIT）的“修辞学”课程中所刊载的“论文写作注意事项”，撰写书评时，书评者在书写句子时该注意以下几点事项。

请以学术语言撰写书评（设想你的读者为思虑缜密的专业人士）。论文需简明易读（观念与观念之间要有明确的关联）。论文需正确精准、明了清晰、生动有趣。善于使用鲜明的比喻，尤其是当你想唤起读者的同理心，请善加变化文章的句型结构、句子长短及基本要素。大声朗读自己的论文来感觉其音韵节奏，使用好记的词句来陈述重要的概念。善用修辞学中的文体资源，展现你的文学灵感和思维，正确使用文法及写作技巧。

以论文的层次而言，学术论文尽可能地保持客观。譬如说，避免使用第一人称单数：我（I）、我的受词（me）、我的（my），以及相关的用语如："我认为""我觉得"以及"我相信"。此类用语现在已经较少有人使用，而且多数学术论文都会刻意避免此类用语（例外：讨论自身经验以及撰写个人说服式论文时，应该使用第一人称单数）。

使用第一人称复数："我们""我们的""我们的受词"。比起较为正式且疏远的第三人称（除非教授或编辑特别指定使用，否则应当避免），第一人称复数较受喜欢。第一人称复数至少有两个附加好处：你可建立与读者之间的关系且可避免过度使用被动语气。尽可能避免第二人称"你"，第二人称会把读者带入你的论文，却也会将读者推离出你的想法。

以段落的层次而言，学术书评主张一个段落需完整发展一个观点。此外，每一段需有一个明显的主题句（95% 的主题句会是每段的第一句）。然而有时候为了某些特殊原因，可以把主题句放到段落的最后一句，要确保段落中每一个句子都是用来直接解释、支持、证明、阐明或是描述主题句中的观念；该段落中没有其他噪声。随便放入不太相关的东西只会破坏段落的整体性。完整发展每个段落，好比只有两到三个句子的段落很可能就是发展不全（除非该段落的功能为衔接上下，或是用来总结先前段落所提及的观点）。

以句子的层次来说，学术论文的句子百分之九十八都是完整的句子。句子的长短要有变化（有些短、有些长、有些适中）。句型要有变化（该混合使用简单句、连接复合句、从属复合句及连接—从属复合句）。基本要素的使用需多加变化。以用字的层次来说（遣词用字），学术论文应专业但不浮夸。避免使用俚语及广告或歌曲中的流行用语。尽量避免使用专业术语（如果你的读者群包含非专业人士，而你又必须使用学科中的专业术语的话，请加注说明该术语的意义）。从同义词辞典中查到的字，你若没先用好字典来仔细确认其真正意思的话，就别使用。

最后，同学们若想要找一两篇书评当作范例的话，可以参考《新史学》中李贞德及李尚仁的书评，他们的书评字数恰到好处，不会太过冗长，也不会过短，文字内容及评论深度都能兼顾，可以作为各位写作时的典范。

（本文来源：东华大学历史学系网站）

如何做文献综述：克雷斯威尔五步文献综述法

黄 宇

四川双利合谱科技有限公司

文献综述抽取某一个学科领域中的现有文献，总结这个领域研究的现状，从现有文献及过去的工作中，发现需要进一步研究的问题和角度。

文献综述是对某一领域某一方面的课题、问题或研究专题搜集大量情报资料，分析综合当前该课题、问题或研究专题的最新进展、学术见解和建议，从而揭示有关问题的新动态、新趋势、新水平、新原理和新技术等，为后续研究寻找出发点、立足点和突破口。

文献综述看似简单，其实是一项高难度的工作。在国外，宏观的或者是比较系统的文献综述通常都是由一个领域里的顶级“大牛”来做的。在现有研究方法的著作中，都有有关文献综述的指导，然而无论是教授文献综述课的教师还是学习该课程的学生，大多实际上没有对其给予足够的重视。而到了真正自己来做研究，便发现做综述特别困难。

约翰 W. 克雷斯威尔（John W. Creswell）曾提出过一个文献综述必须具备的因素的模型。他的这个五步文献综述法值得学生们学习和借鉴。

克雷斯威尔认为，文献综述应由五部分组成：即序言、主题 1（关于自变量的）、主题 2（关于因变量的）、主题 3（关于自变量和因变量两方面阐述的研究）、总结。

序言

告诉读者文献综述所涉及的几部分，这一段是关于章节构成的陈述，也就相当于文献综述的总述。

综述主题 1

提出关于“自变量或多个自变量”的学术文献。在几个自变量中，只考虑几个小部分或只关注几个重要的单一变量。记住仅论述关于自变量的文献。这种模式可以使关于自便量的文献和因变量的文献分开分别综述，读者读起来清晰分明。

综述主题 2

融合了与“因变量或多个因变量”相关的学术文献，虽然有多种因变量，但是只写每一个变量的小部分或仅关注单一的、重要的因变量。

综述主题 3

包含了自变量与因变量的关系的学术文献。这是我们研究方案中最棘手的部分。这部分应该相当短小，并且包括了与计划研究的主题最为接近的研究。或许没有关于研究主题的文献，那就要尽可能找到与主题相近的部分，或者综述在更广泛的层面上提及的与主题相关的研究。

综述的最后

提出一个总结，强调最重要的研究，抓住综述中重要的主题，指出为什么我们要对这个主题做更多的研究。其实，这里不仅是要对文献综述进行总结，更重要的是找到你要从事的这个研究的基石（前人的肩膀），也就是你的研究的出发点。

在我看来，约翰 W. 克雷斯威尔所提的五步文献综述法，第 1、2、3 步其实在研究实践中都不难，因为这些主题的研究综述毕竟与研究的核心问题存在距离。难的是第 4 步主题 3 的综述。难在哪里呢？一是阅读量不够，找不到最相关的文献；二是分析不深入，找不到自己研究的“前人的肩膀”、出发点、研究的立足点、自己可能的突破等等，这才是真正的难点。所以，对于第4步主题3的综述，我个人的看法是“不能短”，而应当长。因为这个才是自己需要精心分析、综合比较的东西。

综上所述，约翰 .W. 克雷斯威尔所提的五步文献综述法，在没有更好的方法之前，这也是一种相对可以仿效的文献综述方法。

文献综述的写法

一、文献综述的含义

文献阅读报告，即“文献综述”，英文称之为“survey”“overview“review”。是在对某研究领域的文献进行广泛阅读和理解的基础上，对该领域研究成果的综合和思考。一般认为，学术论文没有综述是不可思议的，需要将“文献综述”（Literature Review）与“背景描述”（Background Description）区分开来。

我们在选择研究问题的时候，需要了解该问题产生的背景和来龙去脉，如“中国半导体产业的发展历程”“国外政府发展半导体产业的政策和问题”等等，这些内容属于“背景描述”，关注的是现实层面的问题，严格讲不是“文献综述”。“文献综述”是对学术观点和理论方法的整理。其次，文献综述是评论性的（Review 就是“评论”的意思），因此要带着作者本人批判的眼光（critical thinking）来归纳和评论文献，而不仅仅是相关领域学术研究的“堆砌”。评论的主线要按照问题展开，也就是说，别的学者是如何看待和解决自己提出的问题的，他们的方法和理论是否有什么欠缺？要是别的学者已经很完美地解决了你提出的问题，那就没有重复研究的必要了。

二、意义和目的

总结和综合该方向前人已经做了的工作，了解当前的研究水平，分析存在问题，指出可能的研究问题和发展方向等，并且列出了该方向众多的参考文献，这对后人是一笔相当大的财富，可以指导开题报告和论文的写作。

三、主要内容

（1）该领域的研究意义。

（2）该领域的研究背景和发展脉络。

（3）目前的研究水平、存在问题及可能的原因。

（4）进一步的研究课题、发展方向概况。

（5）自己的见解和感想。

四、分类

综述分成两类。一类是较为宏观的，涉及的范围为整个领域、专业或某一大的研究方向；一类是较为微观的，这类综述可以涉及相当小的研究方向甚至某个算法，谈的问题更为具体与深入。前者立意高，范围广，面宽，故也不易深入，比较好读好懂。这对初入道者、欲对全局有所了解的读者而言很有参考价值。然而，欲深入课题的研究，则希望能有后一类的综述为自己鸣锣开道，这会节约很多时间与精力，但往往不能顺遂人意，于是只好旁征博引，由自己来完成对该课题的综述。当写学位论文时，我们要写的也就是这类结合自己研究课题而写就的综述。

五、难点

一篇好的文献综述既高屋建瓴，又脚踏实地；既探索解疑，又如醍醐灌顶。文献综述顾名思义由“综”和“述”组成。前半部分的“综”不算太难，根据所查阅大量的文献进行综合的归类、提炼、概括即可做到，后半部分的评“述”与分析则是一篇“综述”质量高下的分界线，这需要融入作者自己的理论水平、专业基础、分析问题、解决问题的能力，在对问题进行合情合理的剖析基础上，提出自己独特的见解。

六、如何收集资料

虽说尽可能广泛地收集资料是负责任的研究态度，但如果缺乏标准，就极易将人引入文献的泥沼。

技巧一：瞄准主流。主流文献，如该领域的核心期刊、经典著作、专职部门的研究报告、重要化合物的观点和论述等，是做文献综述的“必修课”。而多数大众媒体上的相关报道或言论，虽然多少有点儿价值，但时间精力所限，可以从简。怎样理清该领域的主流呢？建议从以下几个途径入手：一是图书馆的中外学术期刊，找到一两篇“经典”的文章后“顺藤摸瓜”，留意它们的参考文献。质量较高的学术文章，通常是不会忽略该领域的主流、经典文献的。二是利用学校图书馆的“中国期刊网”“外文期刊数据库检索”和外文过刊阅览室，能够查到一些较为早期的经典文献。三是国家图书馆，有些20世纪七八十年代甚至更早出版的社科图书，学校图书馆往往没有收藏，但是国图却是一本不少（国内出版的所有图书都要送缴国家图书馆），不仅如此，国图还收藏了很多研究中国政治和政府的外文书籍，从互联网上可以轻松查询到。

技巧二：随时整理。如对文献进行分类，记录文献信息和藏书地点。做博士论文的时间很长，有的文献看过了当时不一定有用，事后想起来却找不着了，所以有时做记录是很有必要的。罗仆人就积累有一份研究中国政策过程的书单，还特别记录了图书分类号码和藏书地点。同时，对于特别重要的文献，不妨做一个读书笔记，摘录其中的重要观点和论述。这样一步一个脚印，到真正开始写论文时就积累了大量“干货”，可以随时采用。

技巧三：要按照问题来组织文献综述。看过一些文献以后，我们有很强烈的愿望要把自己看到的东西都陈述出来，像“竹筒倒豆子”一样，洋洋洒洒写出来，蔚为壮观，仿佛一定要向读者证明自己劳苦功高。我写过十多万字的文献综述，后来发觉真正有意义的不过数千字。文献综述就像是在文献的丛林中开辟道路，这条道路本来就是要指向我们所要解决的问题，当然是直线距离最短、最简便，但是一路上风景颇多，迷恋风景的人便往往绕行于迤逦的丛林中，反而“乱花渐欲迷人眼”，“曲径通幽”不知所终了。因此，在做文献综述时，头脑时刻要清醒：我要解决什么问题，人家是怎么解决问题的，说的有没有道理，就可以了。

综述是查阅相关文献的成果。任何研究都要建立在前人的基础上，并且遵守学术传统，而不是毫无来由。你需要告诉读者，关于这个问题前人研究到了何种地步，有什么缺陷，应该在哪些方面进行拓展。这一方面是对前人研究的尊重，另一方面也表明了你的文章价值之所在。任何与本文相关的重要成果都应当在综述中得到体现，并且在参考文献中列出。综述不是概述，不能泛泛地引用和概括，要有扬弃，特别是有批评。否则，如果别人都做好了，要你写文章干嘛。综述比较容易看出作者对该领域所下的功夫，因为作者需要广泛阅读，理解不同论文在关键假设和模型上的主要分歧。好的综述本身就是一篇独立的文章。

<table>
<tr><th colspan="4">香港大学建议的文献综述撰写模式</th></tr>
<tr><td>导论</td><td>开头段落</td><td colspan="2">1.1 简介主题；1.2 主题的重要性；1.3 理清首要问题；1.4 简介各篇（例如 A.B.）文章与作者及不同或互补之处</td></tr>
<tr><td rowspan="3">主文部分
（3个示范）</td><td>1.1 分析 A 的观点</td><td>1.2 分析 B 的理论 / 观点</td><td>1.3 比较 A 与 B 的理论 / 观点</td></tr>
<tr><td>2.1 找出 A 与 B 的共性</td><td>2.2 找出 A 与 B 的差异性</td><td>2.3 探讨出一个中心议题</td></tr>
<tr><td>议题 1: 探讨 A&B</td><td>议题 2：探讨 A&B</td><td>议题 3：探讨 A&B</td></tr>
<tr><td rowspan="2">结论</td><td colspan="3">提出一个比其他更好的理念与立场</td></tr>
<tr><td colspan="3">提出一个优于每一个理论与立场的部分的摘要</td></tr>
</table>

（本文来源：科学网　黄宇博客）

古籍数字化的现状及存在的问题

杨 琳

南开大学文学院

正如纸的出现结束了竹书的时代一样，数字技术的出现必将取代纸书的主流地位。对现代汉语而言，报刊书籍的数字化制作目前已达到了百分之百，只是最终形式还是多采用大家熟悉的纸质印刷品而已。随着著作权法的进一步完善，网络的不断普及，电子阅读器等终端产品的大量出现，方便廉价的电子图书将会越来越多。但对古代典籍而言，数字化的进程相对要缓慢一些，这不仅是由于受市场需求的制约，同时也存在着技术障碍。不过形势还是十分喜人的。下面我们把大陆数字化古籍的现状进行一番盘点，看看发展到什么地步，存在一些什么问题，以促进古籍数字化的深入发展。

一、磁盘数字化古籍

与我国港台地区相比，大陆的古籍电子化工作起步较晚，大约在20世纪90年代末才陆续上线，但发展迅猛，大有后来者居上之势。北京书同文数字化技术有限公司研制了文渊阁《四库全书》（与迪志文化出版有限公司合作，2000年完成）、《四部丛刊》（2001年完成）、

《历代石刻史料汇编》（2004 年完成）、《十通》（2004 年完成）、《大清五部会典》（分别编撰于康熙、雍正、乾隆、嘉庆、光绪五朝）、《大清历朝实录》等电子文献。电子版《四库全书》把原文转化为电子字符，有全文（逐字）、分类（经、史、子、集）、书名、著者四种检索模式，每种模式下还可以进行“与”（同现一卷）、“或”（可只现其中一项）“非”（排除其中一部分）三种高级检索，电子字符可与图版进行对照。《四库全书》的数字化是古籍数字化进程中具有里程碑意义的一件大事，为古籍的数字化制作树立了标本，积累了经验。《四部丛刊》除了具有与《四库全书》相同的检索功能外，还提供摘要、笔记、纪元换算及简、繁、异体字相互关联查询的功能。《历代石刻史料汇编》全文版采用当代数字化最新技术制作，中、日、韩汉字大字符集文字平台，也有高级检索功能。

于 1998 年成立的北京爱如生数字化技术研究中心是大陆很有实力的古籍数字化专业公司，它制作完成的数字化古籍总数在 3 万种以上，是目前大陆制作古籍最多的公司。爱如生有一个庞大的古籍数字化规划，其网站上公布的古籍数据库如下。

大型数据库	
中国基本古籍库　中国经典库　中国方志库　中国谱牒库　中国丛书库　中国金石库　中国俗文库	
数字古典	
敦煌遗珍　明清实录　永乐大典　道教全书　宋会要辑稿　辑佚书合编　古今图书集成　清帝朱批奏折　历代笔记汇纂　增订四部备要　全四库　古版画	
系列数据库	
别集丛编系列	汉魏六朝人别集丛编　唐五代人别集丛编　宋人别集丛编　金元人别集丛编　明人别集丛编　清人别集丛编　民初人别集丛编

续 表

国学要籍系列	易学要籍 诗经学要籍 尚书学要籍 三礼学要籍 春秋学要籍 四书学要籍 小学要籍
断代史料系列	秦汉史料库 六朝史料库 唐五代史料库 宋辽金史料库 蒙元史料库 明代史料库 清代史料库
古典大观系列	古典散文大观 古典骈赋大观 古典诗歌大观 古典词曲大观 古典戏剧大观 古典小说大观 古典评论大观
地方文献系列	山东文献 山西文献 河北文献 河南文献 湖北文献 湖南文献 安徽文献 江西文献 江苏文献 浙江文献 福建文献 广东文献 四川文献 云南文献 陕西文献 台湾文献 广西文献 贵州文献 甘肃文献 辽宁文献 上海文献 北京文献
诸书集成系列	兵书集成 官箴书集成 法律书集成 典制书集成 邦计书集成 禅宗书集成 医书集成 农书集成 天算书集成 水利书集成 日用书集成 术数书集成 赏鉴书集成 目录书集成 类书集成 博物书集成 清真书集成 艺术书集成 辞书集成

这些数据库有些已经完成，有些正在进行。1998年正式启动的“中国基本古籍库”光盘工程是对中国古典文献进行数字化处理的一项宏伟工程。该项目由北京大学中国基本古籍库工作委员会和北京爱如生数字化技术研究中心连手制作，安徽黄山书社出版，共收录上自先秦下至民国初年（公元前11世纪—公无20世纪20年代）的历代典籍1万种，每种典籍均提供1个通行版本的全文和1~2个重要版本的图像，全文约18亿字，版本1万2千多个，图像1000多万页，数据量约400G，内容总量约等于3部《四库全书》。该库将所收典籍分为哲科、史地、艺文、综合4个子库，20个大类，近百个细目。该光盘从2003年开始出版，到2005年10月全部出齐，共10辑。出版后数据库又不断加以完善，最新版是2006年12月推出的5.0版。

该数据库对三类图书不予收录：

（1）丛书，因其内容与已收单本重复。

（2）篇幅超过千卷之书，因其部头太大，占用资源太多。

（3）图表为主之书，因其难以数字化。

这套数据库的特色如下：

其一，检索方便快捷。中国基本古籍库开发的ASE古籍专用检索系统提供三种检索方式：一是分类检索，根据内容分为哲科、史地、艺文、综合四类；二是条目检索，有书名、作者、时代、版本、篇目五个选项；三是全文检索，有类目、书名、作者、时代四个选项。这套检索系统是目前最为完备的古籍检索系统，便于筛除无用信息，实现精确检索。

其二，使用功能众多。如在浏览原文时，可以加圈加点，加中文、英文或日文批注；可根据需要调阅数个版本，实现全文版与图像版以及图像版与图像版的对照；可按页码翻上翻下，也可点击目录框跳转至所选卷、篇、标题；可自动记录二十条前次浏览的典籍及页码，以便重新检阅；可自由设定竖排或横排、有列线或无列线的版式，以适应不同读者的阅读习惯；可自动收藏并分类管理以前查阅的信息，方便归纳研究；可实现文字的繁简、粗细及色彩的自由转换，并可随意缩放；可复制全文或章节进行校改、标点、注释，并可打印；可通览所收典籍的基本情况及内容提要，并可在选定后查看原书；可通览一万种典籍作者的概况，双击作者可检索所收该作者的著作；可查询所收典籍的现存版本及收藏地点；可利用随机的语音字典查阅所收典籍中难字的发音和释义。

其三，该程序有两个特别机制：

（1）纠错机制。凡成品数据有讹脱衍倒之处，在接到用户的举报后，即可通过纠错盘予以更正，使数据焕然一新，日臻完美。

（2）扩充机制。程序预留了多个接口用于扩充数据。用户可从“使用帮助”窗口提供的达3万种的“可供添加书目”中选购所需，也可从自己拥有的特色藏书中选择所需，挂在程序之上，实现数据的无限扩张，建设既有基本古籍又有特色古籍的个性化的数字图书馆。

其四，数据可运行于中、英、日、韩多语种操作平台。

“中国经典库”分儒经、佛典、道藏、子书 4 编。儒经编收录儒家经典 3000 种，佛典编收录佛教经典 4000 种，道藏编收录道教经典 2000 种，子书编收录诸子百家之书 1000 种，共计 1 万种，全文总计超过 10 亿字。

“中国方志库”计划收录汉魏至民国时期的历代方志 1 万种，包括全国总志、各省通志、府州县志、村镇里巷志、山川名胜志、风俗乡土志等，覆盖全国近两千个县市。该数据库有分省和分集两种形式。分省即按现行行政区划的 32 个省市自治区分为 32 编，分集即按所收方志内容分为 5 集，其中 4 集为省府州县志，1 集为全国总志和各类专志、杂志、外志。每种地方志均提供全文数据和原版图像，堪称数字化中国地方志的渊薮。“中国方志库”提供分类、区域、条目、全文四条检索路径。区域检索通过中国现行行政区划的省、地、县三级地域查到相关的方志，条目检索限定书名、时代、作者、版本等条件查到相关的方志，全文检索输入任意字、词或字符串进行检索，可检索到所收方志中的全部相关资料，并可预览其摘句。如综合各种关联选项进行精确检索，可排除大量无关资料。现已出版浙江、江苏、广东、上海（以上 2005 年推出）、山东、山西、福建、辽宁、吉林、黑龙江、北京、天津、海南、湖南、安徽（以上于 2006 年推出）15 省市自治区的方志初辑。

“中国谱牒库”收录家谱（宗谱、族谱、世谱、家谱、家乘等）、年谱（年谱、年表、行实、自述等）和日谱（日谱、日记、日录、日札等）三类著作，共精选宋元明清历代家谱类著作 8000 余种、年谱类著作 1000 余种和日谱类著作 600 余种，合计近万种。每种皆据善本制成数码全文，附以原版影像，总计超过 20 亿字。

"中国丛书库"分为初集、二集、三集，共精选300部最具文献价值和版本价值的综合类、专门类及地域类丛书，经过汰重取优，从中采录罕见和实用的历代典籍1万种。每种皆据善本制成数码化全文，附以原版影像，全文总计15亿字。

"中国金石库"收录上古至民国初年历代金石文献，其中金石拓片10万件，金石志书1000种。每种（件）各据善本（原件）详加订释，制成数码全文，附以高度清晰的原版影像和可以360度旋转观察的原件影像，全文总计超过3亿字。

"中国俗文库"收录千百年来在民间广泛流传的俗文学作品与俗文字数据，如小说、话本、戏文、鼓词、俗讲、宝卷、善书、规约等。俗文中蕴含着雅文化所缺乏的下层社会生活和基层民众心理的丰富信息，是研究中国社会史、生活史、宗教史、文学史的宝贵资源。"中国俗文库"分为初集、二集、三集、四集，初集收录小说和话本，二集收录戏文和鼓词，三集收录俗讲和宝卷，四集收录善书和规约，合共1万种。每种皆据善本制成数码化全文，附以原版影像，全文总计8亿字。

"全四库"共收录先秦至乾隆的历代典籍8900种，全部采用现存善本制作，其中宋本33种，元本34种，明本2664种，清本6106种，民国本51种，外国本12种，孤本约占这其中的3成。所收之书包括四库著录书3460种（其中3458种采用《文渊阁四库全书》写本，两种以清刻本补配）、四库存目书4746种，四库禁毁书527种，四库未收书167种，并全文录入《四库提要》及办理销毁的奏折原文。

2003年，北京国学时代文化传播有限公司与商务印书馆联合推出作为"中国历代基本典籍库"系列光盘之一的"隋唐五代卷"，该光盘收入581年至960年间现存的重要文献，包括诗文总集、唐人注疏、史籍选要、野史笔记、地理文献、艺术著作、诗话、类书等九类，共136部，计8000多万字，涵盖了隋唐五代政治、经济、文化、军事等社会生活的各个方面。每部书都配有提要，便于读者对使用的典籍有基本的了解。

国学公司还制作了《文献目录典》《地理文献典》（收历代地理著作 90 种）、《中国古代小说典》等专题光盘。《文献目录典》收入史志目录、官藏目录、私藏目录等有关文献目录方面的古籍达 40 多种，并附历代丛书子目、《国家图书馆善本书目》以及《全上古三代秦汉三国六朝文》《先秦汉魏晋南北朝诗》《全唐诗》《全唐文》《全宋诗》的篇目、作者索引。《中国古代小说典》光盘收录中国古典小说 549 种，其中文言小说 394 种，白话小说 155 种，总字数约八千万字。附录中收录了《敦煌变文集》《四库全书总目提要》以及多种小说提要的书目。这些光盘均具有全文检索、复制及打印的功能。

国学公司还从普及的角度推出了《国学备览》《国学备要》等物美价廉的电子产品。《国学备要》是一张面向文史哲专业的大学生、研究生及文史研究人员的古籍文献检索光盘，共收录研究人员常用的古籍 280 部，其中有《二十六史》《十三经》、诸子（包括《艺文类聚》《初学记》《太平御览》等）、诗文集（如《全唐诗》《敦煌变文集》《全唐五代词》《全宋词》《太平广记》）等，总字数超过一亿五千万字，随文配有三千余幅插图，具有全文检索、打印、复制等功能，并内置了联机字典。

最近，国学公司又推出了《国学 U 盘智能图书库》系列 U 盘图书，有 10 多种型号供使用者选择，不同型号收书种类有别，其中也包括《国学备览》和《国学备要》。U 盘图书配有图片和音乐，还有真人发音字典及人名、书名、地名、帝王年号等专题知识库，数据采用 Unicode 编码，可在各种版本的 Windows 环境下使用。

我国现存最大的古代类书《古今图书集成》也有电子版，该电子版由广西金海湾电子音像出版社和广西师范大学出版社于 1999 年联合出版，共 27 张光盘，只是原文图版。为了便于检索，另编有索引数据库。该索引数据库是在印刷版索引的基础上进一步扩充改进而成的，共有近37万条记录，约1200万字，分为38个子库，是一个编制得相当精细的索引体系。该索引数据库分为“经纬目录”和“索引目录”两大部分。经纬目录是将《古今图书集成》原有的40卷目录改编为电子索引，供熟悉原书检索体系的检索者使用。在编制经纬目录的过程中，编者做了大量增补、校正、注释、参见的工作，并注明了原文在电子版和两种印刷版（1934年中华书局出版的线装本和1985—1988年中华书局与巴蜀书社联合出版的精装本）中的具体卷、册、面、块。索引目录分为37类，即37个子数据库，属主题范畴分类性质。经纬目录和索引目录均提供现代术语与古代术语的对应转换功能和模糊检索功能，并且两个目录之间可以沟通。

金文资料的数字化率先由华东师范大学中国文字研究与应用中心研制成功，其《金文语料库》于2003年由广西教育出版社正式出版。该软件收录了目前见到的绝大多数金文资料，可以全文检索任意字、词、句，可以根据时代检索，可以根据器名检索，可以和图版进行对照，还提供检索词条的出现次数，检索功能相当强大，能够满足多方面的检索需求。华东师范大学中国文字研究与应用中心还研制了《战国楚文字数字化处理系统》（上海教育出版社2003年版）、《说文全文检索系统》（包含《玉篇》和《万象名义》，南方日报社2004年版），也是检索功能非常强大的电子文献。

由陕西省考古研究所吴镇烽研究员领衔的课题组与西安广才科技公司合作研制的《商周金文资料通鉴》光盘版于2007年面世。该套光盘共4张，收录有铭文的商周青铜器14175件，铭文拓本16500余幅（包括摹本），器物图像7556幅（包括彩色照片、黑白照片和墨线图），资料截至2004年8月。文字资料约200万字，内容包括器物编号、名称、时代、出土时间与地点、收藏单位、尺寸重量、形制和纹饰描述、著录书刊、铭文字数和所在部位、铭文释文等。内含《金文字库》，共有金文隶定字6058个，图形字1008个，基本上涵盖了2004年以前传世和出土的商周青铜器铭文隶定字中GBK字库所没有的字，字库中的隶定字可采用拼音输入法、五笔字型输入法和部首输入法三种方法自由地输入到Word、写字板和记事本等字处理软件中。

该套光盘配有简便的检索系统，可以实现任意浏览和检索，检索到的文字资料、金文拓本或者器物图像均可复制另存、打印输出。

二、网络数字化古籍

除了磁盘版的数字化古籍外，还有大量数字化古籍是网络版的。网络版具有易于维护升级、资源利用率高、节省用户电脑资源等特点，应该是电子古籍未来的发展方向。事实上，上面介绍的一些大型磁盘数字化古籍也有相应的网络版，如“四库全书”“中国基本古籍库”等。

大陆电子文献最丰富的网站是“爱如生”（http://www.er07.com/index.jsp），该网站的“典海”栏目是现今世界上规模最大的以中文古籍为主的数字图书馆，计划收录先秦至民国十年的历代典籍5万种（不收民国十年以后对上述典籍的点校、注释、今译之类著作）。典海下设3个阅读平台：

（1）快读堂——提供断句本数字典籍，总计5000种。

（2）拾箐苑——提供全文本数字典籍，总计2.5万种。

（3）琳琅阁——提供影像本数字典籍，总计5万种（其中3万种为断句本和全文本所据底本）。

出于传承中华文化、振兴传统学术的考虑，典海目前提供三项免费服务：断句本典籍可免费阅读，免费下载；全文本典籍可免费阅读（但下载须付费）；影像本典籍可免费阅读。

爱如生网站还配有“搜神”搜索引擎，可对站内古籍进行全文搜索。

龙语瀚堂典籍数据库（http://www.dragoninfo.cn/，现已更名为：瀚堂典藏数据库 http:www.hytung.cn）是古籍数字化制作中涌现出来的后起之秀。传统的计算机二字节编码技术只能处理两万多个汉字，对大量的生僻字则无能为力。该数据库采用 unicode 扩展技术，使计算机可处理的汉字种类的总量达到 7 万字，基本解决了生僻汉字在计算机平台上无法录入、显示、编辑的难题。这是目前大陆唯一可在微软平台上支持超大字符集、可进行自然语言全文检索、实现编辑功能的古籍数据库，差错率控制在 1/10000 以内。所收典籍分为“小学工具”“出土文献”“传世文献”“专题文献”四部分，不少典籍还有图版对照，使用通用浏览器即可浏览、检索和复制，无须下载任何客户端软件。下图是龙语瀚堂典籍数据库的总体构架及检索页面：

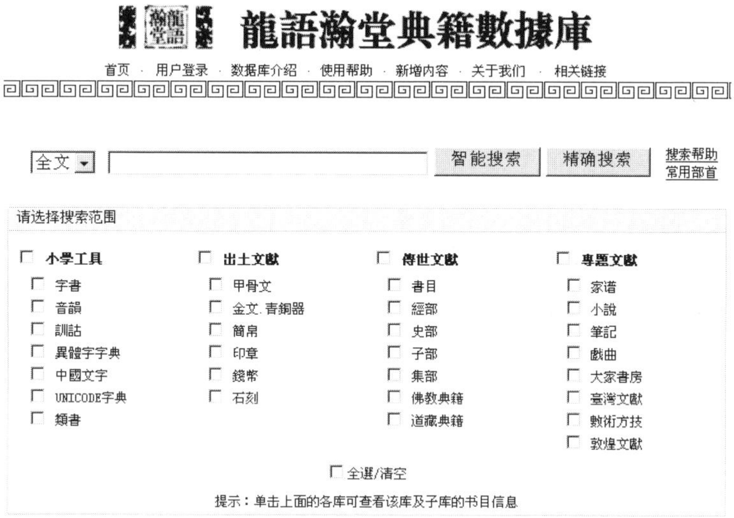

可以看出，其规划是相当宏伟的，志在将古典文献一“网”打尽。现已上传的典籍中最具特色的是小学类典籍及出土文献，因为这类典籍僻字、俗字成堆，难以实现数字化，大多数古籍数据库没有收录，即使收录了，很多字也无法录入显示，不能正常使用，龙语瀚堂则基本解决了这一瓶颈问题。现已上传的这类典籍有《说文解字》（大徐本）、《龙龛手镜》《康熙字典》《尔雅音图》《集韵》《广韵》《五音集韵》《甲骨文合集》《甲骨文编》《小屯南地甲骨》《殷周金文集成释文》、

《金文编》等。

中国国家图书馆网站（http://www.nlc.gov.cn/GB/channel1/index.html，网址现已更改为：http://www.nlc.cn/）的电子文献也比较丰富，有“中文拓片资源库”“地方志资源库”“IDP数据库”“甲骨资源库”“西夏文献资源库”“年画资源库”等，另有大量常见古典文献，都可免费查阅。

“中文拓片资源库”现有元数据23000余条，影像29000余幅。资源库内容以刻立石年月排序，提供单一字段的简单检索、多条件限定组合的高级检索和元数据内容关联检索等查询方式。

“地方志资源库”由全文影像库、全文文本库、书目库、地名库、作品库、景观库、插图库、事件库和相关文献库等构成，全部建成后可为用户提供方志资源的多样检索，如全文、书目（含卷目）、地名、人物、作品、景观、插图、事件等单项与复合检索，支持并实现与其他数字图书馆资源库的关联检索和跨库连接，最终形成内容丰富、检索便利的馆藏数字方志资源库。

IDP是英文International Dunhuang Project的缩写，汉语意思是“国际敦煌学项目”（http://idp.nlc.uk/）。该数据库由英国图书馆于1993年开始开发，计划逐步将世界上各机构收藏的敦煌文献全部数字化。IDP数据库用精密的数码扫描设备将敦煌写卷制成一幅幅高清晰的图像，能展示写卷的全部内容——正面、背面，甚至没有文字的地方，图像的清晰度与原卷没有区别。学者可以随意地从屏幕上获得高质量的彩色图像，而且放大之后，过去用放大镜不易观察的字的细部、墨的层次、纸张的纤维等问题都可借助新技术迎刃而解。1998年10月，IDP网站正式运行，至今已上传5万幅写卷、绘画、艺术品、丝织品、老照片、地图的图像，还有相关的目录信息，用户可从网上进入IDP数据库免费检索，还可查阅敦煌学研究论著目录。IDP在伦敦、北京、圣彼得堡、京都以及柏林都设有中心，各中心负责数据库和网站的维护、更新及质量监控。

国学网（www.guoxue.com）是一个为国学研究提供资讯的网站，网上有可进行全文检索的大型古籍数据库《国学宝典》。该数据库由北京国学时代文化传播有限公司制作，收录了自先秦至清末的古籍4000多种，总字数超过10亿字。目前仍在不断扩充，其目标是建成一个包含所有重要中文古籍的全文电子数据库。《国学宝典》原为单机版，2005年2月推出了网络版。系统使用unicode大字符集，生僻字及特殊文字如篆文、蒙文等都用图片的方式来处理。古籍中配的大量插图整卷显示时可与文字同屏显示。

国学网上还有不少中国古代经史子集各类典籍供免费阅览，如《十三经》《二十五史》《资治通鉴》《续资治通鉴》《全唐文》《全唐诗》《全宋词》《文选》、明清小说、佛教典籍、道教典籍等，这些资料只能按篇名或卷数浏览，没有字词检索功能。网站另有收费会员专区，提供《二十五史》《十三经注疏》《全唐诗》《全唐文》《全宋词》《宋辽金元诗歌》《明清诗歌》等典籍的在线全文检索。

高等学校中英文图书数字化国际合作计划（China–American Digital Academic Library，CADAL）是由国家计委、教育部、财政部于2002年投资建设并得到美国方面出资的软硬件系统支持的大型数字化图书馆，是全球数字图书馆（Universal Digital Library）项目的组成部分。该项目由浙江大学和中国科学院牵头，北京大学、清华大学、复旦大学、南京大学等全国16所重点高校参与，共同承担建设任务，近期目标是建成两个数字图书馆技术中心（浙江大学、中国科学院研究生院）和14个数字资源中心（北京大学，清华大学，浙江大学，复旦大学，南京大学，中国科学院研究生院，上海交通大学，西安交通大学，武汉大学，华中科技大学，吉林大学，中山大学，四川大学，北京师范大学），将100万册中英文图书数字化。其中，中文和英文文献各约50万册。英文文献主要包括以下几项：（1）美国大学核心馆藏、无版权的图书资料、政府出版物。（2）有版权的部分资源（美方已与出版社、作者解决版权的资源问题）。（3）原生数字化资料。如美国数字图书馆联盟所属25所大学的学位论文、技术报告、会议记录等。中文文献突出高校教学科研的需要，兼顾保存和传承我国优秀传统文化的要求。该项目的门户网站于2005年11月在浙江大学正式开通运行（www.cadal.zju.edu.cn/index），系统设有古籍、民国图书、民国期刊、现代图书、学位论文、绘画、视频、英文等类目。目前，古籍、民国书刊等没有版权限制的文献可以在网上免费阅读（需要下载专用的浏览器）。该数字图书馆不仅容量巨大，而且拥有许多先进功能，如在该网站上注册一个账号，就能拥有“个性化图书馆”

“图书馆”会根据个人的喜好设置，及时将“新书”放到个人的“书架”上。系统有强大的中英文翻译功能，读者在查阅资料时，只要输入中文关键词，就能查阅到相关的英文书籍，甚至可以读到“中文译本”。

北京大学中文系研制了《全唐诗》（包含“全唐诗补编”和“唐前诗及乐府诗集”）及《全宋诗》全文检索系统，《全唐诗》全文检索系统在其网页（chinese.pku.edu.cn）上免费供外界使用，《全宋诗》全文检索系统仅提供试用，试用系统只能检索到部分诗歌。

南开大学组合数学研究中心、天津永川软件技术有限公司、中国社会科学院计算机网络中心联合研制了“二十五史全文阅读检索系统”网络版，国内有些单位购买了这一系统，供内部使用。该系统文本差错少①，正文与注文采用不同的字体及颜色显示，非常醒目。

佛教典籍以中华佛典宝库网站（www.fodian.net）最为丰富，除《大藏经》外，还有藏外佛典、佛学辞典、佛教图片、佛教音乐等，提供浏览及下载服务。佛教导航网站（www.fjdh.cn）也提供大量佛教文献的下载，其中各种版本的大藏经更为难得，如《大正藏》《赵城金藏》《乾隆大藏经》《中华大藏经》《巴利文大藏经》等。台湾“中华”电子

① 也有差错。如《晋书·甘卓传》的“察孝谦”，“谦”原文作“廉”。

佛典协会的网站（www.cbeta.org/index.htm）免费提供电子佛典数据库供各界使用，其中最重要的是《大正新修大藏经》，有多种版本可以下载，也可在线检索浏览。各版本的经文数据中均附有经文相关信息，记载经文版本和原始数据来源。

道教的典籍以“白云深处人家”（www.byscrj.cn）和中华卫道网（www.waydao.com/down.htm）提供的资源比较丰富，可以下载大量PDF格式的道教典籍，如《道藏》《藏外道书》等。

三、存在的问题及改进建议

从上面的介绍来看，我国重要的古籍大都已有了电子文本，包括传世典籍和出土文献，这给人们利用古代典籍提供了极大方便，对中国传统文化的学术研究起到了有力的促进作用。如今的学术研究如果不知道充分利用电子文献，那就意味着效率上的少慢差费，成果的创新性及可靠性也要大打折扣。

不过，目前制作的电子古籍还存在不少缺陷。

一是绝大部分电子古籍未能解决僻字的录入显示问题。遇到无法录入显示的僻字，或者用方框、黑块等符号表示空缺，或者用数字代替，链接到字形图片，或者说明偏旁的上下左右内外等，给阅读利用造成障碍。下图是国学网“国学宝典”“尔雅•释鱼”中的一条。

标题：尔雅注疏 卷九·释鱼第十六
作者：郭璞注、邢昺疏 分类：经部·十三经注疏
其他：版本 提要
端滴摹吩疲忽@鱼“出乐浪潘国”是也。 鱼有力者，[A192]。（强大有力。○[A192]，音晖。）[疏]“鱼有力者，[A192]”。○释曰：凡鱼之强大多力异於群辈者，名[A192]。 魵，鰕。（出秽邪头国，见吕氏《字林》。○魵，音坟。）[疏]“魵，鰕”。○释曰：魵鱼，一名鰕。郭云：“出秽邪头国，见吕氏《字?.....

生僻字用编号代替，开头部分还是乱码。最新的全功能试用版也是如此。

下图是书同文制作的电子版《四库全书》中《集韵·东韵》的一页，

“□”表示不能录入显示的字，一页上就有 22 个字无法显示。

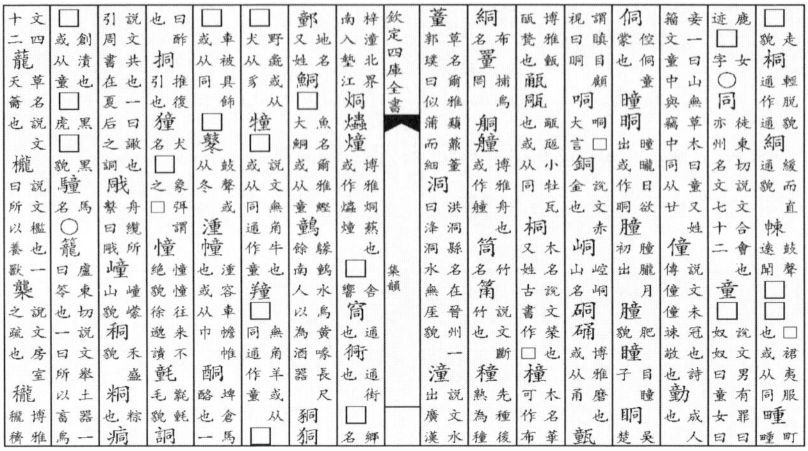

这方面做得最好的是龙语瀚堂典籍数据库，大部分生僻字都能正常显示。如上面《尔雅·释鱼》的那一条，龙语瀚堂典籍数据库中显示为：

出處：小學工具・訓詁庫・爾雅注・卷下・釋魚第十六
標題：魚有力者黴
內容：謂凡魚之健者總名黴音黴
【意見反應】

尽管如此，不能显示的字也仍然存在。如下图中的黑块就是无法显示的字：

出處：小學工具・字書・龍龕手鏡（續古逸叢書・宋本新修・王宏源新勘）・平聲卷第二・水部第三・去聲
標題：■【查看原圖】
內容：胡戒、胡愛二反。況■也。
【意見反應】

看来解决僻字的录入显示问题仍然是数码技术急需攻克的难题。

二是检索程序的技术水平有待提高。一个好的检索程序不但要速度快，还要能满足多种条件的检索需求。比如按朝代（当然更精确的是年代）检索的功能在学术研究上非常有价值，可惜目前除中国基本古籍库的检索程序提供这一功能外，大多数检索程序都没有这一功能。最近“国学宝典”的全功能试用版加入了按范围检索（分经、史、子、集、其他）和按年代检索（分秦以前、两汉、魏晋南北朝、隋唐五代、宋辽金元、明、清、近代共八段）的检索的功能，这使数据库的利用价值得以充分体现。

检索的准确性也是衡量检索程序的一个重要标准，但大多数检索程序的准确性难以令人满意。比如在《四库全书》中检索含有“篹”字的资料时，大量含有“撰”“馔”的资料也一并检索出来；检索“尺子”时，“尺予”“尺于”“斥予”“斥于”“斥子”等条目混杂其中，而且这些无关的条目还无法排除。另外，一些应该同时检出的异体字，程序却视为不同的字而不能检出，出现漏检的情况。如“狼跋”俗体也写作“狼跛”，当以“狼跋”为检索词时，“狼跛”的资料检不出来。有些关键词明明在所收文献中存在，但检索程序就是检不出来。

三是与常用字处理软件的兼容性不尽如人意。检索出来的资料人们一般是要复制到 Word 等字处理软件中使用的，然而有些数据库的资料复制粘贴后会发生错误。例如不少古籍带有注文，注文一般是随文用小字表示。当你把《四库全书》中复制的带注文的资料粘贴在 Word 中时，所有的注文都跑到正文的末尾之后，而不在原句之下，使人们分不清楚哪是正文哪是注文。即便知道是注文，也不清楚是哪句正文的注文。不得已，还得和数据库中的原页面仔细核对。大陆的使用者一般要把复制的繁体字资料转换为简体字，但这种转换会发生错误。如用 Word 的繁简转换工具把《四库全书》中复制的“譙國華佗字元化”整体转为简体时，“元”被转换成了“符”，令人莫名其妙。龙语瀚堂典籍数据库中的有些僻字复制粘贴到 Word 后会走样，如上例《尔雅》中的字复制到 Word 后变成了■。

其四，理想的电子古籍应该用繁体字录入显示，尽可能保存底本文字的原样（如俗体），加上标点，能全文检索，并有相应的图版页面可随时对照，注明所据版本，但目前能达到这一标准的电子古籍几乎没有。有的只是图版，只能浏览，不能检索，如《古今图书集成》《道藏》等。有的只是电子字符，没有图版可供对照。如"国学宝典"使用简体字，没有图版，没有所据版本说明，使用价值大为降低。国学公司意识到这一缺陷，最近又推出了"国学宝典"的繁体版，但把简体转换为繁体时会出现各种差错，希望能做好校对工作。《四库全书》虽然是繁体，而且有图版对照，但没有标点。有些繁体数据库在检索时只能输入繁体字条目，如果输入简体，或者检索不到，或者不是你想检索的资料，这也需要改进，应该是输入简体繁体均可，毕竟大陆人输入繁体不是那么方便。爱如生的搜神引擎有"简繁体字转换"和"异体字关联检索"的选项，这种人性化的功能值得各种搜索引擎借鉴。但需要注意的是，关联容易出现遗漏。如中国基本古籍库检索程序的简繁字关联检索就存在很多字简繁不能关联的问题，如明朱国祯《涌幢小品》卷二十四有"百寿"一词，但用简体检索时检索不到，用繁体字则能检索到。检"夫子岩"时检不到写作"夫子巖"的资料。中国基本古籍库的大多数典籍注明了版本，但也有疏漏。如宋代洪迈《万首唐人绝句诗》、宋代史容《山谷外集诗注》等都没有版本信息。

其五，数据库使用的便捷性有待提高。不少大型网络古籍数据库需要安装专用的浏览软件，这给使用者造成诸多不便。理想的状态应该是用常用浏览器（如 IE）就可浏览，事实上龙语瀚堂典籍数据库已经做到了这一点，建议其他数据库的研制者借鉴龙语瀚堂的成功经验。当然，如果能研制出一个更切合古籍浏览的通用软件也未尝不可，但目前各自为政的做法实不可取。 另外，使用者在复制资料的同时需要具体的出处，但绝大多数数据库都不提供直接拷贝出处的服务，需要引用者自己逐项查找，如作者、书名、卷数、篇名等，非常麻烦。《四库全书》数据库倒是提供出处拷贝服务，遗憾的是只有书名和卷数，过于简单。有些数据库对复制原文防范过严，如“中国基本古籍库”不能直接复制，须另外打开“下载编辑”窗口才能复制，而且每次最多只能复制 200 字，很不方便，建议修改为能直接复制全部当前页。

其六，内容方面的缺憾。虽然数字化的古籍已经很多，但大多数是元代以前的典籍，明清典籍所占比例很小。这是因为大多数数据库是在《四库全书》的基础上建立起来的，《四库全书》收书的原则是贵远贱近，明代典籍很少，清代典籍更少，而这两代的典籍加起来至少是此前所有典籍总和的两倍。而我们今天想检索明清时期的资料时却没有大型数据库可供利用，对学术研究极为不利。那么，哪些古籍可以弥补这方面的缺憾呢？由于目前还没有编纂出明清著述总集，建议先把下面这些大型丛书制作成数字古籍：《续修四库全书》《四库全书存目丛书》《丛书集成初编》及《续编》《近代中国史料丛刊》等，这些丛书的使用价值很高，如果把它们制作成了数字版，明清资料检索的困难可以得到很大缓解。

另外，宗教文献也亟待数字化。《道藏》目前只有图版，建议把最新整理的《中华道藏》制作成数字版。《大藏经》虽然有数字版，但采用的底本是日本铅字排印的《大正藏》，错误较多，建议把学术价值比较高的《中华大藏经》（中华书局 1984—1997）制作成数字版，其他如甲骨文献、敦煌文献也都需要数字化。

我们期待有志于古籍数字化事业的人士尽早将这些大型文献制作成理想的数字文本，这将是一项利在当代、惠及千秋的功绩，那些花巨额资金打造“金书”以哗众取宠的做法和这一功绩相比，是不可同日而语的。

（本文来源：《第一届中国古籍数字化国际学术研讨会会议文集》，本次发布版本由作者审订。）

思想谈

项旋（栏目编辑·北京师范大学历史学院）

西方历史哲学家柯林伍德说：“『一切历史都是思想史。』近年来，思想史研究方兴未艾，掀起一波波热潮。新的视角、新的理论、新的方法，交流碰撞出别样的火花，可谓异彩纷呈。『思想谈』栏目的创设就是为思想史研究同好提供一个切磋讨论的平台，定期向读者推送明清思想文化领域相关研究动态。本栏目从中精选出的三篇选文，作者分别为复旦大学文史研究院葛兆光教授、中国台湾的王汎森教授和哈佛大学东亚语言文明系包弼德教授，三者均是长期深研思想史的大家，为学界所推重。所选文章有一个共同的特点，都是讲座报告整理成文，作者在严谨探讨问题的同时，又常常迸发出思想火花，可谓妙语连珠。内容上涉及思想史的概念范畴、研究方法、未来趋向等多个重要方面，但各有侧重，给人以启发，是思想史研究同好不可错过的经典文献，历久而弥新。

思想史为何在当代中国如此重要？

葛兆光

复旦大学文史研究院

思想史研究之所以引人瞩目，是因为它同时在自觉地回应着三方面问题：一是它在回应新的中国社会和政治、文化的变迁，思想史世界的混乱，需要重新回顾过去，重新梳理脉络，找到思路；二是它在回应东洋和西洋，包括各种长久固定的学科制度和各种蜂拥而入的新理论、新方法；三是它在回应自20世纪70年代以来，近三十年间不断出现的各种新史料的刺激和挑战。

在正式讲演前，说几句题外话。六十年前的12月17日，胡适先生在普林斯顿大学度过他的六十岁生日。我比胡适小六十岁，似乎很巧合，六十年后，我也将在普大度过我的六十岁生日。当年的胡适心情很黯淡，那天晚上，他乘火车回纽约，想到自己有心脏病，人寿保险公司也不肯接受他，就像周质平教授说的那样，在普大的时光是他一生的"黯淡岁月"，我是否也将度过一生的黯淡岁月？不好说，这当然是玩笑。但是有一点请大家注意，就是那天，胡适写了《生日决议案》，郑重地说，如果生命不太久了，他要还一生的文债和心愿的话，那么第一个就是写完他的思想史，可见，胡适在心里最关心的一直是思想史。

转入正题，为什么中国学者那么关心思想史？

1. 思想史在中国为何很重要？

在中国人文学者的心目中，历史、思想和政治，始终处在核心的位置。之所以要讨论思想史，就在于思想和社会、历史和现在、古代和现代关联得太深了。

现在西方学界中，思想史研究并不是热门，中国思想史研究更不是热门。台湾史语所所长黄进兴院士，在最近写的一篇文章中，就谈到了思想史在西方学界的衰落。他在文章开头引用 Paul K. Conkin 的话说“思想史曾有短暂的辉煌，眼前却是四面楚歌，而前景黯淡无光”。文章最后，他又引用朝鲜战争时期麦帅（Danglas MacArthur，1880—1964）的名言“老兵不死，只是逐渐凋零”（Old soldiers never die; they just fade away）来形容现在思想史研究的状况。

可是很有趣的是，大陆学界却恰恰相反，思想史研究一直是热门，而且最近十几年更为热闹。刚才提到的，五四时期知识界领袖人物胡适，后来他坚持把自己最初的著作《中国哲学史》，改称为《中国思想史》，还编写了好几次《中古思想史》的提纲和讲义；改革开放时期即 20 世纪 80 年代，李泽厚有关思想史的三部著作，也曾经是“文化热”的重要历史资源；余英时先生关于思想史的各种著作，也在中国大陆产生过深刻而久远的影响；艾尔曼教授、汪晖教授和我，也都是在思想史研究领域。在中国，不少原本是文学和哲学的研究者也转向了思想史，甚至有人觉得现在的“思想史热”造成了中国“学术格局的失衡”。

近十几二十年中，思想史研究尤其是中国思想史研究，在中国大陆不仅在思想史学科内有影响，而且影响到学科外；不仅刺激了有关“中国哲学合法性”问题的讨论，而且促进了历史学科其他领域研究方法的转变，甚至引起了文学史、艺术史、政治史等学科的反思。特别是，它还引发对当下中国的思想、政治和文化的重新省思。那么，为什么偏偏是思想史研究在当代中国起了这么大的作用？为什么思想史研究在当代中国受到这么多的关注呢？我想，有三个关键词一定要注意：那就是在中国人文学者心目中，历史、思想和政治，始终处在核心的位置。因为中国有长久的历史传统，所谓“国可亡，史不可亡”，反过来说“欲亡其国，先亡其史”，也就是说，“历史”是民族或国家的一个认同基础。从古代中国的“有史为证”，到现代中国的“历史的经验值得注意”，事情先要参考“历史经验”后再有个“历史结论”，批林就得批孔，反周恩来也得扯上周公。

同时，思想也很重要。我一直觉得，现在的中国仍然在“未完成的现代过程”之中，仍然是在晚清、五四那个从“技术”到“制度”、从“制度”到“文化”，从“文化”到“观念”不断寻求变革的历史延长线上，那些重要的价值如民主、自由、科学、公平、正义等，始终需要在观念层面得以确认，并且在制度层面加以落实。这就是“道”，中国人讲“道”是最根本的，虽然现在像战国时庄子说的那样，“道术将为天下裂”，可是，中国人还是要寻找根本的“道”，“道”是什么？“道”就是思想，思想也是硬道理。胡适六十岁时接受过一次采访，他回答记者说，他并不想直接从政，因为“思想文化的途径有其巨大的力量，有其深远的影响”。

接下来，“政治”也特别重要。中国自古以来就有“政治高于一切”的传统，“国是”一直可以笼罩和改变经济制度、社会风貌、文化趋向和日常生活。不过，政治问题不宜轻易讨论，所以，看起来是“过去故事”的思想史研究，其实往往就是在对古代的检讨中，让这些现代价值获得历史合理性。正像梁启超所说，思想常与政治变化有关，而政治变化又必以思想为基础。之所以要讨论思想史，就在于思想和社会，历史和现在，古代和现代关联得太深了。在中国这种历史传统很深的国家，在中国需要思想指引的时代，“让历史归零”是不可能的，“把政治忘掉”也是不可能的，怎么办呢？像林毓生先生所说的，“借思想文化来解决问题”。

中国知识分子一直有一个传统或者说习惯，就是入了《文苑》不行，得入《史林》，入了《史林》也不算完，还得入《儒林》，最好是入《道学》。因为只靠文章诗赋不可以，那是“雕虫”“末技”，靠史传小说也不够，连司马迁也说，皇帝对史家如“徘优视之”。所以，不仅要有经学著作，更要提出大的笼罩性观念才行。所以，政治、风俗、教育、制度的任何变化，都会被放在思想视野中做政治解读，而任何思想的历史变化，也必然会被政治性地理解为要推动制度变化。正因如此，在中国，专业学者、自由文人、论政者之间，很难有清晰的界限，任何对文化、学术和思想的历史清理，背后常常有现实的政治目的和批判意图，人们希望从历史中寻找现实的批判资源、认同基础和价值观念。所以，历史学一直在人文学科里面很重要，也很敏感。这些年来中国的变化太剧烈，“三千年未有之大变局”，至今还在变局之中。以前说“天不变，道亦不变”，现在天翻地覆，“道”就得“变”了，“道”是什么，它就是思想，可是思想应当朝什么地方变？这是知识分子特别想知道和特别想讨论的，所谓五四时代“借思想文化解决问题的方法”，或者是八十年代“借助历史批判现实的传统”，始终是知识界的习惯。正是在这一点上，我们才能明白，在中国，“学术”不仅仅是“专业”的或“知识”的领域，而常常也是一种思想批判和政治表达，无论“文化”“学术”还是“思想”的研究领域，都是如此。

因此，中国思想史研究在中国很重要，它的兴起和兴盛，需要在这一传统和背景下观察。

2. 思想史为何在当下中国特别重要？

如果说，西方历史学界逐渐从思想史转向社会史或新文化史，那么，在20世纪90年代中期的中国，则出现了很强烈的、至今持续的“思想史热”。所以，理解20世纪90年代中期以后的中国社会、政治和文化，是理解“思想史热”很重要的背景。

中国的“思想史热”，是在20世纪90年代中期后形成的。在这之前的1980年初到1990年中，中国学界曾经有过“文化史热”，有过“学术史热”，其实这是一个延续的过程。所以，理解20世纪90年代中期以后的中国社会、政治和文化，是理解“思想史热”特别重要的背景。自20世纪90年代中期以来，思想史研究之所以引人瞩目，是因为它同时在自觉地回应着三方面问题，一是它在回应新的中国社会和政治、文化的变迁，思想史世界的混乱，需要重新回顾过去，重新梳理脉络，找到思路；二是它在回应东洋和西洋，包括各种长久固定的学科制度和各种蜂拥而入的新理论、新方法；三是它在回应20世纪70年代以来，近三十年间不断出现的各种新史料的刺激和挑战。

先讲第一点，进入20世纪90年代，其他国家和中国都发生了很大变化，可能有人认为，历史在这里转弯了，后一个时代的问题变化了。但我想提醒的是，历史在中国并未“终结”。只是因为情势有了变化，问题变得复杂，所以导致了表面的“转向”与“分化”。在社会的转向和分化中，思想也在转向和分化。原来同一的思想崩溃了，各自的思想资源不同了，思想取向有差异了。80年代至90年代以来的各种取向和资源在没有经过梳理和整合的情况下一拥而入。本来，传统时代的儒家和孔子被民主观念打倒了，佛教、道教被科学思想当成迷信了，传统政治意识形态也被认定是保守僵化了，后来，现代民主科学思想又因为“现代性批判”的风潮变得令人怀疑了。可是，当孔子又被抬出来的时候，又出现了民族主义和保守主义的嫌疑，而后现代思潮呢，又因为过于超前而不合时宜。在中国好像已经没有共同的标准，这使得过去为社会变化进行解释的“思想”，和原本很清晰的作为知识基础的“学术”，都发生了混乱。——在这个充满变化的新时代中，思想史学界就有了很多需要回应的新问题，要告诉我们，“思想”是怎么变得混乱的？如果要重建中国的思想世界，什么是可以发掘的传统资源？什么是需要重新确立的价值？什么是呈现中国的思想？

再说第二点，20 世纪以来的一百年里，中国在向西转，即所谓从“在传统内变”转向“在传统外变”，学科制度、研究方法、表述语言都西化了。如果仅仅是一个“西方”化还好办，可是，80 年代以后，各种新的理论主要是西方理论进入中国，在经历一阵“拿来”和“实用”的风潮之后，人们开始反思和检验这些被应用在历史解释中的各种理论，大家感到很困惑，在这些问题中，有很多仍然需要从思想史角度去思考。举一些例子吧，比如：

第一，对于古代中国政治文明的整体估价。大家过去有的会强调它对文官制度的建设、对社会流动的推动、文人士大夫对皇权的制约力等，或者强调它的缺乏制度与专制集权。可是，现在由于有了对欧洲历史背景的警惕和所谓后现代、后殖民主义的理论，似乎觉得这些原本简单的评价，就好像有些不太对头。可是，反过来说，中国古代没有“专制”，是不是就对头呢？问题一方面涉及历史，另一方面指向现实。

第二，中国传统文化、“国学”，是否可以窄化为儒学与儒经？是否中国有一个“复数的传统”？佛教和道教在这个传统中应该如何评价？它可能成为建构现代中国文化的基础，并成为对抗西方文化的核心吗？

第三，借助西方对“现代性”的自我反思和后现代理论对现代的瓦解，现在有人觉得中国传统也许正是西方文化的“解毒剂”，这使得一切本来自明的历史变得不明确了。可是，到底真的历史是这样，还是一种反抗现代性的论述策略，或者只是西方后殖民主义理论的翻版呢？历史的追索和对当下的思考，也由此连在一起。

第四，对于王朝作为国家的历史正当性，对于历史上的中国文化认同，好像也有问题了。古代中国对于世界和国家的看法，和其他民族与地区为什么不同，这些不同如何延续到现在的中国国际政治观念？历史上只有一个简单的国家认同（政治认同），还是可以有不同的文化认同、历史认同和政治认同？

很多过去天经地义的前提或预设，都在被质疑。可是在中国，由于这些前提或预设都与政治合法性相关，而政治性话题很难在公众社会和学术世界中表述，制度性的问题又主要是行政官员的事情。所以，知识界习惯的仍是“借思想文化以解决问题”，可是过去的哲学史或者思想史——我们常常开玩笑说，思想史好像是“大号哲学史”——是否可以理解中国的思想、信仰和知识？那种唯物对唯心、进步与落后样式写出来的思想史，是否可以重现古代场景，是否可能回应当代的思想关怀？我一直强调，过去中国思想史著作，基本上是“建立系谱（书写正当性思想的脉络）”和“表彰道统（对于正统思想的凸显）”，意识形态性很强，所以必须改变，思想史写法的改变，在中国实际上就在破除固执的旧观念和旧方法的笼罩。

最后是第三点。近几十年来，新资料在不断增加。20 世纪 70 年代以来不断呈现的国内新材料，对以前的思想史脉络构成了挑战。比如马王堆、张家山、银雀山、走马楼、郭店、里耶、悬泉置考古发现的简帛资料，西洋和日韩各种有关中国的文献资料的引入，各种图像资料的解读，电子出版物的增长，给思想史提供的边缘资料，迫使中国思想史研究者不得不回应它们所提出的问题，改变过去哲学史或思想史的既成脉络和固定结论。傅斯年当年说的“上穷碧落下黄泉，动手动脚找东西”，是史学变化的最简单途径，一旦史料扩充了，历史就不同了嘛。可是最近几十年，思想史不需要那么复杂地到处去找东西，很多新材料、新文献很现成地就来找思想史了。如果容许我简略概括，有几点很重要。

第一，让我们“重返古层”。

这里我用了日本丸山真男提出的概念，就是思想和文化的深层和下层，因为近年来考古发现、边缘史料、图像资料越来越多，让我们关注到了少数精英之外。

第二，让我们“走出疑古”。

这是李学勤先生的说法，虽然这种提法有些片面和极端。不过，我觉得它还是一个很有意义的趋势或者启示，现在包括清华简在内的很多材料，就是在催促我们改变观察历史的方法。

第三是“发现四裔”。

各种各样来自日韩蒙越的新文献，让我们开始注意到历史上的中国与周边的互相观察，也注意到由于“朝贡体制”或者“册封体制”下的中国和周边的微妙关系，更注意到汉族中国以外的各种文明、宗教和礼俗在汉族中国的投影。所以，开始反省原来研究的偏向，开始意识到过去中国的“中国”研究所忽略的那些“四裔”，也就是傅斯年称为“虏学”的学问。

因此，学术界出现了和西方学术界很不同的取向，如果说，西方历史学界逐渐从思想史转向社会史或新文化史，那么，在20世纪90年代中期的中国，则出现了很强烈的、至今持续的“思想史热”。

3. 中国思想史研究将来为什么还会更重要？

十几年来，中国大陆的思想史研究状况发生了很大变化。要使思想史研究在中国一直成为社会关注的中心，最重要的还是中国思想史研究者能否在历史讨论中保持对现实的针对性，即他们能否诊断当下的思想问题。

中国现在所说的“思想史研究”，实际上是一个很开放的领域。正因为思想史的边界很开放，所以它能够连接各种各样专门领域、容纳各种各样文献资料，社会、文化、经济、风俗、宗教、政治等内容，都被包容整编到思想史的大脉络里了。像普林斯顿大学余英时先生的

《朱熹的历史世界》，虽然他说是政治文化的研究，可是，我们仍然把它当成开放了的新思想史著作，这种思想史特别容易引起各不同专业学者的关心。应当说，这十几年来，中国大陆的思想史研究状况有很大的变化，容我简单地归纳，我觉得变化很大的几个方面是——新文献与新史料的充分运用与“眼光向下”的研究趋向，促使思想史研究思考精英和经典思想的“制度化”“风俗化”和“常识化”。

思想史不再仅仅是关注思想的“提出”，提出的可能是少数天才，也可能提出了就湮灭了，而同样要关注思想的“实现”，实现了的在社会生活里面称为制度、常识和风俗的思想，也是真正在历史上产生作用的思想。这样自己就需要关注风俗史、教育史、制度史等，不能把电光火花一样的少数天才当思想史的基本脉络，当思想的连锁环节。举一个宋代的例子，如果大家都以理学为中心，那么北宋濂洛之学出现，理学家那种伦理道德严格主义就应当写在北宋。可是如果你注意到杀人祭鬼的流行、薅子弃老，注意到北宋司马光劝谏皇帝勿看女子裸体相扑，就知道理学家那种伦理严厉化的思想，是渐渐地在南宋以后才成为制度、共识和基本常识的，这是一个历史过程，也是思想史过程。

在很大程度上促进了思想史和政治史、社会史与知识史的融合，把思想史真正放入政治和社会语境中，拓宽了思想史的视野和范围。

举几个例子。一个是天文地理之学与思想史的沟通，像我就曾经以北极北斗、古代地图来讨论思想史问题，也曾经用朝鲜史料中的有关大明衣冠的记载来讨论清代族群意识和东亚文化认同，艾尔曼教授也曾经讨论过明清科举中有关科学技术的考题是否反映中国人的知识观念变化，这都是过去思想史没有涉及的话题和资料，它使得思想史和社会史、科学史、政治史之间，不再存在鸿沟。

思想史的研究空间变得更大了。

我们现在的研究范围，拓展到所谓“西域”与“东海”，这促使思想史研究者思索，不仅是超越民族国家与恪守民族国家之间的难题，而且也要解决汉族与异族思想的交融。这恰恰就是我们为什么要提倡“从周边看中国”这个研究课题的原因。

要使思想史研究在中国一直成为社会关注中心，最重要的还是中国思想史研究者能否在历史讨论中保持对现实的针对性，他们能否诊断当下的思想问题。近来，我们一直在关注和追问一些既有关历史，又有关现实的思想史问题。比如，中国传统对内的一统观念和对外的天下观念，如何影响今天中国的国内管理制度和国际秩序构想？传统的家国体系、君臣关系和礼仪制度，如何影响今天的政治体制和意识形态？传统儒佛道的三教合一关系，如何影响信仰立场和批判精神的确立，以及宗教信仰对政治权力的制衡作用？我身处中国，我的体会、经验和亲历的历史，让我更多地去思考今天的思想状况，并且从这些思考出发，反省过去几千年的思想史。近二十年来，中国思想世界越来越复杂，不同思潮的起伏变幻、冲突论争，给思想史研究者提出了新问题，需要思想史研究者去做出回应。毕竟，中国有一个习惯于在历史中寻找合理依据，在思想中解决根本问题的传统，中国当代思想也总是需要在过去思想史，特别是近代思想史中，获得合法性与合理性来源。

因此，我相信，虽然现在欧美思想史研究已经“渐渐凋零”，但是在中国学界，至少，仍然会在一段时期内保持其活力。

（本文原刊于《文汇报》，2009 年 5 月 22 日）

思想史研究经验谈

王汎森

中国台湾“中研院史语所”

原编者按：2013 年 6 月 21 日至 24 日，由华东师范大学—不列颠哥伦比亚大学现代中国与世界联合研究中心主办的第二届中国思想史高级研修班在上海举行。来自美国威斯康星大学、加拿大多伦多大学、中国台湾大学、香港大学、香港科技大学、北京大学、清华大学、中国人民大学、中国社会科学院、复旦大学等海内外 20 余所大学的青年教师和博士生参加了为期 4 天的研修活动。研修班邀请了美国加州大学伯克利校区的叶文心教授、中国台湾“中研院”的王汎森教授、加拿大不列颠哥伦比亚大学的 Timothy Cheek 教授和华东师范大学的许纪霖教授作为研修班的导师，他们四位分别为学员作了主题讲座，并在最后一天举行了一场四人同台对话，并与学员们深入互动。现在将王汎森教授的演讲稿整理成文刊出。

谢谢许教授，非常荣幸能有机会在这里做报告。在座有很多位学术界的先进和朋友，谢谢你们前来。我不常出门参加学术研讨会，需要鼓起很大的勇气，因为我对旅行总是不大适应。我本来有两个题目，后来跟许教授商量决定讲这个。我想象的听众是学生，所以跟大家报告一下我的个人经验，我也不一定完全能做到。我有个习惯，就是随手写，然后把纸张放到卷宗里，所以今天讲之前整理一下，发现我这些废纸也有这么厚厚一叠，但里面有些只写一行字，有的写两行字。我并没有专门写过这方面的文章，所以我讲的是比较宽泛意义上的方法，基本上是我的一些实践心得，因时间所限，此次只能谈几点，将来有机会，我准备写一本小册子，比较深入地讨论这个问题。

一、精读文献

第一件要讲的就是精读文献，这是老生常谈了。意大利史家 Carlo Ginzburg 上课时，要学生每一件档案读两个礼拜。汤用彤先生在写《魏晋南北朝佛教史》的时候，有过一个说法：每一个字，都不能放弃。当然有它先天的原因，因为早期佛教史文献不多，所以每一个都不能放弃。熊十力先生可能在《十力语要》里讲：在一个思想文献里，凡一个词出现两次，就要特别注意。为什么，因为古人文书较简，能写万言书就不得了，不像今天论文动辄就要三五万字。所以很多思想史的文献都不长，因此某一词语出现两次，便应特别注意。

在阅读思想文本时，我认为应该非常注意议论跟现实之间有没有相应的关系。有时候有，有时候不一定有。

时潮的波动有紧缓之别。有时候，在一百年里，很少有文章和现实有关。有时候时局异常敏感，一封信就可以起很大作用。譬如梁启超对社会主义的疑虑曾通过刊在报上的书信表现出来，这么一封信也马上引起知识界的注意。有时候正儿八经写了几百篇文章，却都不会产生什么价值。譬如我个人觉得有时候唐朝的思想文本很难跟那个时代联系起来，如元结的《浪翁观化》，我在大学生时代的时候，认为它跟唐代思想有很大的关系，可是到现在还是没有办法非常深入把握它们与时代的联结。可是在历史上有时候一两个月、一两年、三五年，思想就产生了重大的变化。像五四时期，三四个月或一两个月思想的气氛就变了。原来不是主旋律，很快就变主旋律了。这些也是我个人认为值得注意的地方。

此外，一份思想文献中的时间层次及思想层次也应注意。前年，我帮新版《仁学》做了导论。为此我又很仔细地把《仁学》读了一回，发现里面有好多层次，以前都没有好好注意到。这里面有时间的层次，也有意义的层次。康有为的大同书，亦复如是，前后成书那么长，里面叠压的时间、意义的层次是很多的。

二、语汇与语境

这是老生常谈，就是一定要把文章放在整个时代的脉络来看，要能深入了解其时代词汇、语言、思想的复杂状态。譬如黄宗羲说“工商皆本也”，很多人把它说成是黄宗羲特别重视工商的思想，但早在20世纪70年代叶世昌在《关于黄宗羲的工商皆本论》中就已表示，这句话放在黄宗羲的著作脉络中看就不是那一回事。在《明夷待访录》里面，黄宗羲说工商和农都是本，是都“不能轻视”的意思，并没有特别突出重视的意思。只是指它跟种田一样，是百业中的一种。事实上，黄氏的意思是工商和农一样虽然都是“本”，但实际上还是不如农。

我常常在看学生论文的时候，发觉最大的问题就是对一些思想语汇在那个时代的全幅环境中的位置与意义不清楚，只就该文本看那位思想家的思想。比如，清代后期阳湖古文的代表恽敬，很多人夸奖他的《三代因革论》，《三代因革论》就有好几个层次。它有受理学影响的部分，也有部分是在回应当时考证学对三代的研究的成果。但更多的是，他跟时代的困境做很密切的对话与回应。这要熟悉整个时代，才能了解他对话、沟通和反驳的对象。

我个人写过一篇《明末清初的一种道德严格主义》，里面提到很多人强调“欲当即理也”是在鼓励物质欲望，但是放回原文脉络，大部分都不是这个意思。像颜元，很多地方强调“欲当即理也”，但他实际上是个非常严格的禁欲主义者，所以如果只突出一两句话，而忽略了它们在全文或全部著作中的脉络，就会出现前述的问题。我们往往太熟悉现在的想法，常把古人打扮得太像现代人，而忽略它们在那个时代中的意义。

回到熊十力先生讲的，如果在一篇文章中“欲当即理也”出现超过两次，就表明作者一定是很想仔细地谈这个问题，不然不会如此处理。即使到今天，这个解读法对我们仍然有意义。

另外，我们在读一篇思想文献的时候，要重视它那个时代的人或离它不久的人，对它的评估，这常常有超出我们想法的看法。譬如我读《孟子》或其他先秦古籍时，有时会觉得里面有一些推理方式和现代不太一样。但我们会慢慢发现，这些不可解之处常常隐藏了重要的信息。现代人太习惯于自己的推理方式，而忽视古代思想文献内部会有一些对我们而言不尽合理的东西，而这些地方恰恰反映那个时代潜在的、广大的思想习惯，里面往往也隐藏很大的意义。

在这里还要举一个例子。陈寅恪曾讨论说为什么范仲淹和欧阳修对宋代的“濮议”持论非常激烈，一定坚持要皇帝尊自己本生父母，他认为这跟五代以来的“养子”传统有关。五代很多藩镇靠养“义子”来继承藩镇地位，造成很多祸患。义者“外”也，不从己身所出者也。所以“义”有“假”的意思，义子就是假子。陈寅恪认为范仲淹、欧阳修在“濮议”中的言论有一层意思，是对五代以来不良风气的回应。也就是说，不仅就“濮议”这件史事来看，也不仅针对宋代的情况，它同时也是就几百年的风气来看。在这里，也可以看出整个时代思想与现实像是一盘围棋，每一颗棋子都在对应、牵动着其他部分的棋局。

还有，“井田”是中国历史上反复提出的思想议论。以前人们每每认为某个时代突然提出井田的理想时，多是针对当时土地兼并的情形而发。但事实上，井田并不是均田，提出井田也有可能还有另一层意义，就是反对均田。雍正时就曾出现要不要井田的讨论，清朝都稳定这么久了，居然还有人提出复井田，当然不可能成功。井田一面反对土地兼并，还有另一面是反对均田。所以它每次被提出，对话对象很不一样，也就是说，它在整个棋局中所对应的、所牵动的部分都不尽相同。

三、年代的集中处和议论的集中处

通常思想文献不像其他文献分量很多，它的稀少性使得我个人在纵观林林总总的文献后，将注意力放在年代的集中处和议论的集中处。以年代的集中处而言，在这里要举一个例子，譬如钱仲联先生编的《清代文选》，我以前上课常拿来给学生用，其中清代后期有几篇文章，思想方向不同，但年代相对比较集中，我常鼓励学生对这种年代比较集中的文献理解为一个时代中对时代困境的四五种不同的回应，它们有宋学的，有文学的，有子学的，有考证学的。这些文章年代相对集中，有针对性，我个人就直觉要好好注意这四五种思想路数。事实上，清代中期以后，这四五种思想路数确实也逐渐成为思想界的主调。

四、空白处可不可以作为证据

去年年底我花了一些时间把当时新出的《邓之诚先生文史札记》看了一遍。邓先生学问非常高，我注意到他的文史札记中，很多地方对陈寅恪先生表示不满。他非常关注陈先生的一举一动，但对他也很不满意，似乎还有一点忌妒的意思。陈寅恪许多诗中隐微的政治意涵也注意到了，他在日记中便几次提到陈寅恪的“谤诗”。从这里看，后来余英时先生分析的方向是正确的。

但我还有其他的感想。邓先生学问那么大，可是受他所关心的问题颇有限制，他对明遗民的兴趣太大，所以明遗民世界中非常小的事情他都要讲，包括宁古塔哪个篱笆下种的蘑菇煮的汤最好喝。他读了六七百种十七世纪的文集，我认为没有人比他读的更多，可是很多我们现在感兴趣的问题，他不感兴趣。他的兴趣固定在某些范围内，所以其他一些很有学术意义的问题就不在他的关心之中了。

另外，我要说的是，邓之诚对陈寅恪的批评，除了个人的不满意或细节的指摘外，还有一个重点，我把它解释成是我们做思想史的时候常碰到的问题 就是在空白的地方，把想象发挥到什么程度还算合理，哪些是不合格的。

我的理解是邓之诚认为陈寅恪在证据空白处想象太多。而我们知道，陈寅恪研究最精彩的每每就在这些地方。我们认为不成问题的地方，邓之诚先生认为是问题。陈寅恪《论韩愈》，说他从小从其兄在韶州生活，当地禅宗风气非常盛，韩愈"必习传黄梅法传之争，故作原道以争道统"，也就是说，陈寅恪认为韩愈从小无形中感受到禅宗争"统"的风气，故他建立儒家"道统"的观点就是受禅宗传灯录的影响。在我看来，陈先生的推论非常合情合理，但邓之诚先生认为是"想入非非"。[①]

他的批评使我想到，我们处理思想史，把想象力发挥到什么程度才不是胡思乱想。想象到什么程度，仍是有创造性的想象。我的初步想法是这样的，我们要注意哪里是有建设性的想象，哪里没有，直觉有时候是没有建设性的。思想史很多时候是在一座又一座的山峰，看起来并不相连，但是它们的底座是连在一起的。山峰不连在一起，并不表示山谷不连在一起，我们应确定山谷是连在一起，或到某一处它们已经属于不同的山脉，这是我们在处理思想史的时候最费思量的地方。我要是陈寅恪先生，对邓先生的回应是：因为它们同在一个山脉里面，所以这个空白处是有意义的空白，这个连接是行得通的。

五、铜山崩而洛钟应

根据我的实践，思想史中很多的关系，用我们今天线性的观念是

① 邓之诚批评陈寅恪所说的，唐玄宗因姓李故升老子李耳为"上圣"。邓说《汉书·古今人表》里已经把老子尊为"上圣"了。参见邓之诚著、邓瑞整理，《邓之诚文史札记》，凤凰出版社2012年版，第804页。

很难处理的，它有时候像铜山崩而洛钟应。洛钟和铜山没有直接的关系，但是它们之间会产生呼应。我最先注意到这个问题是大学时代读牟宗三先生的《才性与玄理》，当然牟先生的书一贯晦涩难读，但里面有很多有意思的东西。牟先生是哲学家，不是思想史家，不过他长期处理中古哲学史的问题，他的《才性与玄理》《佛性与般若》等都是。他看出印度佛学进来牵动中国玄学的变化，但它们不一定是直接产生关联，而是铜山崩而洛钟应式的关系，佛理进来，引起玄学震荡，它“应”的方式不一定是一对一，但有“应”的关系。我们研究思想时，大多只想在形迹上寻索，但实际上它也可能是铜山崩而洛钟应式的关联。

还有是“杂糅附会”。我们生活的时代太“实”了，而忽略古人很多是有实有虚、杂糅附会，往往虚的影响更大，这些东西总是包在一起，叠加在一起。我们的思想习惯太实，往往对杂糅附会、铜山崩而洛钟应这些不是很实的部分，失去兴趣和警觉力。

一个时代的思想像一盘围棋，有很多棋子。一时看来似乎没有关系，事实上都是互相对应着的，而且不一定是一个子对一个子，而是多重复杂的关系。思想的动态可能是两个离得很远的棋之间，产生一种关系。要怎么掌握，我的经验是要熟读一个时代的几十种文集或相关的书，掌握那个时代的氛围，大概知道那些棋子摆在哪里，它们之间大概有什么或虚或实的关系，才能比较深入地了解。一般思想史著作比较精彩的部分，往往也是以一个棋盘在考虑问题。

治中古史者可能通读全部史料，明清史就几乎不可能。史语所的老前辈严耕望先生，我进所的时候他还在所里，他对中古史只有四个字“竭泽而渔”，全部要读一遍，不过这是不可能做到的。我进所时，每天都看他在弄一些纸片，抗战时期的旧白报纸抄写的纸片，每天都在排。非常好奇，问他任何问题，总是答得非常少。

我进所的时候，正好这些先生都在所里。“中研院”到台湾的时候只有史语所和数学所图书馆去，其他都留在大陆，而且史语所只有一半的人去，因为一个特殊的因由，很多去的人是终生不用退休的，所以石璋如先生在我进所之后还没有退休，他过世的时候105岁，到那一天也还没有退休。即使到了一百岁，成了全世界最老的公务员，他的学术野心还是大得不得了，每天都在想下一个研究主题。有一时期他在研究商朝的建筑，每天早上跟太太散步，看到工地，就要去旁边看看，看看能不能帮他了解商朝建筑。石先生病逝时我是史语所所长，当时他的心脏已经停了，眼睛却还没有全闭起来，他的助手马上跑过去附在他耳边说："石先生，你那几本还没完成的书，所长已经叫某某、某某人接手了。"，这时他的眼睛闭了起来。我不在场，那是听人讲的。我觉得石先生这个结局非常有意义，展示了一个学者强韧不懈的学术追求。那时候要做民族调查，傅斯年先生都会说多照相，但不要乱照相，底片非常贵，石璋如先生很有意思，史语所到四川的时候，他拍了很多当地人的农具，一九三几年在四川乡下那些农民的农具，有很多是非常古的，现在大多消失了。还照了那边的乞丐，他儿子花了几年时间整理出来，叫《龙头一年》。有一次，我们带了一本到龙头，当地人看了非常惊奇：你们居然有张乞丐的照片，他已经死了好多年。他是当地有名的一个乞丐，他的穿着、打扮都被记录下来了，这些都很有意思。又如他不只写商代的考古报告，他还写在安阳殷墟发掘的一百个工人的传。可惜这本书到现在还没有整理出版。很多人认为石先生不是最聪明的人。我最近看《夏鼐日记》，他提到石先生时也有这个暗示，但我必须说他是最有成就的人之一。

这让我想起史语所另一位考古学家高去寻先生，高先生非常聪明，但也有人认为他懒惰，可是他有件事我非常佩服。他编《侯家庄》的那八册巨书时，全部写梁思永遗著，高去寻"辑补"。梁思永先生从事发掘时实时写下来的每每只有薄薄一叠记录，史语所的仓库里还有。梁先生很早就去世了，高先生最后怎么处理，梁先生也不知道，但他最后花了几十年做成八部书，封面上署的还是高去寻辑补。

回到严耕望先生，他每天反复编排纸片。不过，每个人都有自己的限制。严耕望先生做《唐代交通图考》的时候，有两个限制，第一个是当时两岸不通，他没办法亲自看实景，他只能依史料一张一张连缀起来，而没有机会和现实相互核对。那时，他如果能来走一趟，和古书相验证，恐怕更好。第二个限制是没有文化史的关心。交通和文化、物质的关系最为密切。当然，这不是他要处理的，但总觉有些可惜。这是部巨著，花了几十年工夫，无数张卡片，细腻比缀而成。

六、竞争与趋同

我们大多读过科恩的《科学革命的结构》，“paradigm”确实是个非常有价值的概念，不过我从思想史研究中也发现另一个模式。思想世界林林总总的现象不总是一个简单的、在“paradigm”下面做problem solving的情形，很多时候是在一个松散的价值层级下调动各种思想资源，这个价值层级有它的最高层、最优位的思想，也有属于下位、边缘的思想，它微妙地在调动、驱策思想资源的升降与聚散。随着时代的变动，这个价值层级会变。在一个个价值层级下，存在很多发挥、竞争。价值层级随时代而变，譬如五四以来科学和民主居于主流，人们觉得这个思想好，那么以科学与民主为最高层级的思想框架便到处调动思想界的变化，各种资源向它趋近或远离，连带的很多旧的东西也跟着变。如果全部用科恩的“典范”来说，我的感觉就是说起来比较实，但所有的东西都被一个东西框住，每个人都在解决其中特定的问题。这种现象确实很多，特别是清代考证学盛的时候。像《周官禄田考》，就在周官的题目典范下解决问题。宋代欧阳修说《周礼》里面官多田少，就是把全国税收发给官员也是不够的，可是清代沈彤的《周官禄田考》就把这个问题深入考究，并令人比较信服地解决了周官俸禄来源的问题，这就是在典范下解决其中个别问题的例子。

可是，思想界有很多时候不能用“典范”来解释，而要用一个松散的架构和思想的层级来把握，这个架构与层级使得某些是上位的，那些是下位的。譬如五四以后很长一段时间科学的或胡适所代表的东西是上位的，而保守派思想家的东西可能就是比较下位的。我觉得每个人生命都有自己的方案，没有一个人要过别人的生活，即使在一个集权时代，也还是维持一个尽可能属于我的生活方式。我这个生活方案可能把这个集权的要求包括进去，但里面还是我自己的生活。每个人自己都有一个方案，他一定是用自己的办法、在当时的价值框架下为自己找到一个优势的位置：我要比你伟大，我要比你想象中更好。然后，在这里面形成自己的思想。所以并不只是简单的模仿和服从，而是在价值的层级下，人们像鱼一样向层级的优位处游，从而形成一个时代的思潮。

竞争会使得人们处心积虑地想要突出自己，这当然会带来一些差异化的发展，但是更值得注意的是，因为人们都认为自己要往当时人们认为好的部分去突出自己，所以到后来整体地看，往往是使得思想界变得更加一致。我举一个台湾的例子，台湾在《苹果日报》进来以后，所有的报纸都面临极大的威胁。就像出现一个大思想家，所有人都觉得不得了。所有的报纸都说我要和《苹果日报》竞争，《苹果日报》有很多食色性方面的图片。没想到过了一两年，所有的报纸都跟苹果几乎一样。实际上，所有报纸都是要和它竞争，要把《苹果日报》打垮，可是竞争的结果是大家都变成一样。思想史上也常常出现竞争使得大家越来越像、而形成一个大思潮的现象。高去寻先生还活着的时候，我曾经请教他傅斯年先生对钱穆的看法，各位知道他们之间的关系并不好。高去寻只跟我描述一句话，说傅斯年跟他讲："钱穆反考据，最后怎么都跟我们一样做考据。"照我的解释，就是竞争使得他们越来越趋同。钱穆当然不以考据为最终目的，他还有更上的义理要讲，可是在那个崇尚考据的时代，他为了要与考证派竞争，最后看起来竟让人觉得他与他反对者极为相似。梁启超也是一个例子，胡适日记有几段批评梁启超，他写道梁启超原来是反对考据学的，怎么后来竟跟我们一样做起考据学了？这是因为在当时流行的价值层级下，考据是主流、是优位。他们都竞争墨子考据，虽然结论不一样，但考据墨子已蔚然成风了。

竞争在思潮的形成中很重要，模仿当然也很重要。明朝后七子的复古运动，模仿到最后，居然有时和汉朝的文章就只差一两个字而已。最好的文章汉朝人已经写了，现在再怎么努力也只能换一两个字，由此可见模仿的力量了。

七、来回往复

我们在处理历史和思想问题的时候，对于因果关系的问题，往往只注意某方对某方的影响，忽略了“来回往复”的现象。事实上，这些因果关系常常像风吹来吹去，并不完全是单向的东西。譬如，英国的 Ernest Gellner 写了一本关于 Nations and Nationalism 的书，他认为国家在民族之前，有国家之后才有民族。在此之前，人们则大多说先有民族再形成国家。在我看来，“民族”与“国家”，或“国家”与“民族”之间是“来回往复”的关系。事实上，它们是不间断地交互影响，像旋涡一样，一直在转，一直在交互影响。

我们多注重前面的事情影响后面的发展，总忽略了后面事情影响前面的事情，这种情况多得不可甚数。“中研院”有一个所，后来的人给前面的老同事造成极大的压力。为什么？因为后来人把学术标准垫高了，弄得前面的人几乎不能生存。先是前面的人影响后面的人，后是后面的人影响前面的人，后面的人坚持要在 SSCI、国际刊物上发表。所以影响不一定是 A 到 B，有时 B 又回去影响 A……

谈到“影响”，我曾经很仔细地想过“影响”这件事，它不是那么简单的事情。思想史里谈很多影响，但是大多从施行者角度在谈，我们一直都只注意到影响是被动的这一面，而忽略了每一次被影响都是一次再创造。我接受你的影响是我的一个创新，或是自我的扩充。影响我的人不知多少，在他们的视野里并没有我的存在，而我的被影响事实上对我而言是一个又一个的创新。同样，思想的每一次扩散，每每都是一次又一次的再诠释或创新——接收者的再诠释或创新。

八、不变与变

前面提到思想界有时候很平，如唐代很多聪明的人都是去做高僧，做文人，儒家的思想就相当平，很难看到跌宕起伏。可是到了晚明清初或晚清民国，跌宕起伏就非常明显。根据我的经验，每经一次大变动，不仅变的那部分变了，表面上看起来没有变的那部分也可能变了。不仅变的部分值得研究，没有变的部分也值得研究。这方面可能性很多。譬如它既然能安然留下来，恐怕不是一件简单的事情。为什么有的留下来，有的就没留下来，此其一。它的内在可能悄悄变化了，此其二。就像一个瓶子，可能拿起来放下，开水已经变汽水。或者它仍然是开水，但是当开水仍然是开水时，却能在新环境中安然留下来，有可能是它在整个棋盘上有了一个合适的位置，故不用变即可以留下来。或者它在时代变化的过程中，为自己的存在样态找到一个新的说理方式等，不一而足。这里只是举两种情形，事实上情形是很多元、很复杂的，值得深入探讨。像我们觉得熊十力够保守，但是他说上海很多人认为他是维新派、趋新派。我们觉得王国维够保守，可王国维的几个朋友，像孙德谦就觉得他太求新了。

九、动荡前已存之事

经过我的观察发现，其实很多激烈动荡之后有的东西，之前已经有了，只是没人注意。经过一番大的动荡，人们才回去看前面的东西。我举一个例子，在我读高中的时候，余英时先生的名字突然出现在台湾的媒体，他的《反智论与中国政治传统》在台湾报纸连载了很久。

当时，大家非常震惊。后来人们才发现图书馆很早就有很多他的著作，以前没什么人注意，这时大家开始回去看他其他的著作，包括我在内都是这样。有一年台大研究生图书馆做了一个比较负面教育性的展示，就是期刊里有很多文章被人用刀子整篇割去了，因为那时影印不便宜。一查，都是余英时的文章。不知道是谁，经过那一次震荡之后，回去搜罗余先生的文章，太喜欢了，所以一刀割之。余先生很多早期在香港出的书，也在台湾纷纷被重印出来。有一次吃饭，人家问余先生，早期有一本《近代文明的新趋势》，这位“艾群”是不是您？余先生想了一下说：“大概是吧。”事实上，“艾群”那本《近代文明的新趋势》很早就随仙人掌丛书进入台湾各书店了。可是，没有经过那次动荡，这些东西不会被震出来，不会被认真对待。这里有很多复杂的曲折，不是平铺直叙的发展。我们受近代线性历史观影响太大，把事情都看作线性平滑的发展。

作为一个历史学者，我很细心地观察时代风气、细心体味一些不为人们注意的世相。譬如台湾流行过一波脚底按摩，是一位瑞士籍吴神父发明的。我小时候从没见过脚底按摩，现在台湾遍地脚底按摩。那时候台湾突然出版了很多中国古代医书，尤其是里面有关于脚底按摩的东西，而吴神父也承认自己其实是从中国的医书发展出来的。但是要经过这一次震荡，那些书才从图书馆的角落被震出来。

十、思想的物质条件

图书馆书很多，看的人很少。有一年，我读的大学的图书馆要把过去一百年没有借过两次以上的书，送到分馆，结果送掉很多书。图书馆那么多书，并不表示每本书都有人看，所以它们发生现实的影响也就不一致。很多书在图书馆躺了几百年没人看。

我们常常用现代的图书馆多如山积的书的景象去投射古人，往往忽略了古人得书很难。各位仔细读清初的李塨，他千里迢迢南下到浙江，到毛西河那里问学。除了跟他请教学问，同时也是为了要读他的藏书。古代的线装书往往只印了几十部，有的最多印到两三百部。我们现在有大图书馆，我们太容易从我们的后见之明回去想象前人，会奇怪某某怎么没有读到这个人的书呢？某某怎么不知道这个呢？所以我们对思想和学术的时代土壤应该要有一定的了解和判断，在近代新式印刷之前，思想和学术凭借的物质条件的稀少性是很值得注意的，不然对很多事情会有错误判断。

十一、选本等文本

最后我想再提一点。我认为，在思想形成过程中，日用书、选本、节本、重编书、格言集、入门书等影响最大，像《荒漠甘泉》那种把你每一天都排好，这一天的心理状态哪个部分需要改善，这类书最受欢迎。尤其是在大思潮形成的过程中，影响最大的往往是这些书，也往往为我个人所忽略。对一般人影响最大的书，是有入手处，有阶段，有明显继承和拒绝的。在思想转变的时期，重新写一部或一套书来指引时代方向谈何容易。我上次在思想史研讨班报告的关于“主义”的问题，那篇文章下半年才会出版出来，转眼已经过了五年，动笔写已经是十年前的事情。我那还只是一篇学术论文，就要花那么长的时间，到现在还没出版，何况在历史上重要思潮转变的时刻。孙中山哪有时间好整以暇地写《三民主义》？《三民主义》是演讲记录，而且连演讲都没有讲完。所以戴季陶曾委婉地说中山先生著作单薄了些，意思是没能像马克思那样，在英国好好写他的《资本论》。

历史上很多时候思想家都是透过选本之类的文字来表达他的思想态度，如《经史百家杂钞》《古文辞类纂》等即是显例。我为什么关注这个问题呢？我一直关注嘉道咸这段思想的问题，我觉得当时对人们思想产生影响的都是这类书。我也读了杨国强老师《晚清的士人与世相》，那一本也是讨论这个阶段的。不知各位有没有详细读过《菜根谭》，这是一本从清初到今天都影响非常广的书。我个人认为，这部书反映江右王学思想潜在的熏陶，但大部分人并不知道，更不会知道那是偏于江右王学一路的东西。《菜根谭》表面上是要你咬菜根，实际上含有很多江右王门的思想。江右邹守益等人的文集绝对没人读，但是人们通过这一类杂书，得到一些粗浅的理学思想。这类生活化的杂书晚明特别多，很多都有理学的成分在里面。我称这一类书为杂书，尤其是思想变动时代的杂书，影响很大。可惜《四库全书》子部杂家类选得太严，还有很多真正有影响的书没选进去。这是我们治思想史往往容易忽略的。

十二、去熟悉化

最后，我要再讲一点。我们对思想史大脉络太熟悉，而忽略中间观念的变化是非常困难的。我几个礼拜前在成大讲五四时期的思潮和流派，才想起来。五四之后，人们都认为，文学革命和思想革命是携手同来的。可是，我们看看周作人的回忆录，《知堂回想录》里写一开始就没有思想革命，只讲文学革命。周作人用仲密的笔名写了一篇，说谈文学革命应该谈思想革命，否则用新文学写旧思想有什么意思呢，这时候大家才把这两个东西联系来。当然，这中间时间很短。我举这个例子是想强调，大家当时想的都是白话文和文学革命，并没必然一定要想到文学与思想革命一定是手牵手而来，新文学尽可写保守的思想，旧文学也可写非常激烈的思想。新文化运动前的《国民杂志》用文言文，写了很多带有平民主义色彩的文章，相当激进。我们今天看两个合在一起，以为“历史”一定是这样。实际上，不是。我上课常提醒学生，有时候思想上转一个弯，要花一百年，我们常常太视为理所当然。如果能把这些层次区辨出来，也很有价值。

结语

我知道，现在很多人怀疑思想史的价值，但我个人在这里面获得很大的乐趣，我觉得思想史的天地很大。思想是有很大影响力的，我看到台湾这些年来政治上的转变，越来越觉得思想议题的设定非常关键。在台湾政治界，除了几个特殊议题之外，执政党和反对党的主张其实都非常接近。我觉得要获得决定性胜利，如何设定政治议题很重要。而设定议题要有思想、要有看法。

思想常常仅只是人们脑袋中的想法，我这里要举方苞的一个例子。方苞想禁酒，和美国以前禁酒一样的想法，但要落实，连皇帝都反对，吃饭没两杯酒，还有什么意思，孙嘉淦的集子中便有文章反对方苞的禁酒，这件事也就不成功了，所以他的禁酒思想没有起什么现实作用。但我也亲眼看过一种思想最后成为现实风潮的例子，就是台湾民众环保意识的形成。台湾原本没有环保思想，环保思想的文章出现在 20 世纪 80 年代的报纸副刊，刚开始都没有人喜欢看，主编差点被换掉。可是几年之后，我们看到在地方民意代表选举中，一些粗知文墨的候选人也在他们的政见中大谈环保议题，我就知道环保思想已经对他们产生影响了，即使他们口是心非或一无所知。可是靠这个他能当选，他也多少要执行，不管他喜不喜欢，环保思想逐渐落实下去了。现在在台湾乱丢垃圾不行，垃圾不分类也不行，环保思想已深入而广泛地影响到人们的日常生活了。

我愿意提出这些，作为各位的参考。

（本文原刊于《知识分子论丛》第 12 辑，整理者邓军，经作者本人审阅）

作为地方史的思想史

包弼德（Peter K. Bol） 哈佛大学东亚语言与文明系
杜斐然 哈佛大学东亚语言与文明系 译
陈博翼 厦门大学人文学院历史系 译

在中国思想史的研究中，我一直有意将作为社会与政治精英的“士”的转型与7~17世纪思想价值的变化结合起来进行考察。所以，我便在道学哲学之外思考“文”的概念与实践，思考古文运动以及政治理论。几年前，我开始关注浙江金华府婺州的思想文化。这一研究的动力在于解释道学何以在地方社会的士人中传布，因为在其于13世纪得到官方认可并被纳入科举考试之前，尽管存在种种打压，道学依然在地方上扩散开来。[①] 在这一过程中，我开始对地方史问题本身及其对研究中国思想史的潜在重要性产生兴趣。最终我倾向于认为，金华的案例说明，在中国的某些地方，“国家”的概念被地方化了。

---

① 关于道学进入考试系统的方式，参见 Hilde De Weerdt, *Competition over Content: Negotiating Standards for the Civil Service Examinations in Imperial China （1127—1279）*（Cambridge, MA: Harvard University Press, 2007）. 中文版见魏希德：《义旨之争》，胡永光译，浙江大学出版社 2016 年版。

部分可见于“中国地方史”网页：http://sites.fas.harvard.edu/~chnlocal/Local_History_Sites_in_Jinhua/。

但从何处着手？我的方式是结合系统性的数据搜集（包括通读地方志和文集，汇集地方进士名单及地方著作书目）和意外收获。意外收获在这是指偶然遇到的一些适宜于研究的特例，如东阳发达的私家书院以及金华的地方文学选集，继而我将探讨这些现象回答了哪些问题。历史告诉了我们古人曾做出过哪些选择，而我们要做的是找出他们所可能做的选择。

地方史的研究使我得以在地方的语境中考察这些士人，通过与研究生一起做的田野调查以及“地球观察”网站（Earthwatch）志愿者们的帮助，我们可以了解婺州的地貌，它的山川、原野和城镇，并搜集有关家谱和宗教传统的数据资料。资料库的建立向我们呈现了这些士人在地方和全国范围内的社交网络，人物关系覆盖其亲友、师长和反对者。但问题是，这些信息是否重要？从地方史语境中考察士人会告诉我们一些在中国思想史研究中所不知道的东西吗？地方史的研究视角究竟能带给我们什么？毕竟，比起许多高度地方化的宗教仪式来，[①]士大夫文化似乎明显是“非地方”的。科举教育规定了全国通用的教程，其内容由朝廷决定，所有地方士子都要掌握。一旦一种新的思想史运动，比如道学，在上层得到了认可，它在下层也多半会得到充分重视，哪怕人们一时还无法完全掌握其义理。而我们要讲的问题或许恰恰是这种“非地方”的地方化。

在我看来，将考察京城以外地方社会中的士人文化作为一种思想史研究的方法并不适用于唐代，因为唐代的文化权力都集中在两京一带。对北宋同样也不适用，除了苏州这样的特例。但研究南宋的东南地区（尤其是两浙、江西、福建）的士人文化应该会收获颇丰，因为士人家族在此成了地方精英，并将其人脉与特权、土地与财富、教育

① 这种分野在伯兰特·佛尔那被用于对比诸如佛教和地方宗教的差异，见 Bernard Faure, “Space and Place in Asian Religious Traditions,” *History of Religion* 26. 4 （1987）: 337—356.

与文化代代相传。[①]

思想观念若非不断重申便行之不远，而若得以践行则能愈加光大。在南宋，许多思想观念的论述及其相关实践显然都不是地方性的而是“国家”性的，因为它们往往会扩散到京城或其发源地以外的地区。士人中的绝大多数都会参加科举考试，但他们仍居于地方，并且也是在地方参加考试的。我觉得问题在于，对那些影响深远的思想观念而言，我们可否通过仔细考察其如何得以践行来了解其精神实质。此外，思想观念及其实践有时会像接触传染那样横向流布，那么士子们能否从地方上贡献出某些可资共享的创见？这种创见可以是原创的，也可以是对既有思想观念的改造。描述思想文化传播与转变最有效的类比是一个广阔而动态的多节点网络。在这个网络中，某些节点承载更多，也通向更多连接，但所有节点都或疏或密地相互关联、或多或少地保持活跃。

地方史的研究成果为解释价值变迁的根本问题提供了包含多个面向的综合图景。第一个面向是知识分子关于价值和思想观念的论争。关于比如道学中关于普遍人性的观点，政治伦理中关于国家在社会、经济和文化生活中角色的观点，文人和伦理学家关于精英文化中文学艺术的角色的观点等。第二个面向是关于士所倡导的、体现其价值观念的实践活动，包括家规的施行、丧葬及守孝礼仪、讲学活动，也包括诸如唱和、作序等文学创作，以及建立书院和义庄等地方性义务机构。第三个面向是士人的社会和政治生活。这些士人在意自己的身份和地位，有时表现得很有公心，但也有时只顾私利。他们都想绵延自己的家族，但对家族结构却持有不同设想。他们都扮演公共角色，关心时政格局，但又隶属于不同阵营，在不同的派别中寻求庇护。他们

---

① 王昌伟（Ong Chang Weoi）的研究表明，虽然东南与北方平原有很多差异，西北的文化和社会组织与东南地区却有很多相似之处，见 Chang Woei Ong, *Men of Letters within the Passes: Guanzhong Literati in Chinese History, 907—1911* .Cambridge, MA: Harvard University Press, 2008.

几乎全都或高或低地中过科举，尽管很少有人能考中举人或以上。第四个也是最后一个面向是对士人生活造成冲击的人为不可控事件，包括诸如对金和战争议所导致的党争及清洗；叛乱或征伐；还有自然灾害。这些事件成了地方史或正史中的标志，它们是士人所共有的经历，而个人对其做出的反应则不尽相同。

为什么选婺州？

我要做的是以婺州为例来讨论思想文化在地方的发展，而非写一部婺州地方史。如果时间充裕，我原本打算做一个关于婺州、徽州、吉州以及北方某县的比较研究。而最终我选定了婺州，是因为它有足够丰富的材料让我可以将其士人文化的发展从南宋一直追踪到元和明。这些材料首先包括文人文集。元代婺州的文集比其他任何州都要多，而且婺州士人的著述范围颇为广泛，几乎涉及了经籍志中的所有类目。[①] 和南方许多其他地区一样，南宋婺州有以地方志形式来撰写地方史的悠久传统。尽管现存最早的婺州方志只到 1480 年，但晚于这部的其他许多部婺州方志中却保留了至早到宋代的记录，皆是基于本地而非朝廷官方的资料。[②] 这些方志不但是研究地方的重要材料，其本身也是地方思想的产物。

与资料同样重要且显然是伴随资料而来的，是士的存在。这当然并非婺州所特有，但知识分子的分布确是不均衡的。我们不妨以进士及第的数量来衡量某地知识分子文化的发达程度，如图 1 所示。

① 胡宗楙：《金华经籍志》27 卷，永康胡氏梦选廔刻本，1925。

② 见 Peter K. Bol, "The Rise of Local History: History, Geography, and Culture in Southern Song and Yuan Wuzhou," *Harvard Journal of Asiatic Studies* 61.1 （2001）: 39. 中译本见包弼德：《地方史的兴起：宋元婺州的历史和文化》，《历史地理》第 21 辑，2006 年版，第 432—452 页。

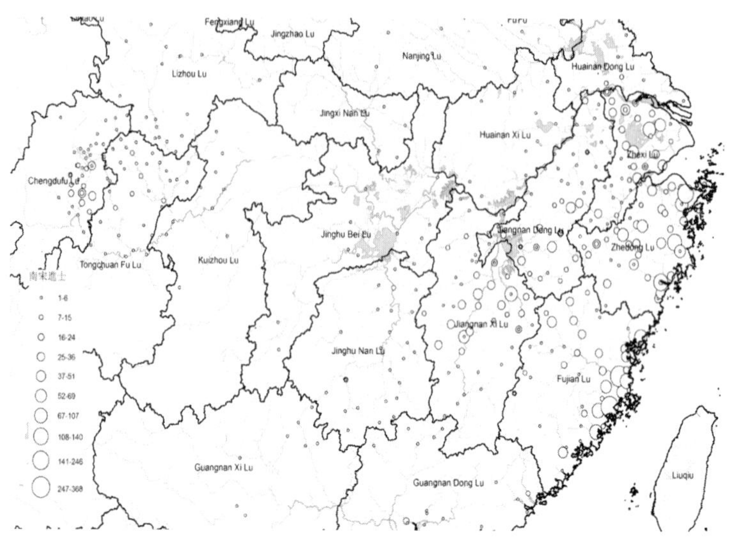

图 1　2015 年 4 月 CBDB 资料库中所显示的南宋 6600 名进士地区分布图

（所据进士名单来源于史书而非地方志，婺州已圈出。）

元代进士人数远少于宋代，我们可代之以私家书院的分布来衡量公共或私人文化教育的投资力度。图 2 显示元代文化资源的分布在南方与宋代相似，而在北方则较之宋代有所增长。

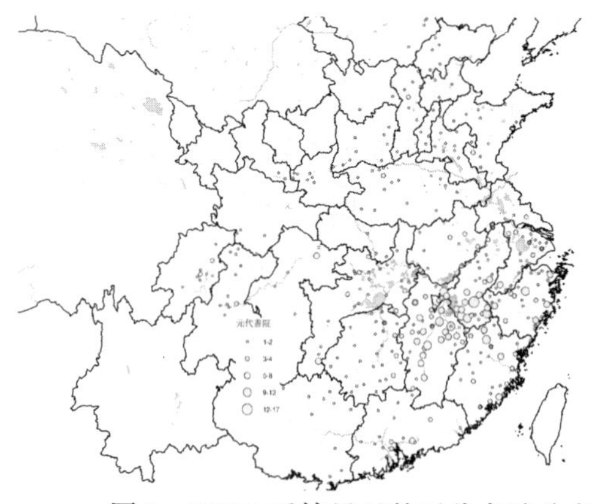

图 2　CBDB 系统显示的元代书院分布

如图 3 所示，虽然婺州本地诸县之间存在良莠差异，但比起两浙东部的其他地区，婺州在科举上的整体优势是非常明显的，而且婺州七县中有五个县都有书院。

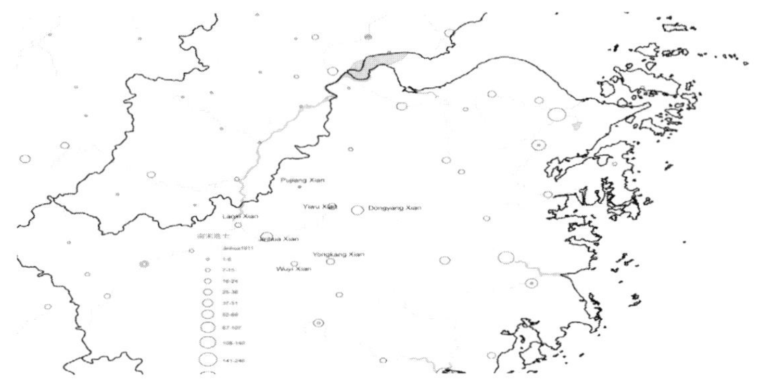

图 3 两浙书院分布

除了科考人数和书院数量，还有其他一些指标可以说明婺州在士人文化上的发达。婺州在南宋出了四位宰相；有为数众多的书坊；以吕祖谦为首的许多婺州士子著作等身。而这一切都发生在以农业而非以商业为经济支柱的婺州，它在财力上是无法与其他江南核心地区（包括沿海的福建、两浙和太湖地区）相抗衡的。

我选择婺州的另一个原因是已经有一些当代学者从不同角度对它

进行了研究，最早的包括蓝德彰（John D. Langlois）和孙克宽。[①]这对我来说似乎是一重保障——因为至少还有其他学者也对研究婺州抱有兴趣。

婺州研究可以告诉我们什么?

一、以南宋婺州为基点研究“士”之“学”

人们通过某个群体的例行活动来考察其成员的身份以及他们之间

① 按姓名字母顺序这些研究依次为：Beverley Bossler, *Powerful Relations: Kinship, Status, and the State in Sung China*（*960—1279*）（Cambridge, MA.: Harvard University, Council on East Asian Studies, 1998）；陈雯怡《“吾婺文献之懿”——元代一个乡里传统的建构及其意义》，载《新史学》第20卷第2期，2009年；檀上寛（Danjo Hiroshi）《元・明交替の理念と現實－義門鄭氏を手掛りとして》（Gen Min kotai no rinen to genjitsu–gimonTeishi o tegari to shite）；《史林》65.2（1982）：177—207；以及《義門鄭氏と元末の社會》（Gimon Teishi to Genmatsu no shakai）；《東洋學報》63（1981）：299—335；John W. Dardess，“The Cheng Communal Family: Social Organization and Neo—Confucianism in Yuan and Early Ming China”; *Harvard Journal of Asiatic Studies* 34(1974): 7—52; “Confucianism, Local Reform, and Centralization in Late Yuan Chekiang, 1342—1359” in *Yuan Thought: Chinese Thought and Religion under the Mongols*, eds; Hok–lam Chan and Wm. Theodore de Bary（New York: Columbia University Press, 1982）, pp. 327—374; John D. Langlois, Jr., “Political Thought in Chin–Hua under Mongol Rule,” *in China under Mongol Rule*, ed. John D. Langlois, Jr.（Princeton: Princeton University Press, 1981）；John D. Langlois, Jr., “Law, Statecraft, and The Spring and Autumn Annals in Yüan Political Thought,” in *Yuan Thought*, pp.89—152; “Chin–hua Confucianism under the Mongols（1279—1368）”（Ph. D. Dissertation, Princeton University, 1973）；“Song Lian and Liu Ji in 1358 on the Eve of Joining Zhu Yuanzhang,” *Asia Major 3rd Series* 22. 1（2009）；Junghwan Lee, “Wang Yangming Thought as Cultural Capital: The Case of Yongkang County,” *Late Imperial China* 28. 2（2007）: 41—80；孙克宽《元代金华学术》，台中：东海大学，1975; Hoyt C. Tillman, *Ch'en Liang on Public Interest and the Law*（Honolulu: University of Hawaii Press, 1994）；Hoyt C. Tillman, *Utilitarian Confucianism: Ch'en Liang's Challenge to Chu Hsi*（Cambridge: Council on East Asian Studies, Harvard University, 1982），中译本参见田浩《功利主义儒家：陈亮对朱熹的挑战》，姜长苏译，江苏人民出版社1997年版；*Confucian Discourse and Chu His's Ascendancy*（Honolulu: University of Hawaii Press, 1992），中文本参见田浩《朱熹的思维世界》（增订版），江苏人民出版社2009年版；许守泯“元代金华士人的宗族观”，《元代文化研究》（2001）；《蒙元统治下士人的顿挫与转折——以婺州为中心》，国立清华大学博士论文，2003年；以及Wen–hsin Yeh, *Provincial Passages: Culture Space and the Origins of Chinese Communism*（Berkeley: University of California Press, 1996）.

的相互合作。在婺州和南宋的其他许多地方，创造并维持了地方士人共同体的最重要的社会活动都是围绕“学”而展开的。

思想史常常认为科举之学的重要性亚于道学。以朱熹为代表的道学家曾提醒人们注意科举之学与真正的学问之间的差别，要人区分“为己之学”与“为人之学”。但一些出身婺州的思想史上的重要人物，如吕祖谦和陈亮（还有曾在婺州教书的永嘉人叶适），都曾帮助学生备考科举。科举之学事实上是维持婺州地方士人共同体的核心学术活动。是谁？建立了什么样的学校？何人在此执教？他们用什么教材？教材如何编写和阐释？学生所学为何、又有何重要性？

婺州州学始建于1044年，其后又相继建立了一些县学（义乌于1044年建立县学，东阳于1049年建立县学，浦江于1060年建立县学，武义于1102年建立县学，永康于1105年建立县学）。婺州最早的私家书院出现在南宋。从东阳1107年到1844年的80余份学记中可以看出，该县所筹大部分私人捐款都流向了私塾，但也有部分用于扩建县学。有些家族拥有自己的书院，但同时也资助县学。在东阳，投资州学和县学的目的是为了增加教育机会。据我们所知，这些私塾并不像有些道学书院那样是独立于科举教育之外的一种选择。①

东阳的案例告诉我们如下事实：第一，学校与家族之间存在关联。比如有四所私塾历来都由郭家资助。事实上，绝大多数的南宋书院都有特定的资助家族。第二，家族书院的繁盛通常只会维持一代到两代。这种情况到了元和明有所改变，彼时书院（包括新建的书院和重建的宋代书院）由地方政府和多个家族共同赞助，可以维持较为长久的时间。第三，建立书院并不只为了教育目的，它还关系到精英家族间名望的竞争与消长。根据当时的记载，地方豪强可以通过建立书院而重

① 碑刻在东阳郡地方志中有多个版本，另参见Peter Bol, “Zhang Ruyu, the Qunshukaosuo, and Diversity in Intellectual Culture–Evidence from Dongyang County in Wuzhou” 载田余庆主编：《庆祝邓广铭教授九十华诞论文集》，石家庄：河北教育出版社1997年版，第644—673页。

新获得“士”之家族的身份。第四，教育机会的大量增长促成了本地学生在科举考试中的成功。东阳在 12 世纪 50 年代每三年至少出一名进士，12 世纪 60 年代是平均一名，12 世纪 80 年代到 13 世纪最初十年是两到三名，13 世纪 20 年代至南宋末可以维持在三到六名。东阳曾经考中科举的人数也多于婺州其他的县（东阳共有 160 位，金华和永康约 140 位，兰溪和义乌约 100 位）。在 13 世纪 20 年代东阳还出过两位宰相（葛洪 1224—1228；乔行简 1235—1240）。第五，尽管我们无从得知南宋书院的入学情况，但有资料表明某书院在册学生数目为 685 位。第六，书院以能够争取到外地生源为荣，这在学记中往往是值得书写的业绩。第七，教育机会的增长在创造更多成功案例的同时也产生了更多失败者。婺州自 1125 年以来录取名额一直是 14 个，到了 12 世纪中期其录取比例已经低至 1/200，这使婺州成了全国科举考试竞争最激烈的地区之一。12 世纪末时，朝廷每次开科婺州都有大概 10 位考生进士及第，这一方面或许是因为婺州考生确实在京师会试中发挥得特别好，但更有可能的是许多出身于官宦家庭的考生参加了漕试。第八，东阳人未必只在东阳本地入学，他们当中的一些人选择了金华或其他地区的书院。吕祖谦的书院就是面向婺州所有县招生的。有些东阳的学生甚至去外州求学，师从朱熹、陈傅良或是叶适。

一些在地方上享有盛誉的学者，如吕祖谦和朱熹，他们无论身处何处都会吸引学生前来求学——他们自己就是学院。郭钦止在东阳建有书院，但他却送儿子跟朱熹学习；吕祖谦在武义祖坟附近守丧时他的学生也往来陪伴。学院延续的时间通常比单个教师的教学生涯要长，因此会有许多教师相继在同一学院执教。任教的或是知名学者，或是退休官员。郭钦止的石洞书院就曾由叶适执教，也曾邀请到朱熹、吕祖谦、陈傅良和陆游等来访问。大学者的到访提升了书院的知名度，也吸引了学生前来寻求新知或尝试在高官及知名学者中拓展人脉。吕祖谦的学生及其家庭就曾试图利用这种社会关系。但绝大多数私塾的教师都名不见经传，也不曾做官。他们有自己的社交网络，书院也往往会在同一宗族中择录教师。

围绕科举之学产生的地方著述与这些社交网络和宗族相关，并呈现多种学术视角。如：

（1）章如愚（1196 年进士）《群书考索》。这是一部关于制度史的类书（初名《山堂先生章宫讲考索》，十册一百卷）。最早的两个版本至今还有部分存留（第二版刊行于 1248 年）。①

（2）出版于婺州的一系列文选，主要收录唐宋（北宋）古文家议论性质的古文，尤以苏轼作品入选为多。这些选集包括吕祖谦的《欧公本末》《古文关键》；陈亮 1173 年的《欧阳文粹》；《皇宋文选全集》；六卷本的《精骑》，其中苏轼、苏辙文各占两卷；以及《重广眉山三苏先生文集》等。②

（3）由金华潘自牧及其连襟东阳贾昉 [之] 和金华汪淳合著的《记纂渊海》。③

另外，还有许多著作都是针对科举考试而作的，其中最重要的当属吕祖谦的著作。④

东阳的地方书院有编纂类书的传统，章如愚《群书考索》即是其中一例。吴文炳在 1174 年建立了安田义塾，并聘兰溪学者徐畸为第一任校长。徐畸不曾入仕，但因其与欧阳修、曾巩相似的文风而广为人知。

① Peter Bol, “Zhang Ruyu, the Qunshukaosuo, and Diversity in Intellectual Culture–Evidence from Dongyang County in Wuzhou.”

② Peter Bol, “Reading Su Shi in Southern Song Wuzhou,” *East Asian Library Journal* 8.2（1998）: 69—102.

③ Peter Bol, “Intellectual Culture in Wuzhou ca. 1200—Finding a Place for Pan Zimu and the Complete Source for Composition,” 载《第二届宋史学术研讨会论文集》（Proceeding of the Second Symposium on Sung History），台北：中国文化大学史学研究所 1996 年版，第 788—738 页。

④ 这些皆已收录于吕祖谦《东莱吕太史文集》（《续金华丛书》永康胡氏梦选廛本，1924）16 卷中。

他还是程颐之后的易学大家朱震（1072—1138）的弟子。1182年，被朱熹从知台州任上弹劾下台的唐仲友（1136—1188）受吴文炳之邀从金华迁来安田，与之同来的还有他一百多位学生。继唐仲友之后任教安田义塾的傅寅同样没有官爵。唐仲友致力于经制之学，著有《帝王经事图谱》。该书在唐仲友的随从兼助手金式（1184年进士）于1201年安排付梓之前，至少有两种版本的手稿在当地流传。其后，傅寅编纂了《群书百考》，体例与《帝王经世图谱》类似但包含了王朝史事（imperial history），惜已不存。[①] 这些资料表明，章如愚的《群书考索》很有可能是基于傅著完成的。我们虽然不清楚章如愚是否也曾执教于安田义塾，但他的确在东阳地区教过书。

章如愚的《群书考索》后来扩展成了一部道学著作，但它最初是源于唐仲友经制之学的传统。唐著涉及122个主题，所论皆本于经或经的后世注疏，可称“博学”。唐仲友对《周礼》尤有兴趣，他的家族书坊就曾出版过《周礼》。仅在12世纪，婺州就出产了至少五种《周礼》研究著述。第一部为唐仲友在安田义塾的前任徐畸所著。另一部出自唐仲友的同辈学人东阳马之纯（1163年进士），他同为东阳人，后来成为宰相的乔行简（1193年进士）的老师，而乔行简也心仪安田义塾另一位教师傅寅的学术。乔行简本人亦有关于《周礼》的论文。另外两部来自乔的同辈学者，陈傅良的弟子武义人徐邦宪（1193年进士）和唐仲友的弟子金华人叶秀发（1196年进士）。五位作者中有三位与章如愚（1196年进士）同辈，且都来自东阳。这五种著作如今都散佚了，因此我们不知道它们在多大程度上与唐仲友或王安石的观点重合。但其存在表明，自王安石以来关于社会转型中制度干预角色的论争一直持续。章如愚的观点与王安石的观点极为相近：他主张政府应该动用制度权力规范社会和经济发展。在这一点上，他与主张保护私有财

① 傅寅博学的著述中只有关于《禹贡》研究的部分有幸得以存留，见王小红：《宋代〈禹贡〉学研究》，吉林人民出版社2011年版。

产和贸易的陈亮、叶适意见相左。

潘自牧的《记纂渊海》是一部文学百科全书——他自己宣称这是一种新型的类书，是在他准备科考期间与堂兄（弟）一起编著的。这部书关注“言意”关系，同样是大问题。他认为真正的“言”是用以承载“意”的，表达一种“意”可以有多种“言”。他还讨论了个人审视整体世界的可能性。潘自牧在1209年所做的自序中说该书有二十二个类目，其下又分1246个子目，共236卷，计八十余万字。潘自牧宣称思想是文学表达真正的基准，对于这一点，他的同辈诗人杨万里大概是无法接受的。

士人们有时会根据思想立场的不同来选择所要跟从的老师。但在婺州，几乎没有一家私塾是为了推举某种特定的思想而建立的（我只见过一个例外）。然而，婺州士子所编著的有关科举之学的著述却常有思想立场倾向。比如婺州所编古文文选中所收录的欧苏议论文字，其观点往往与新学和朱熹所认可的道学不合。苏轼《系辞传》中申述其相对主义的那部分注文也恰巧入选了只有七卷的《精骑》。

婺州有不少私家图书馆，一些学者的私人藏书规模宏富，宋元时代婺州的书坊数量也相当可观。地方政府、州学、私塾、寺院甚至个人都曾印行著述。另外，还有一些专门为应试市场服务的书坊。章如愚《群书考索》的初版即由“金华曹氏中隐书院”刊行。金华的书坊还包括唐仲友家族所经营的“双桂堂”和“婺州市门巷唐奉议宅”。永康的“清渭陈宅”刊行了《精骑》。义乌的书坊有“酥溪蒋宅崇知斋”和“青口吴宅桂堂”。东阳则有“胡仓王宅桂堂”和“崇川余四十三郎宅”。

正如我们所预期的那样，在婺州这样一个书籍与学者流转都高度频繁的地方，深植其间的知识分子网络改变了当地社会。“科举之学”是士的基础教育。士子们在这一过程中学习制度史，了解历史上不同的政治观点，并训练自己的写作。科举教育既不狭窄也不教条。作为地方精英的“士”的培养、地方史的书写（详见下文）、教育机会的增长以及充满活力的地方思想文化的建立——这一切都彼此相关。在我看来，所有这些都表明，国家文化开始植根并依存于地方社会。在这一新环境下，学生和教师、书籍与思想的流通都不受行政界线的阻隔，我们因此得以通过地方和人群间的相互联系来追索思想的发展，而无须考察他们与京师的行政关系。京师与朝廷不再是唯一的中心，也不再是地方效仿的对象。从这个意义上来说，文化交流与经济交易多有相似之处，二者的交通网络都不与行政级别挂钩。这并非要否定国家机制的重要性。正如国家货币和税收政策是为了规范商业贸易，科举制度的存在也是为了协助规范教育和知识分子的生活。但也正如赋税系统能影响经济但不能决定经济一样，科举政策可以影响教育但却无法完全左右知识分子的生活。

二、婺州的士人共同体、公益担当（voluntarism）及其道学传统

吕祖谦曾与张栻和朱熹一同推动道学的发展，却因帮助学生备考科举而遭到二人的批评。吕祖谦回应说他是为了团结当地士人、不得已而为之，况且他也的确在教授学生道学。作为一名成功的教师，吕祖谦特别擅长因材施教。他的学生丁希亮在给老师的祭文中写："英伟奇杰之士，则与论明统而正极。笃厚谨信之士，则与论正心而诚意。好古慕远之士，则与论制度纪纲。尚文茹华之士，则与论言语文字。以至隐逸之徒、进取之辈，莫不因其质以指其归，勉其修以成其志。"①

吕祖谦给弟子设规矩、为士人立乡约，都是为了依其自身标准来构建一个伦理共同体。② 因此，尽管他为科举培养了学生，并且在这一点上做得比婺州其他任何教师都好，但他的目的却并不与国家系统

① 《东莱集附录》（《续金华丛书》）3.7a。关于吕氏的学生和网络，见 Peter Bol, "Lü Zuqian（1137—1181）in Context: Bringing Data into Intellectual History Using the China Biographical Database." Conference on Middle Period China, 2014.

② 《东莱太史别集》（《续金华丛书》）卷 5。

一致。和朱熹一样，他鼓励士人在道德和物质层面上主动承担服务地方福祉的责任。而在以往，士人们通常被认为应该为国家或宗教机构负责。

在北宋政府特别是新政时期的政府看来，“士”与政府的疏离及其对道德和文化自治的诉求并无益处，并且这表明了政府“同道德—风俗”的失败。而在南宋婺州，自诩承袭了儒家伦理政治正统表达的道学哲学则赋予“士”之独立身份以合法性。

道学鼓励婺州的地方士子承担文化与道德的责任。但倡导以自由经济为治国方略、主张削弱中央集权、降低国家财政预算的陈亮却并不赞成士人以公益担当（voluntarism）为原则。12 世纪末，来自双方的观点都遭到了朝廷的压制。有关经世之学的讨论尽管在婺州学界一直有延续，但终究没有发展成一个有明确定义的思想学派。而道学则生存了下来，并在元明开枝散叶。[①]

道学首先是一种可以被清晰表述的思想立场，唯其如此后来它才被纳入了科举系统。12 世纪中期，张载和二程的著作在婺州印行，当地士人开始接触到道学理论。随后，吕祖谦开展教学活动、参与编纂《近思录》，进一步促进了道学的传播。但此时尽管士人们对道学立场有所了解，却还不完全相信它。元末婺州的两位学者宋濂和王祎承认道学理论是思考道德问题的正确导向，甚至认为其关于普遍道德性

① 这里和接下来的讨论是依据 Peter Bol, “Culture, Society, and Neo–Confucianism, Twelfth to Sixteenth Century,” in *The Song–Yuan–Ming Transition in Chinese History*, eds. Paul Smith, and Richard von Glahn （Cambridge: Harvard University Asia Center, 2003）, pp. 241—283. 其经世主张见 Peter Bol, “Reconceptualizing the Nation in Southern Song–Some Implications of Ye Shi’s Statecraft Learning,” 载黄克武（Huang Ko–wu）主编：《第三届汉学会议论文集：思想、政权与社会力量》（*Thought, Political Power, and Social Forces*），台北：“中研院”近史所，第 33—64 页。

的观点很重要，但他们并不觉得道学是文学和政治唯一的基准。[①]第二，对有些学者而言，道学的确是作为其人生指导原则和身份认同基准而存在的。“金华四先生”——王柏（1229—1274），何基（1188—1268，曾通过黄幹结识朱熹），金履祥（1232—1303），许谦（1270—1337）——即属于这类学者。他们是宋末元初最重要的道学传授者。四人当中除了金履祥的家庭有些官宦背景以外，全都布衣终身，纯以治学教书为生，不曾仕宋或仕元。他们的传记中都有关于“截断皈依”（道学）经历的描述，他们也都有一种共同的使命感。第三，在有些时候，道学拥趸们会相互协作，形成某种组织并改变地方士人群体、影响地方社会生活的社会运动。这在吕祖谦及其同道的时代还不太常见，“金华四先生”时逐渐增多，到了15世纪晚期和16世纪就变得更加普遍了。

作为一种社会运动，道学在婺州构建了自己的教育基础系统，包括教师，祠堂（如为朱熹和吕祖谦所设的祠堂），仪式（如丧葬和守孝习俗）以及群体活动（如乡约的制定和施行），创立了宗亲组织模式。道学还鼓励士人们建立“义仓”（南宋）、以集体行动推进地方福祉；或是施行“义役”（元）、以集体组织分担劳役负担。[②]作为社会运动的道学一方面要面对地方官所传达的国家权威，另一方面也要面对一个世纪以来佛教和其他宗教在地方社会的渗透。道学的新意在于，它宣教和代言的对象都是地方精英，这些人自认为受了国家教育、胸怀天下，但其声名和行动范围实际都不出地方。

“义仓”或许是为了造福普通农民，但“义役”却明显是要在上

① Peter K. Bol, “Examinations and Orthodoxies: 1070 and 1313 Compared” in *Culture and State in Chinese History*, eds. Theodore Huters, R. Bin Wong, and Pauline Yu（Stanford: Stanford University Press, 1998）.

② John W. Dardess, “Confucianism, Local Reform, and Centralization in Late Yuan Chekiang, 1342—1359;” Richard von Glahn, “Community and Welfare: Chu Hsi's Community Granary in Theory and Practice” in *Ordering the World*, eds. Conrad Schirokauer and Robert Hymes（Berkeley: University of California Press, 1993）.

层纳税者中平摊纳税负担。[①] 在我看来，道学社会实践（Daoxue social activism）最强有力之处在于，它让士人家族履践道义、担负责任，使其远离自私自利和自我扩张的行为。这一点在元末道学追随者们建构和书写家谱的行为中表现得尤为明显。家谱编纂始于宋元，是一种用于保存所有家族后裔记录的新形式。[②] 其中特别重要的问题是，家谱是由谁、又为了谁在编纂？在元代和明初，家谱的编纂通常是由地方士林领袖倡导的。他们视家谱为公共文档，为其作序，并认为编家谱是士人家族的道德义务。

他们认为，良好的家庭组织不但会造福家庭成员，也能为地方社会树立楷模。有些人以著名的郑氏义门为模范，但也有人觉得不应该对所有家庭成员都强制进行太严苛的管理。但所有人都同意但凡士人家族就要编纂和延续家谱。他们相信社会秩序始于门庭之内，秩序应当自下而上地培养，而非自上而下地命令。虽然明清以来金华的家谱编纂趋于普遍，它已不再是士人家族独特的标识——仅上海图书馆就藏有一千多种金华家谱，但在元代和明代早期，家谱编纂往往是和士人家族联系在一起的。[③]

明初政府曾参考这些地方实践（local activism）的模式来制定维护社会稳定的政策，包括创立由地方领导的自足的道德共同体以及限制商业发展。但与此同时，它也改变了南宋和元代婺州士人实践之独立、志愿的形式，代之以将地方精英吸纳进政府系统用以维持秩序，并通过“里甲”“粮长”系统向其支付费用。道学，除了在科举系统中尚

① 前引 John W. Dardess, “Confucianism, Local Reform, and Centralization in Late Yuan Chekiang, 1342—1359.”

② 森田憲司（Morita Kenji）:《宋元時代における修譜》（Sōm–Gen jidai niokeru shūfu），《東洋史研究》37.4（1979）: 509—535.

③ Peter Bol, “Local History and Family in Past and Present,” *The New and the Multiple: Sung Senses of the Past*, ed. Thomas H. C. Lee（Hong Kong: Chinese University Press, 2004）, pp. 307—348.

有影响外，其思想和社会运动自此便在当时的“金华府”消失了。[①]

然而，自15世纪80年代以来，章懋（1437—1522，1466年进士）开始着手恢复地方精英共同体，并同时推进道学在作为士人核心之学以及作为士人积极参与地方社会建设的正当性依据两方面的发展。章懋鼓励明代的金华士人将其宋元前辈的成就作为自己立身行事的标准。他和他的同道们成立书院，为先贤建造祠堂，重启地方史研究，宣扬道学，敦促地方官员依原则施政。在16世纪下半叶，哪怕是推崇阳明的士人都认为自己是在继续章懋的事业。[②]

章懋和他的继承者们成功地以道学为中心重建了金华的士人共同体及其身份认同。私立教育规模有所拓展，这也是婺州思想者和撰述者致力的新文本，以及道学学者和致仕官员广泛传习的产物。与此同时，私有财产的增长扭转了婺州/金华在入明以后经济和思想领域的衰退。但是，和元代的情况一样，伴随着地方的成功复苏，道学之外的人开始强调金华的学术传统不仅限于道学。16世纪末，社会思潮的风向开始不利于道学，大学者们的兴趣点也逐渐转向文学和经世之学。但道学依然占据着知识分子生活的中心，因此即便是那些对道学有所拒斥并试图在更广范围内思考学术与价值问题的士人，其目的也只是在道学以外寻求其他可能性，而非否定道学。这在胡应麟（1551—1602）身上表现得特别鲜明。胡应麟来自兰溪，是王世贞的追随者。他试图

① 戴彼得已经讨论过明初朝廷如何打压自南宋和元代以来不断增强的地方士人实践的本地化趋势，见 Peter Ditmanson, “Contesting Authority: Intellectual Lineages and the Chinese Imperial Court from the 12th to the 15th Centuries,” Ph. D. Dissertation, Harvard University, 1999.

② 章懋所扮演的角色见前引 Peter K. Bol, “Neo-Confucianism and Local Society, Twelfth to Sixteenth Century: A Case Study;”《地方传统的重建——以金华府为例（1480—1758）》，载李伯重、周生春主编：《江南的城市工业与地方文化》，清华大学出版社2004年版，第247—286页。王阳明之学进入金华的情况参见前引 Junghwan Lee, “Wang Yangming Thought as Cultural Capital: The Case of Yongkang County.”

证明文学和历史研究如何能成为道学以外的另一种思想文化资源。[1]

道学不曾为金华制定地方发展方向，但它为金华的地方士人提供了一种一以贯之的思想基础，使其同享道德身份认同、共担社会责任。它还为士人提供了一整套培养计划，包括学习的目的、途径；系统的教程以及如何与他人建立联系的方法。而且因为道学已经在全国范围内产生重大影响，并且在 1241 年成了官方认可的儒家伦理思想传统的权威解释，因此某个地区的道学实践也就有了普遍意义。恰恰因为道学的实践可以是地方性的，也因为道学不以科举或仕宦的结果衡量成败，它非常适用于地方精英的世界。它让那些身居乡里的士人看到自己的价值，而且对于明代那些因为与政府意见不合而离开政界的官员而言，道学为其提供了一种基于地方但却能影响全国的活动方式。

三、作为思想史的地方史和地方认同[2]

在元代，道学成了婺州士人自述的核心议题。吴师道和其他一些学者开始论证婺州作为存续了“朱子学正宗之乡”的特殊性。这一方面是向全国宣告婺州承袭了道统，另一方面也是在提醒本地士人他们有肩负道统的责任。但在接下来的半个世纪中，那些产生了全国性影响的婺州大学者，如黄溍和柳贯，都是以文章而非道学知名的。而另一些重要学者，如宋濂，他们在阐述婺州的士人传统时也会强调非道学的那部分，包括经世之学、文学和历史研究。[3]但是，为什么地方

① Peter K. Bol, “Looking to Wang Shizhen: Hu Yinglin （1551—1602） and Late Ming Alternatives to Neo–Confucian Learning,” *Ming Studies* 53 （2006）: 99—137.

② 本文这部分内容基于前引《地方史的兴起：宋元婺州的历史和文化》；“Creating a GIS for the History of China” in *Placing History: How Maps, Spatial Data, and GIS Are Changing Historical Scholarship*, eds. Anne Kelly Knowles and Amy Hillier （Redlands, CA: ESRI Press, 2007）；“Geography and Culture: The Middle–Period Discourse on the ZhongGuo – the Central Country” 载黄应贵（Huang Ying–kuei）主编：《空间与文化场域：空间之意象、实践与社会的生产》（*Space and Cultural Fields: Spatial Images, Practices and Social Production*），台北：汉学研究中心，2009，第 61—105 页。

③ 前引 Peter Bol, “Examinations and Orthodoxies: 1070 and 1313 Compared.”

认同和地方史会具备思想研究的意义？

无论在宋、元还是明，对朝廷来说婺州都是其空间网络的一部分。这个网络包含各级行政中心，州上面是“路”或“省”，州下面是县，县下面是一直延伸到村的各级行政单位。为了便于征税，每个层级都实施地方性管理。在行政系统之外还有两个独立系统，一是邮驿系统，连接京城和其他地区；另一个是军队系统。此外，还存在一些不与行政级别挂钩，但对地方社会有重要意义的空间网络，如经济网络。这一点在 1077 年全国征税配额总目中看得很清楚：有些贸易集镇的征税配额高于县级，也有一些县的征税配额高于州级。[①] 而且，宋代以降东南地区（包括婺州和宁波）的贸易集镇一直保持持续增长，即便遭遇改朝换代或行政体系变更它们也能存续下来并不断增多。[②]

地方公路、桥梁和航道组成的交通网络并不与国家邮驿路线重叠，它们是另一套建立联系的方式。此外，佛寺、道观和各地神庙也有自己的网络。宗族播散、人口迁徙，亲属网络便有了空间性。山川河道这样的自然地标最多也只是约略与行政区划相合，师生网络同样可以跨越行政边界。

如果我们抛开现代行政单位的概念、不把地方看作是截然分离且划界清晰的板块，而是通过上述空间网络去理解它的话，就会发现一些之前不曾注意的特点。网络由一系列节点组成，交易在网络中发生并尽可能远地延伸至关系所能维持的极限。总之，网络是“跨地方”的，它不把地方当作彼此隔离的单元。对理解地方史和地方认同而言，网络提供了另外一种或许也更加有益的思考逻辑。

① 斯波義信（Shiba Yoshinobu），“宋代の都市化を考える”（Sōdai no toshika wo kangaeru），《東方學》102（2001）：1—19。

② 关于市镇累积性发展的经典研究是斯波義信的《宁波及其腹地》，见 Shiba Yoshinobu, "Ningpo and Its Hinterland," *The City in Late Imperial China*, ed. G. William Skinner（Stanford: Stanford University Press, 1977）, pp. 391—439. 中译本参考施坚雅主编：《中华帝国晚期的城市》，叶光庭等译，北京：中华书局 2000 年版，第 469—526 页。

上古时期既存在“五服”和“九州”两种不同的空间划分概念，皆见述于《禹贡》。“五服”是以王城为圆心确立行政区划，“九州”是根据地理及人文差异来划分空间。“五服”的划分方式假定空间必须与上层制定的系统保持一致，而“九州”则是要调整行政系统以适应区划内的自然差异。在实际操作中，行政系统的确会根据实际情况进行自我调适，但历代行政等级建置有很大不同。

宋代学者对如何认识和呈现地理空间很感兴趣。[①] 税安礼的历史地图集《历代地理指掌图》描绘了国家行政区划的历史沿革。[②] 欧阳忞作于1120年的《舆地广记》与税著体例类似，但增加了古今地名对照，并记述了当代州县的沿革。[③] 这两部书与官方为适应政区变革而编修的地理志《元丰九域志》形成了对比。该书反映出边界的某种模糊性：所有与婺州毗邻的州都把自己的地界划至其他州的首府，而彼此却互不承认。但也有学者坚持认为自然地理才应是构建地理知识的基础。郑樵（1104—1162）在《通志》中说，河流系统在规划空间和定位上比行政区划更精确，因为历代行政建置的变化太大了，[④] 刻于1136年的网格地图《禹迹图》也体现了类似的观念。如此图所示，古代区划和当代行政单元都能在由河流系统形成的网络中被找到。[⑤]

南唐学者乐史的《太平寰宇记》是另一种记录全国行政沿革与自然地理的方式。该书记述了全国（译者按，北宋太宗时期）的地理风貌、人文及各地特产。但北宋其他的全国地理志并不遵从乐著的体例。

婺州的士人对编纂全国性的地理志有兴趣。浦江倪朴于12世纪

① 最全面也最具学术性的重印套装是曹婉如等人编的《中国古代地图集》（文物出版社1990年版）。

② 税安礼：《历代地理指掌图》，上海古籍出版社1989年版，12世纪本重印。原版藏于东京东洋文库，谭其骧《序》已有讨论，亦见曹婉如等编：《中国古代地图集》（第1册），文物出版社1990年版，地图94—101注释。

③ 欧阳忞：《舆地广记》（《武英殿聚珍版丛书》）。

④ 郑樵：《通志》，北京：中华书局，1987，40.541A。

⑤ 曹婉如：《中国古代地图集》（第1册），图版56。

70年代编过一部四十卷的《舆地会元志》，今已散佚。倪氏亦治经世之学，后来他在干谒婺州知州、另一位经世学者永嘉郑伯熊时，曾向郑呈送了一幅八尺见方的历代北方疆域沿革图。[①]此外，金华士人王象之从1227年开始以一己之力编纂《舆地纪胜》，这是一部涵盖南宋所有州府和县的人文地理总志，计两百卷。[②]此后不久，祝穆效仿王著修纂了七十卷本的《方舆胜览》，该书后来成了官修地理总志的典范。[③]

王象之的取向是“文化的”，对他而言，“文”是历史的记录，也是回应世界的方式。他在意他所一一列举的自然景观和人文胜境，但他同样在意这些物质所呈现和代表的东西。王象之在每章的最后都会附上与该地相关的诗和四六摘句。尽管他也记述建置沿革、杰出官员、知名乡贤以及宗教领袖之类的信息，但他的文献来源非常广泛，不是单用正史。对王象之来说，地方是国家文化传统的构成基石。

王象之还利用了“图经”，一种了解某行政区划的传统官方指南以及新出现的“地方志”。地方志一出现便广受欢迎，迅速取代了“图经”。[④]尽管现存最早的婺州方志是1480年的金华方志，但该方志其实续编自元代版本，而元本又续编自洪遵作于1154年的《东阳志》。通过追溯现存版本的早期历史我们可以得知，早在13世纪婺州就有

① 倪朴于1175年给郑伯熊的信中介绍了他的著作及其观点，见吴师道《敬乡录》(《金华丛书》本）6.10a—11a。

② 王象之《舆地纪胜》（全8册），北京：中华书局1992年重印本。该版本来自钱大昕发现的宋本，见邹逸麟，1992年重印本《序》。该本全部200卷共缺31卷，并且第17卷中有缺页。

③ 我的评论是基于谭其骧在该宋本重版中的序言，见祝穆编、祝洙补订《宋本方舆胜览》，上海：上海古籍出版社1991年版，第1—33页。虽然祝穆本曾在1239年出版，但现在的通行本是其子祝洙于1266—1267年所做的修订版。

④ 宋代有多达383种方志，176种图经，以及22种图志，参见来新夏《中国地方志》，台北：商务印书馆1995年版，第54页。关于方志在思想意义上的讨论，见James M. Hargett, “Song Dynasty Local Gazetteers and their Place in the History of Difangzhi Writing,” *Harvard Journal of Asiatic Studies* 56.2（1996）: 405—442.

四个县拥有了自己的方志（永康：1201—1204；东阳：1254；义乌1265—1274；浦江：1265—1275），另外有三个县系在16世纪（兰溪：1510；武义：1524；金华：1540）。到了明代方志对于地方的重要性已经非常显著，1471年才置县的汤溪在两年内就发行了一部方志。

与“图经”不同，方志作为地方史是基于某地过去的发展而写就的，其内容也会被吸收进后来的版本。婺州的每个案例都表明，方志是一个累积性的传统。不仅如此，由于其为本地提供了历史叙述，自视为历史组成部分的地方家族很快便开始积极投身方志的编纂。[①] 换言之，方志的出现标志着“累积性”地方史传统的开始。

1473年的《汤溪县志》表明，方志有时会根据新的行政建置来调整内容：编者以“后视”的方式将现今归汤溪管辖，而之前下属于其他行政区划的地方的历史从其原来的方志中抽出、编入了《汤溪县志》。方志只是更广泛而多样的现象中的一个方面，在宋元时期婺州（还有其他地区）地方史的创写过程中，还有其他三种材料。

元代婺州出现了一种新的著作，其作者声称他意在记录婺州真正重要但却被洪遵《东阳志》所忽略的东西，这便是吴师道编于1310年代的《敬乡录》。该书收录了自梁代以来（但其实主要是宋代以来）婺州乡贤的传记及其作品选，因此包含了“传”和“文选”两种文类。吴著可以用来解释地方何以是国家文化的构成基石。此前婺州也有士人编文学选集，如吕祖谦和唐仲友，但他们都不以“地方”作为遴选的首要标准。据我所知，在北宋没有基于地域而编的文学选集或传记汇编。[②] 吴师道不在乎入选的人是否有官职，他甚至还剔除了一些婺州籍的高级官员，包括左丞相王淮。如其所言，他要展示的是婺州在诗

① 这一点已经被戴思哲所述新昌县的例子证明，见 Joseph Dennis, “Between Lineage and State: Extended Family and Gazetteer Compilation in Xinchang County,” *Ming Studies* 45—46（2001）: 69—113. 1578年的《金华府志》详细论述了编纂者商议采纳内容的过程。

② 不过的确有一些更早的地方传记汇编的先例，如三国谢承所编《会稽先贤传》，见张国淦《中国古方志考》（中华书局1962年版）有记录。

文成就、经世著作、道德思想以及政治担当等多方面的历史，他想说一个人可以因其学术被铭记，无论其入仕与否。他对婺州的道学传统有特别的关注。我想，在考中科举并跻身政治决策层变得异常艰难的元代，吴师道所传达的这则信息应该会令很多婺州士人欣慰：学术成就能让人在地方上获得声望，名垂青史。吴师道的婺州史是一部记录了婺州之“士”在“学”中所获思想成就的历史。①

有明一代至少出现了36种金华士人的文学选集和传记汇编，以及25种不同版本的方志。对比1480年和1578年的两种州级方志可以发现，在此期间婺州的市镇和桥梁数量翻了一番，显示地方经济在急速增长。而与此同时，牌坊数是过去的三倍，进士人数相较过去几近两倍，书院和士人祠堂也在增多——这一切都表明了一个“士”占支配地位的新时代的到来。②

从15世纪末到16世纪末的约一百年间，对地方史兴趣的复苏、地方实践的重建以及地方认同的持续在同时发生和进行。明代的地方士人很清楚这些在南宋和元都有先例，他们起初会拿先辈的成就与自己比较，但后来便只拿更近的明代历史作参照。方志和文学选集所呈现出的不同的地方文化史代表了关于地方士人价值理念的不同观点。

一种共通的地方认同给婺州（金华）的士人群体带来了两方面的益处，它首先是团结精英的基石，它鼓励超越宗族的合作。同时，由于士人及其宗族会彼此争夺名望，都想在历史上留名，地方认同为这种内部竞争提供了统一标准。但地方认同更大的意义在于，它赋予了婺州（金华）一种身份标识，出身这里的人们可以带着这种标识、它

① 吴在其《原士》一文（On the Origin of the Literati）中明确而直接地为士人至高无上的地位张目，见张枢《吴君墓表》，《吴正传先生文集》（《元代珍本文集汇刊》）10.27b—29b。

② 分见包弼德二文：Peter Bol, “The 'Localist Turn'and 'Local Identity'in Later Imperial China” *Late Imperial China 24.2*（2002）: 1—51，以及前引《地方传统的重建——以金华府为例（1480—1758）》。

的知名度以及它所承载的传统在晚期中国这样一个更广大的图景中推介自我。到了清代，这种标识已经广为地方特产和商贾所用。金华火腿在东南地区的主要城市都有铺面，东阳的木雕师傅和木匠也享誉全国。①

对于金华或其他地区的地方精英而言，对为官金华或为官其他地区的许多地方官而言，地方性已经成为国家文化的一种“构成要素”。金华成了一个拥有自身发展史、成就史和乡土记忆的地方，地方士人和地方官员们协同合作，不断重塑着这种身份认同。与此同时，也伴随着当地人口越来越密集、越来越商业化和网络化的趋势，国家文化和国家的概念也发生了变化。它不再是一个层级严密的行政系统，而是一个由各部分组成的整体。国家文化通过地方传统在这个整体中生住，而地方传统也成为国家文化汲取的源泉。在婺州（金华），地方史首先是一个超越了朝代的历史，它由地方士人而作，也为地方士人而作，士人们自视为地方精英，也自视为国家精英的一员，他们相信地方的生活有着国家的意义。

（本文由作者授权首发）

① 参看顾尤勤两本著述：Eugene Cooper, *The Wood–carvers of Hong Kong: Craft Production in the World Capitalist Periphery*（Cambridge: Cambridge University Press, 1980），以及 *Economic Reform and Flexible Production: The Artisans and Entrepreneurs of Dongyang County*（New York: M. E. Sharpe, 1998）.

食货志

李晓龙（栏目编辑·中山大学历史学系（珠海））

当我们认识到经济对人类生活上的支配力，并且认识到现代经济生活占据个人、民族、国际等重要地位的时候，我们便不得不说历史的大部分应该为经济史的领域，经济史学是近代以来知识专门化、学术系统化的分科产物。在明清史研究中，经济史一直也是不可或缺的内容之一。20世纪80年代以来，经济史重新受到重视，从事这一学科研究的学者日益增多，从研究内容的更新、拓展，到研究规范的形成、发展，研究蒸蒸日上。有学者将当前的中国经济史学概括为历史学派、经济学派和社会学派三大派。一派偏重从历史本身来研究经济发展，一派偏重以经济理论来解释经济，一派兼重社会变迁，三派互相独立又互相融合，呈现出异彩纷呈、各具特色的局面。本编共收入相关论文五篇，冀以介绍经济史学的理论导向与学脉。

谈谈经济史研究方法问题

吴承明

中国社会科学院经济研究所

我们说经济史是一门交叉学科，其实并没有这个学科。研究经济史的不是学历史出身，就是学经济出身。这就很自然地形成两个学派：学历史出身的注重史料考证，学经济出身的重视理论分析。这两种研究方法都好，可并行发展；两派比一派好，可互相促进。但就每个研究者说，不妨有自己的看法。

我是学经济出身的，毕业后还做了 20 多年经济工作，教书也是教经济。我早年研究经济史就主要用分析方法，喜欢计量分析。但到 20 世纪 80 年代，我的看法开始有所改变。

首先感到计量分析的局限性。一个模型的变量有限，许多条件只能假定不变，这不符合历史。研究农业，灾荒不好计量，只能有灾是 1，无灾是 0。战争也是如此。1986 年我在美国参加计量史学会议，那时福格尔还未获诺贝尔奖，但有些计量史家已转业，气氛低沉。把历史现象都作为函数关系，与实际不符。正如罗伯特·索洛所说不能“用时间变量代替历史思考”。历史是要下功夫思考的，不能用 t 推出来。

经济学理论也有很大局限性。当时通用新古典主义，勉强用于民国经济，不能用于明清。80 年代流行合理预期论，民国也用不上；90 年代流行博弈论，更难派用场。经济理论没有普遍性、永久性。我写了篇文章说在经济史研究中，一切经济学理论都应视为方法；根据需要可以选用这种方法，也可选用那种方法，史无定法。

那时，法国年鉴学派和新制度学派的经济史都在中国流行起来。年鉴学派的整体观和结构主义都来自社会学，不是来自经济学。整体观接近中国史学，它与分析法的区别有如中医与西医，结构就是部分与整体的关系。经济兴衰不是线性必然，要看结构线索。这都很高明。不过他们的研究方法太庞大了，布罗代尔可以一人担当，我们做不到，要分工合作。道格拉斯·诺斯的新制度学派是以新古典经济学为基础的，但他强调非经济因素，把国家论和意识形态引进经济史。这实际是中国史学传统，中国历史上是强政府与儒家，不过诺斯说他是取法马克思。总之，学习年鉴学派、新制度学派给我很大启发，至少，经济史不能就经济谈经济，制度、社会、思想多方面都要研究。

可是，使我感触最深的是约瑟夫 · 熊彼特。他在《经济分析史》开篇中说，经济分析有三项基本功：历史、统计、理论。其中最重要的是历史。“如果一个人不掌握历史事实，不具备适当的历史感或历史经验，他就不可能理解任何时代（包括当前）的经济现象。”历史感、历史经验等有点儿抽象，但它是真实历史知识的积累。发生一件大事，如伊拉克战争，有经验的史学家会立即做出判断，而政治家往往“当局者迷”。七七事变，清华大学南迁，陈寅恪赋诗云：“读史早知今日事”，这就是历史感。

我在经济史研究中深感自己缺乏历史知识，没有历史观，就抄近道，读前人的“历史哲学”。从维科到黑格尔、马克思，从汤因比到海德格尔、哈贝马斯。读了不少，但还都是别人的，不是自己的。要有历史修养，必须认真研究历史，而且要有古代史，因为要通古今之变。研究当代史的，也要有点儿古代史知识，至少是近代史，否则只能做“纪录片”。

我写过一篇文章，刊在《中国经济史研究》2001 年第 3 期，提出研究经济史的看法。我提出历史、经济发展、制度改革、社会变迁、文化思想五个方面。我觉得，经济史首先是史。每个历史时代都有它那个时代的经济。如战国时代，各国经济都要为战争服务。秦汉大统一，就有了《货殖列传》。这不是上层建筑决定论。历史是上层建筑与经济基础合一的整体。研究一个时代的经济要从整体入手，就是从历史入手。布罗代尔《15 至 18 世纪的物质文明、经济和资本主义》一书的第一卷就是整体论，它规定着第二卷经济和第三卷资本主义制度的“边界条件”。

经济史是研究一定历史时期的经济是怎样运行的，以及它运行的机制和效果。这里要用经济理论，但只能把理论作为方法，思维方法或分析方法。根据问题性质和史料选用不同的方法。

任何经济都是在一定制度下运行的，否则就乱了。制度变迁通常是由于经济发展的需要。这和诺斯的看法不同，而是约翰·理查·希克斯的观点，也是马克思（在《德意志意识形态》）的观点。历史上土地制度、赋役制度、租佃制度、雇工制度的变革都是如此。在重大经济变动中，如由传统经济向现代经济的转变中，单是这些制度变迁远远不够，还要求有体制的变革，以至根本法（constitutional）的变革。

经济史本来是社会经济史，老一代经济史学家都研究社会。由于用经济分析方法，特别是计量学方法，把社会给丢了，就要恢复过来。

经济发展、制度变革、社会变迁，在最高层次上都要受文化思想的制衡。我用制衡（conditioned），有两层意思。一方面，不合民族文化传统的东西（如人民公社）行不通。另一方面，文化思想又是改变传统的先导，这在历史上称为“启蒙”。诺斯把意识形态看成是非正式制度，马克思则看到它启蒙的一面。从管子起，历代都有启蒙思想，研究经济史就要注意这些。

最后，谈一点史料考证。实证主义，我以为是研究经济史的基本方法，不可须臾或离。在西方，不断有反对实证主义的浪潮。第一次在20世纪初，以克罗齐、柯林伍德为代表。他们实际上不反对而是很称赞考证史料，他们是反对孔德的实证主义哲学。第二次在20世纪30年代，以E.卡尔、C.贝克尔为代表。他们也不反对考证方法，只是认为史家都有主观见解，对历史的认识是相对的。第三次是20世纪50年代美国逻辑实证主义者，他们根本否定史料考证，认为史料并不可靠，只有用逻辑推理得出来的历史才是真实的。不过，逻辑实证主义的史学没有市场，热闹一阵渐被人遗忘了。

我以为应当承认历史认识有相对性。我常说，历史研究是研究我们还不认识或认识不清楚的历史实践，如果已认识清楚就不要去研究了。但历史上总有认识不清楚的东西，已认识清楚的随着知识积累和时代进步又变得不清楚了，需要没完没了地再考证、再认识。

附：对相关问题的回答

问：统计分析与计量分析有什么差异?

答：统计分析是从统计资料中做出指数、权数、增长率、速率等变动的量，非常有用。凡能作变动分析的都要作。计量分析通常是指建立模型，从方程中推导出来未知的量或率。但最常用的是回归方程和相关分析，实际仍属统计学。我以为模型法只适于单项研究，因为历史不是按模型发展的。计量分析最好是用于检验已有的定性分析，而不要用方程创造新的理论。

问：经济理论的局限性如何表现出来?

答：一是要补充理论忽略了的东西，如经济增长，要用历史学的方法补充非经济因素。二是时代局限性，如恩格斯说价值规律适用于15世纪以前，到16世纪就要用生产价格规律了，到19世纪（这不是恩格斯说的）就要用边际效益规律了。这指欧洲，中国19世纪还用价值规律。有些理论可以通用，如投入产出法，但具体到比如江南农业，还必须有附加条件。伊莱·赫克舍尔说历代经济都受供求规律的支配，而实际上只在他研究的重商主义时代有效。

问：有学者认为：历史可能是史学家眼中的历史，不可能完全抛弃主观因素。

答：的确如此，19世纪西方史学家力图避免主观，追求“如实”反映客观，实际上办不到。海德格尔首先提出“先见”的重要性，没有主观见解不能做出判断。哈贝马斯提出“交往理性”，正确的认识是主观与客观交流的结果。汉斯－格奥尔格·伽达默尔的解释学认为，考证就是史家与文本（史料）的问答，或者今人与古人的对话。每次问答都扩大史家的视域，得出新的认识，这就是历史学的功夫。

（本文原刊于《中国经济史研究》2005年第1期）

中国经济史学的话语体系

李伯重

清华大学历史系

一些学者提出，以传统的中国学术资源来重建“中国自己的话语体系”，有人将之比喻可以用中医取代西医。但是在今天，想要依靠中医的学术资源来建立现代医学的话语体系是绝不可能的。同样，抛弃源自西方现代学术的话语体系，依靠中国传统的学术资源另起炉灶，建构一个“中国的经济史学话语体系”也是绝不可能的。

近年来经济史学所遇到的问题，在很大程度上是来自经济学自身出现的问题。只有解决这些问题，经济学才能更好地发展。而在此方面，经济史学可以大有作为，因为它能够从社会制度、文化习俗和心态上给经济学提供更广阔的视野。因此，如果我们改进了经济史研究，那么就能够推进经济学的进步，而经济学的进步，对于改进经济史学的话语体系又至关重要。因此，中国经济史研究的前进，将对国际话语体系的改进发挥重大作用。

“话语体系”是我国学界近年来讨论的一个热门话题。这个讨论体现了思想界关注的一个焦点，即如何在人文社会科学研究中寻求“中国学术的主体性”、建立中国自己的“学术范式”。随着最近 30 年我国国际地位空前提高，一些学者提出要终结“中国人简单化地学习西方的时代”，建立中国自己的学术判准，推动从“主权性的中国”迈向“主体性的中国”的发展。今天关于“话语体系”的讨论，正是在“中国崛起”的历史背景下展开的。

“话语”（discourse）问题是福柯在20世纪60年代末70年代初提出的。社会科学是科学，因此具有科学的“规范认识”（paradigm）。这里所说的“规范认识”的概念是库恩在其《科学革命的结构》一书中提出的，广泛运用于各种讨论中，也产生了许多不同解读。“规范认识”大致可理解为某一科学群体在一定时期内基本认同并在研究中加以遵循的学术基础和原则体系，通常包括一门学科中被公认的理论、方法，共同对事物的看法和共同的世界观。这种规范认识为该科学群体的成员一致拥有，他们都按照统一的规范从事科学研究活动。社会科学的规范认识是社会科学话语体系的核心。换言之，社会科学的话语体系是以社会科学的规范认识作为基础的思想体系和表达方式。置身于同一社会科学群体中的成员，都必须采用由同一规范认识所决定的话语体系进行思考和表达。

中国经济史学的话语体系

历史学究竟是科学还是艺术？或是两者兼而有之？至今学界也未有定论。但在历史学内部的诸分支学科中，经济史学是一门社会科学化了的学科，则是无可争议的。

经济史学的科学性主要源自经济学的科学性。经济学在长期的演化过程中，发展出了学科的基本原则，形成了一整套概念以确定其主题，一套方法以检验、修正和证实其假说，并发展出了系统性的分析，可显示结论和内容广阔的命题。简言之，经济学发展成了一门科学的学科。不仅如此，因为“经济学在形成一套完整的理论方面远远走在其他社会科学前面”，它也获得“社会科学的皇冠”的美誉。

经济史学是在经济学的强大影响下形成的。巴勒克拉夫说，在所有社会科学中，对历史学影响最大的是经济学，他还引用戴维斯的话说“迄今为止，经济学是对历史学唯一做出最大贡献的社会科学”。由于这种影响，经济史学采用了经济学所提供的基本话语体系。

然而，经济学并非一成不变。傅斯菲尔德总结说，两百多年前尚无经济学，当时的经济理论只是“道德哲学”的一个分支。经济学这个学科是随着资本主义而出现和发展起来的。早期的经济学与政治学密切联系，将经济视为国家政策的一部分。亚当·斯密和马克思所从事的经济学也都是政治学，因此称为“政治经济学”。到19世纪中后期，政治经济学分化为马克思主义政治经济学和新古典经济学两大分支，以后新古典经济学又继续演化出凯恩斯主义经济学、后凯恩斯主义经济学乃至计量经济学、新制度经济学等。由于不断变化，因此傅氏用调侃的口气说：“由于一个变化的世界给一个变化的学科带来各种变化的问题，所以经济学是一个永远变化中的学科。”

不过，经济学尽管发生了诸多变化，其规范认识以及由此确定的话语体系并未发生根本改变。经济学的主要分支仍然共享着古典经济学所创造的话语体系。正如傅斯菲尔德总结的那样，经济学一方面是关于人类社会应当如何组织起来的方式上的意识形态大争论的产物，同时也影响到这些争论的结果；另一方面，它建立在对抽象真理的科学探索上，同时也植根于公共政策与舆论气候的现实中，为经济制度变化的方式所影响。经济学是科学理论、政治意识形态、公共政策和公认真理的复杂混合物。一个时代的经济理论必须与大众的信条、关切一致，必须提供有用价值与有意义的结果。在此意义上，经济学永远是政治经济学。在“新经济史革命”后，出现了一些经济学家“脱离历史和实际，埋头制造模型”的倾向，但这种倾向并非经济学的主流，因此受到索洛等著名经济学家的严厉批评。大多数经济学家所赖以进行思考的话语体系，仍然是由亚当·斯密创立、经马克思及凯恩斯等人加以发展的经济学的基本话语体系。

经济学的每一次重大变化都引起了话语体系的改变，而经济学话语体系的变化又对经济史学的话语体系产生了重大影响。经济史学最早出现于19—20世纪之交的英国。由于在当时的经济学中政治经济学占有主导地位，因此经济史学也主要采用政治经济学提供的话语体系。而后，随着经济学的变化，经济史学话语体系也不断发生变化。由于经济史学的话语体系主要来自经济学，因此经济史学话语体系的变化也大致遵循上述轨迹。

当然，以上只是对经济史学话语体系变化的轮廓所做的一个大致勾勒。实际的情况远比此复杂。除了经济学外，经济史学还从社会科学其他学科（如社会学、统计学、人口学、政治学等）和历史学中获得资源，因此经济史学的话语体系也比经济学更为广阔和丰富。

我国的经济史学是在西方近代社会科学传入以后出现的，在其一个世纪的发展历程中，经历了两次重大话语体系转换。这两次话语体系的转换都是国际经济史学话语体系转换的产物。

我国的经济史学于20世纪初期从西方（通过日本）引进，并在西方经济史学的强烈影响下发展起来。在20世纪上半期，西方的经济史学主要采用政治经济学的话语体系，因此当时的中国经济史学也接受了这个话语体系。在20世纪20年代与20世纪30年代之交，我国出现了以经济史为核心的“社会史大论战”，就是在政治经济学的话语体系中进行的，而后以《中国社会经济史研究集刊》《食货》半月刊两个主要刊物所发表的文章为代表的主流经济史研究，也都基本上采用上述话语体系。1949年以后，我国确立了马克思主义在中国史学研究中的主导地位，导致中国经济史学在话语体系方面的第一次大转变。经过这个转变，我国经济史学采取了马克思主义政治经济学的话语体系。

从学术渊源来看，马克思主义政治经济学是近代西方社会科学的产物，其规范认识和话语体系也源自近代西方学术。虽然后来与西方主流经济学分道扬镳，但是在基本话语方面仍然有不少共同之处。正因为如此，1949 年以后，我国大多数经济史学家很快接受新的话语体系，使得经济史学得以迅速完成话语体系的转变。经济史唱主角的“新中国史学五朵金花”全国性史学大讨论，就是在新的话语体系下进行的。我国学者在经济史学中的两个重大理论贡献——“中国资本主义萌芽”和“中国封建社会”理论模式，也是在这个话语体系中提出并发展起来的。

由于各方面的原因，在很长时期内，我国经济史学话语体系出现了严重的教条主义，自我封闭，从而导致了话语体系的僵化。1978 年后，在中共十一届三中全会提出的“实事求是，解放思想”的思想路线指引下，这种情况发生了巨大改变。随着对外开放的发展，国际学术交往日益频繁，新理论、新观点、新方法不断引入，促进了我国的经济史学话语体系的第二次大转变。

然而，尽管有很大变化，经济史学的话语体系并未发生根本的改变。因此就大多数经济史学家而言，他们赖以进行思考和研究的，仍然是由亚当·斯密创立、马克思以及凯恩斯等人发展的经济学的基本话语体系。正是因为有这种共同的话语体系，1979 年以后我国经济史学界出现的关于“超稳定结构”论、“高水平平衡机制”论、“过密型增长”论、“大分流”论以及重新评价“资本主义萌芽”等重大争论，也才能开展。

改进和发展中国经济史学的话语体系

近年来，一些经济史学者提出：今天的中国经济史研究中出现了“现有规范认识的危机”。这个危机并非针对某一理论或模式，亦非针对中国或西方的学术研究，也并不意味着马克思主义理论的失败，而是一个更深层次的危机。危机的根源是中国经济史研究长期借用源自西方经验的模式，试图把中国历史套入亚当·斯密和马克思的古典理论，因此这个危机是斯密主义与马克思主义两种表面对立的模式和理论体系的共同危机。解决危机的方法是突破过去的观念束缚，建立中国研究自己的规范认识。这种看法，与在本文开始引用了一些学者关于“重建中国学术话语体系”的观点是一致的。

然而，尽管这些想法出于良好的意愿，但问题是：如果破除了现有的话语体系，那么中国自己的话语体系将以什么作为基础来建立呢？

如前所述，经济史学的整个话语体系是由亚当·斯密创立、马克思以及凯恩斯等人发展起来的。这个话语体系虽然产生于西方，但已为绝大多数学者所接受，成为经济史学的基石。甚至我们今天对“西方中心论”的批判，也是在现有话语体系之中进行的。迄今为止，我们尚未发现现有话语体系之外的任何话语体系。一些学者提出以传统的中国学术资源来重建“中国自己的话语体系”，有人将之比喻为可以用中医取代西医。但是在今天，想要依靠中医的学术资源来建立现代医学的话语体系是绝不可能的。同样，抛弃源自西方现代学术的话语体系，依靠中国传统的学术资源另起炉灶，建构一个“中国的经济史学话语体系”也是绝不可能的。既然不可能实现，那么这种呼吁还有什么意义呢？

是否需要“重建中国自己的话语体系”，关键在于首先要弄清什么是“中国”，以及社会科学是否是一种纯粹的“西方”产物。

今天，“重建中国自己的话语体系”的诉求，在很大程度上乃是一个如何认识什么是“中国自己”的问题。今日的中国是一个复杂历史进程的产物，具有无数彼此交错、相互纠缠的历史痕迹。中国自身的文化因素以及西方多种不同的思想理念，都共同构成了我们生活实践的地平线，成为当今中国之自我理解的内在的“构成性”(constitutive)部分。这里要强调的是，西方因素在近代中国的形成中起了重要作用。史景迁的《追寻现代中国》一书以这样的话作为开场白：“至少从

1600 年左右开始，中国就不能再独立发展，而不得不与其他国家一同生活在国际社会中，分享有限的资源，并分享人类创造的知识和技术。”在鸦片战争以后，西方学术资源大量进入，使得中国在学术上已经不能闭关自守了。经过“体用之争”，确立了“西学为体”的现代学术体系。而后马克思主义的引进，更对中国史学带来了巨大影响。

马克思主义学术与西方学术的关系十分复杂。如前所言，马克思主义虽然源于西方，但是到了马克思主义确立以后，不仅在意识形态和政治观点上与西方主流断然决裂，而且在学术上也自成体系，与西方主流学术分庭抗礼。然而，马克思主义与西方在意识形态和政治观点上的对立，并不意味着彼此在学术上完全绝缘。首先，马克思主义是从人类已经获得的全部知识财富中产生的，因此不能脱离人类知识的发展。其次，马克思主义是科学，而科学是没有国界的，因此马克思主义不排斥其他合理的科学方法。20 世纪史学的一个主要趋势是史学的社会科学化，即历史学家努力采用社会学、经济学以及量化等方法，注重研究历史社会的结构与变化。马克思主义史学以阶级分析治史，也是史学社会科学化的一种做法。第二次世界大战后，社会学、经济学、人类学等社会科学学科有飞跃的发展，为史学的社会科学化提供了广阔的空间。马克思主义史学既然是社会科学化的史学，就不应排斥西方社会科学中出现的合理方法，而应当充分吸收这些方法，以丰富自己的研究。否则，就会如马克思在批评费尔巴哈对黑格尔的批判时所说的那样，把孩子和洗澡水一起倒掉。

由于经济史研究的特殊性，马克思主义与经济史学关系极为密切。这种密切关系源自经济史研究的特殊性，即经济史研究以社会的物质生产方式及其变化为主要对象，并强调这是人类社会演变的基础。这一点，也正是唯物史观的主要内容。正因如此，唯物史观对经济史学具有重大影响，实际上构成经济史学的基础，以致 20 世纪西方社会经济史学的主要代表人物之一、年鉴学派旗手布罗代尔明确说：“就像二加二等于四一样清楚，马克思是当代历史科学的奠基人。”当然，作为一种对人类历史发展的高度抽象、研究人类发展全过程的本原和发展规律的历史哲学，唯物史观也需要借助社会科学各学科提供的方法来进行具体问题的研究。

这里，我们要对现代社会科学与“西方”的关系稍作讨论。社会科学产生于西方，这是不争的事实，但是并不等于说它完全是西方的产物。学术界对“黑色雅典娜”等论题的讨论，表明所谓“西方”并非一个纯粹一致的概念，“西方文明”也具有多样化的根源，“非西方因素”一直内在于“西方”的充分历史经验中。特别要强调的是，中国在近代西方的形成过程中，曾经扮演了重要角色。即使像英国工业革命这样“纯西方”的历史事件，也可以找到中国的源头。在西方的近代社会科学的形成过程中，“中国因素”更是起过特别重要的作用，正如彭慕兰（Kenneth Pomeranz）所说：“正是中国，而不是其他任何地方，成为现代西方讲述的它自己的历史的‘另一面’，从斯密和马尔萨斯到马克思和韦伯都是如此。”因此在今天，传统僵化的“东方”（或者“中国”）对“西方”（或者“欧洲”）的二元对立框架早已失去了有效的解释力。

同时，社会科学本身处在一个不断变化和发展的过程之中，并非一成不变。一方面，它确实具有西方渊源与西方背景；但另一方面，它在长期的发展中也在不断地科学化，而真正的科学化意味着要超越西方的局限。经过几个世纪的发展，这种源自西方的社会科学早已成为全人类的共同财富。它当然也有其不足之处，但我们并不能因为这种不足而对此全盘否定。因噎废食的态度是违反科学精神的。任何学术的进步，都只能建立在已有的研究基础上。经济史学是一个社会科学学科，当然也不可能离开亚当·斯密、马克思以及凯恩斯等人建构和发展起来的经济学及经济史学的规范认识和话语体系。因此，对于中国经济史学现有的话语体系来说，我们需要的不是推倒重建，而是改进和发展，亦即充分利用其合理部分，同时对其不合理部分加以改进。在这个改进过程中，经济史学的话语体系才会得到发展，成为更加科学的话语体系。

那么，现在的经济史学话语体系中，有哪些地方需要改进，而且我国的经济史学者可以在这个改进工作中大有作为呢？

首先，在现有的经济史学话语体系内，西方中心论还占据重要地位。只有彻底清算这种违反科学的中心论，经济史学的科学性才能得到充分发展。在此方面，与西方有不同历史的国家的学者有特别的优势。而在所有非西方国家中，中国又占有最重要的地位。因此，在清理经济史学话语体系中的西方中心论的工作中，我国的经济史学者应该发挥重要作用。

其次，近年来西方经济史学出现了研究重心由单一的经济史向社会经济史转变的趋势，以克服以往出现的偏差。我国的经济史学虽然也有自己的问题，但具有深厚的社会经济史传统，使得我们在改进经济史学的工作中有很大优势。此外，我国有长达两千年的“食货学”传统，这是我国的经济史学的本土源头。“食货学”对社会问题有强烈的社会关注，旨在从经济、社会乃至政治制度方面为治理国家提供历史的借鉴，其内容包括田制、物产、水利、户口、赋税、货币、财政、漕运、仓储、乡党（乡村社会组织）等各方面。这个世界上独一无二的学术资源，也使得我国的经济史学能够在社会经济史方向的发展中走得更远。

近年来经济史学所遇到的问题，在很大程度上是来自经济学自身出现的问题。只有解决这些问题，经济学才能更好地发展。而在此方面，经济史学可以大有可为，因为它能够从社会制度、文化习俗和心态上给经济学提供更为广阔的视野。因此，如果我们改进了经济史研究，那么就能够推进经济学的进步，而经济学的进步，对于改进经济史学的话语体系又至关重要。因此，中国经济史研究的前进，将对国际话语体系的改进发挥重大作用。

余论

在从产生至今的一个世纪中，中国经济史学接受了西方客观主义史学的熏陶，经历了唯物史观的洗礼，而后又受到现代社会科学、行为科学的冲击和自然科学的渗透，晚近还面临后现代主义的挑战。这些学术思潮都主导了不同时代中国经济史学的问题意识，规范了解释的模型。在这个演变发展过程中，中国经济史学逐渐形成了 1949 年以前居于主流地位的实证主义史学、1949 年以后确立的马克思主义史学和 1978 年以后形成的以唯物史观为基础的多元史学。他们在研究的对象上各有侧重，在研究的路径与方法上也各有不同，但都是以历史学的科学化为追求目标。不仅如此，它们在许多方面也可以互补。以这个宝贵的遗产为基础，形成了今日具有我国特色的经济史学学术。这个学术与国际经济史学主流学术之间并无根本冲突。如果充分利用国际学术提供的资源和我们自己的学术传统，在改进和发展中国经济史学的工作中取得重大进步，那么我们将能对国际主流学术的改进和发展做出更大的贡献，从而在国际主流学术中获得更大的话语权。

顺便说一句，中国经济史学要在国际主流学界获得更大的话语权，绝不意味着拒绝源自西方的现代学术体系。后现代史学对现代史学的批判虽然在许多方面是有道理的，但是它采取否定一切的态度，否定所有先前历史存在的正当性，却是绝大多数历史学家不能同意的。中国经济史学从创立伊始，就是国际学术的重要组成部分，与国际主流学术的关系密不可分。因此如果要另起炉灶，依靠中国传统文化资源去创造一套“中国自己的话语”，并以此去“为自身赢得国际话语权”，肯定既无可能，也无必要。套用一句中国的老话，“学术者，天下之公器也。”既然是公器，就不应当分此疆彼界，绝不能抱一种“别人有，我们也要有”的“争一口气”的心态。这种心态看似自尊，实则自卑。

抱着这种心态去做研究，是无益于提升学术水准，从而获得国际公认的。因此，中国经济史学要在国际学坛上取得更大的话语权，唯一的途径是充分利用国内外已有的学术资源，把中国经济史研究推向最前沿。只有以人类创造的全部知识财富为基础，我们才能真正在学术上有更大的作为。

（本文原刊载于《中华读书报》，2011 年 4 月 6 日第 13 版）

历史的内在脉络与区域社会经济史研究

陈春声

中山大学历史学系

近年来，有关中国社会经济史区域研究的论著越来越多，许多年轻的史学研究者在步入学术之门时，所提交的学位论文，常常是有关区域研究的作品。曾经困扰过上一辈学者的区域研究是否具有“典型性”与“代表性”，区域的“微观”研究是否与“宏观”的通史叙述具有同等价值之类带有历史哲学色彩的问题，基本上不再是影响区域社会经济史研究的思想顾虑。十余年间，随着中国社会经济史研究者的世代交替，学术价值观也发生了明显的转变。

笔者以为，深化传统中国社会经济区域研究的关键之一，在于新一代的研究者要有把握区域社会发展内在脉络的自觉的学术追求。毋庸讳言，时下所见大量的区域研究作品中，具有严格学术史意义上的思想创造的还是凤毛麟角，许多研究成果在学术上的贡献，仍主要限于地方性资料的发现与整理，并在此基础上对某些过去较少为人注意的“地方性知识”的描述。更多的著作，实际上只是几十年来常见的《中国通史》教科书的地方性版本，有一些心怀大志、勤奋刻苦的学者，穷一二十年工夫，最后发现他所做的只不过是一场既有思考和写作框架下的文字填空游戏。在明清社会经济史区域研究中，学术创造和思想发明明显薄弱，其重要的原因之一就是学术从业者追寻历史内在脉络的学术自觉的严重缺失。

眼下的区域研究论著，除了有一些作品仍旧套用常见的通史教科书写作模式外，还有许多作者热衷于对所谓区域社会历史的“特性”做一些简洁而便于记忆的归纳。这种做法似是而非，偶尔可见作者的聪明，但却谈不上思想创造之贡献，常常把水越搅越混。对所谓“地方特性”的归纳，一般难免陷于学术上的“假问题”之中。用便于记忆但差不多可到处适用的若干文字符号来表述一个地区的所谓特点，再根据这种不需下苦功夫就能构想出来的分类方式，将丰富的区域历史文献剪裁成支离破碎的片断粘贴上去，这样的做法再泛滥下去，将会使中国社会经济史研究的整体水平继续与国际学术界存在相当遥远的距离。要理解特定区域的社会经济发展，有贡献的做法不是去归纳“特点”，而应该将更多的精力放在揭示社会、经济和人的活动的“机制”上面。我们多明白一些在历史上一定的时间和空间条件之下，人们从事经济和社会活动最基本的行事方式，特别是要办成事时应该遵循的最基本的规矩，我们对这个社会的内在的运行机制，就会多一分“理解之同情”。

在传统中国的区域社会研究中，“国家”的存在是研究者无法回避的核心问题之一。在提倡“区域研究”的时候，不少研究者们不假思索地运用“国家—地方”“全国—区域”“精英—民众”等一系列二元对立的概念作为分析历史的工具，并实际上赋予了“区域”“地方”“民众”某种具有宗教意味的“正统性”意义。对于中国这样一个保有数千年历史文献，关于历代王朝的典章制度记载相当完备，国家的权力和使用文字的传统深入民间社会，具有极大差异的“地方社会”

长期拥有共同的“文化”的国度来说，地方社会的各种活动和组织方式，差不多都可以在儒学的文献中找到其文化上的“根源”，或者在朝廷的典章制度中发现其“合理性”的解释。区域社会的历史脉络，蕴含对国家制度和国家“话语”的深刻理解之中。如果忽视国家的存在而侈谈地域社会研究，是难免“隔靴搔痒”或“削足适履”的，偏颇的。传统地域社会研究，要求研究者在心智上和感情上真正置身于地域社会实际的历史场景中，具体体验历史时期地域社会的生活，力图处在同一场景中理解过去。要真正做到这一点，历史文献的考辨、解读和对王朝典章制度的真切了解是必不可少的。也就是说，在具体的研究中，不可把“国家—地方”“全国—地域”“精英—民众”之类的分析工具，简单地外化为历史事实和社会关系本身，不可以“贴标签”的方式对人物、事件、现象和制度等做非彼即此的分类。传统中国区域社会研究的目的之一，就是要努力了解由于漫长的历史文化过程而形成的社会生活的地域性特点以及不同地区的百姓关于“中国”的正统性观念，如何在漫长的历史过程中，通过士大夫阶层的关键性中介，在“国家”与“地方”的长期互动中得以形成和发生变化的。在这个意义上，区域历史的内在脉络可视为国家意识形态在地域社会各具特色的表达。同样地，国家的历史也可以在区域性的社会经济发展中“全息地”展现出来。只有认识到这一点，才可能在认识论意义上明了区域研究的价值之所在。

在追寻区域社会历史的内在脉络时，要特别强调“地点感”和“时间序列”的重要性。在做区域社会历史的叙述时，只要对所引用资料所描述的地点保持敏锐的感觉，在明晰的“地点感”的基础上，严格按照事件发生的先后序列重建历史的过程，距离历史本身的脉络也就不远了。在谈到地域社会的空间结构与时间序列的关系时，应该注意到，研究者在某一“共时态”中见到的地域社会的相互关系及其特点，反映的不仅仅是特定地域支配关系的“空间结构”，更重要的是要将其视为一个复杂的、互动的、长期的历史过程的“结晶”和“缩影”。“地域空间”实际上“全息”地反映了多重叠合的、动态的社会经济变化的“时间历程”。对“地域空间”的历时性的过程和场景的重建与“再现”，常常更有助于对区域社会历史脉络的精妙之处的感悟与理解。

（本文原刊载于《史学月刊》2004 年第 8 期）

从“纳粮当差”到“完纳钱粮”
——明清王朝国家转型之一大关键

刘志伟
中山大学历史人类学中心

王毓铨先生一再强调，在明代，王朝与编户之间是一种人身控制关系，最能直接体现这种关系的是编户向国家“纳粮当差”。他特别指出，“纳粮也是当差”，“配户当差”是明朝国家最本质性的特征。自明代后期开始，特别是入清之后，虽然“纳粮当差”的说法时有所见，但在表述一般编户向王朝国家承担的财政责任时，更常见的说法是“完纳钱粮”。这一微妙变化隐含着国家转型的重大意义。如何从这个转变理解或解释明清国家或社会的转型，是我们过去三十多年来在王毓铨先生启发下努力探究的核心议题。实际上，这也是梁方仲先生以一条鞭法为中心的明代田赋史研究要解答的焦点问题。这里想概略地谈一点我们对从“纳粮当差”到“完纳钱粮”转变的制度原理的粗浅认识，供大家批评。

一、纳粮当差的性质

首先，我们要明白王毓铨先生所谓的“当差”与现代财政概念的“纳税”之间的本质差别是什么？为何说“纳粮也是当差”？所谓“当差”，即是服役。服役是基于身份上的依从关系而承担的义务，也就是基于王朝国家与编户齐民之间的人身支配关系而产生的一种资源供应关系。这种资源供应关系的建立，不是根据双方的合意，而是基于人身的控制。因而，编户承担的义务，是人的身体能力的付出，并且由占有者单方面强制执行，其负担轻重和提供方式，都是由王朝国家根据需要随时随意指定的；而现代国家的“税收”则是公民对国家的义务，在法理上基于一种约定，公民根据约定的规则提供一定额度的资源。二者的本质差别在于各自体现的国家与人民关系的不同。

中国历代王朝向编户的征派，因着征派方式的不同，有赋、税、租、庸、调、课、役等种种名目，其中有以田地顷亩计征的税或租、赋，有以户或丁派征的差役。学界多以现代的观念分别理解为土地税与人头税。朱元璋确实也曾经明确说过：“民有田则有租，有身则有役，历代相承，皆循其旧”，似乎与现代观念符节合拍。但是，这些以田、以丁征派的赋役，与现代税收概念中的财产税和人头税之间其实有本质区别，无论赋税还是差役，在性质上都是一种基于人身隶属关系的义务，这种性质鲜明地体现在赋役征派运作的基础——黄册里甲制度中。

明初建立的黄册里甲制度是一套以户为单位，人口与财产相结合的户籍管理体系。被编入里甲中的人户，其身份是王朝臣民。民与君的关系，用朱元璋自己的话说，就是“为吾民者当知其分，田赋力役出以供上者，乃其分也”。这种“分”，即基于“为吾民”这种人身依附关系的义务，其实现方式就是“配户当差”。户籍的编制是以职业来划分的，民、军、灶、匠等不同的户当不同的差，所以田赋力役一切科派从本质上讲都是一种役，而不是现代国家的赋税。

所谓“配户当差”的方式，是在里甲体制下，综核每个人户人丁事产的多寡，确定其负担能力，作为赋役征派的基础。朱元璋把这种赋役征派原则概括为“凡赋役必验民之丁粮多寡、产业厚薄，以均其力”。也就是说，赋役科派，以黄册中登记的单位——户为基本对象，根据每个户的人丁事产，核定各户负担能力的高下以及各赋役项目负担的轻重，将特定赋役项目派给特定的编户去承担。因此，根据所谓“有田必有赋，有丁必有役”原则征发的赋役，其实是落实到“户”中实现的，即所谓求户问赋、按户派役。在这个意义上，户就不只是因拥有一定财产而负有缴纳财产税义务的主体，同时也作为“人丁事产的结合体”，具有赋役客体的意义。由此看来，明朝的赋役征派在本质上就不是土地税和人头税，而是在配户当差原理下以丁粮多寡为依据的等级户役。赋役征派的这一性质，并不否认人丁和土地才是最根本的税源，只是税源的确定与掌控是以编户对王朝的人身隶属为基础，在赋役实际征派中则以户为基本对象和派征单位。明朝政府虽然也编审丁口、田亩作为确定州县里甲赋役额度的依据，但田赋的实征和差役的编派则是以各户下的粮额和以“人丁事产”核定的户等为依据。为什么明代黄册十年一造可以因袭不改，鱼鳞图册无须经常编造，而赋役征派仍可以维持运作？就是由于当时赋役征派中最重要的不是根据土地、人丁数额，把它们作为独立的派征对象，而是以人丁事产为手段来核定户等，让户承担赋役。

明朝赋役的这个本质性原理，在差役征派中可能没有什么异议，不需要我们多论。但田赋在性质上也属于当差这一点，可能会受到质疑，所以这里有必要简要地讨论一下田赋的性质问题。《明史•食货志》谓：“初，太祖定天下官、民田赋，凡官田亩税五升三合五勺，民田减二升，重租田八升五合五勺，没官田一斗二升。惟苏、松、嘉、湖，怒其为张士诚守，乃籍诸豪族及富民田以为官田，按私租簿为税额。”这段话的意思，我们当然可以解释为田赋是以亩为单位、按一定税率征收的土地税，税率的差别也似乎是根据土地的权属来确定的。但其实无论官田还是民田，在法权上并无根本的区别，其区分并非由于所有权性质的不同，而是由于土地占有者与国家的人身关系的不同。因为在王朝时期，国家向田地征收田赋的根据，与其说是国家对田地的主权或所有权，还不如说是国家对田地占有者的人身控制权。在这种人身控制关系下，编户缴纳田赋，实际是为王朝国家种田，本质上是一种役。根据王朝国家与占有者身份关系的不同，田地科则也就有了等差。江南官田之所以赋重，是由于太祖怒其田主“为张士诚守”，因怒其人而重其役，重役体现为重其所耕之田的赋，这鲜明地体现了土地赋税关系是由皇帝与编户的主从关系衍生出来的。其实宋代官田也可以从这个角度来理解，限于篇幅这里不作展开。这种以纳赋的方式承受役使的性质，更直接体现在朱元璋建立明朝之初，下令“凡民田五亩至十亩者，栽桑、麻、木棉各半亩，十亩以上倍之。麻亩征八两，木棉亩四两。栽桑以四年起科。不种桑，出绢一匹。不种麻及木棉，出麻布、棉布各一匹”一事上。这种对田地的种植品种和赋税缴纳物的硬性规定，以及后来种种与市场物价脱节的田赋折纳比率的规定，都是田赋“差役”性质的体现。

如果说，上述只是一种比较抽象的推论，下面我们还可以通过明朝中期以后田赋征纳方式的变化反过来观照明初田赋的性质。明朝田赋征收方式有一个常常被人忽视的变化，就是从直接按科则征收到以科则为单位派征。所谓按科则征收，譬如，亩税三升，就是每亩征收三升米或麦；所谓以科则为单位派征，例如，以亩税三升确定粮额，再按每粮一石派米（或银）若干的方式计征，就是说，税率的计算分为两个环节，第一个环节是每亩科粮若干，第二个环节是每粮一石派米（或银）若干。明代中期以后的田赋征收普遍按后一种方式进行。这个转变如何发生，我们稍后再谈。这里想先指出的是，这个转变的发生，是由于在前一种方式下，科则其实并不能完全表示田赋的实际负担，老百姓不但要交纳田赋科则所定的正额，还要负责田赋的催征、经收和解运，解运的劳役负担隐藏在田赋正额的背后。不同田赋项目需要运到不同地方的仓库交纳，路途远近、道路险易的差异自然导致运输中劳动负担、所需开销的不同，于是田赋有所谓重仓口（即路远道险的仓库）、轻仓口（即路近道平的仓库）之分。而在派征中遵循的原则是：户等高的纳重仓口税粮，户等低的纳轻仓口税粮。于是，我们看到田赋其实是根据户的负担能力来分派的。田赋实际负担由缴纳物本身与完成缴纳任务的人力物力支应共同构成，只是在编户亲身应役的形态下，后者常常由于隐蔽且不可计量而为近世研究者所忽视，后来随着完成缴纳任务的支应折算成实物或货币，这个负担转变为显性且可计量的支出，出现了耗米等名目。这就让我们了解到，明初“有田则有赋”的田赋的负担，并不只是简单地根据土地面积征收的土地税，而是编户齐民向王朝承担的种田纳赋之役，本质上就是一种差。

明朝政府运作的财政资源，主要依赖编户齐民的直接供应，而其供应方式远不限于田赋，更多的是田赋之外的派征。在三编《大诰》中，我们可以看到被朱元璋严厉斥责的，大量是赋外科派，而这些科派所依据的，在本质上都是王朝国家对编户的人身统属关系。王毓铨先生曾强调指出，明初各级政府的资源需求很大程度上是靠差役提供的。在朱元璋的制度设计中，除了苏、松重赋之外，大多数地区的田赋是比较轻的，地方官府收入相当微薄，官府的人员和财政规模被严格限制。虽然这样做的本意或许是要减轻人民负担，杜绝官吏扰民，但事实上，地方官府没有法定行政公费，行政运作的资源主要由里甲编户提供，本来被朱元璋严禁的法外科派，实际上成为地方政府和官员收入的主要来源，结果自然就是州县政府以差役的方式向里甲编户进行的征派呈一种常规化、合法化的增长态势，进而强化了配户当差的制度性基础。明代差役负担的加重，不应该简单地理解为官员的贪婪需索使然，其实乃有其结构性的制度逻辑。

“纳粮当差”与现代税收之区别，最主要有以下几点：一是官府的财政需求没有一定的预算定额，而是根据需要随时派征；二是纳税人的负担，并非单一地由可以用标准单位计量的物质或货币构成，而是包括了在缴纳相应的钱物同时衍生出来的人力物力支应，因而赋役的实际负担是非定额化的；三是赋役负担的对象，以编户为基本单元，在性质上作为课税客体的财产（田地）和人丁，综合地构成了核定每个编户负担能力的要素；四是派给各户负担的轻重根据其负担能力来确定。这种体制是基于所有的编户齐民都必须承担为王朝国家服役的义务这一原理的，种田纳赋是一种最基本的义务，本质上就是差役；田赋之外，应当的劳务、勾摄公事、办纳物料是役，戍守军卫是役，出任官职也是役。总之，人是朝廷的人，所有个人为王朝国家运作的贡献，在法理上都是服役当差。由于承担这种服役义务的基本单位是户，而户的财力有贫富之殊，人丁有多寡之别，承担服役义务的能力有很大差异，所以为了保证王朝国家对编户控制的稳定性，历代王朝都需要秉持“均平”的原则，根据编户的负担能力派给轻重不同的赋役负担。在实物经济为主导和人身控制关系为基础的社会结构下，明朝国家运作所需的人力物力供应，大量是由编户直接提供，实物和劳力的需求因人因事变动不定，因此，所谓“均平”，只能笼统地通过对编户负担能力划分等级、分派轻重不等差役的方式去实现。以这种方式实现的均平，并无一定的定额，也并非比例赋税，而是随时量户以定差意义上的均平。明代前期由赋役征派引出的种种矛盾，都是在这样的机制下发生的。因而，随着明代社会经济和政治运作的发展，在很多地方为了实现更加合理化的均平而采取了种种变通的措施，这些措施在原理上都通往同一改革方向，我们下面简要地作一些讨论。

二、从户役到地丁

明朝赋役转变的总趋势是差役课税化，也就是由基于编户对王朝的人身隶属关系的当差转变为以国家权力为依据向个人财产的课税，并以定期征收定额的比例赋税取代根据编户的负担能力因事随时摊派的方式。这个转变，首先体现在田赋征收中的差役成分向田赋附加税衍变上。前面我们已经分析过，明初田赋在税粮正额背后还蕴含着差役的成分，即所谓“以运纳借之民力”。这个隐含的役是怎样变成税的呢？这是从民运体制下的补贴加征发展来的。《大诰续编》“议让纳粮第七十八”透露了一点信息：“催粮之时，其纳户人等粮少者，或百户、或十户、或三五户，自备盘缠，水觅船只，旱觅车辆，于中议让几人总领，跟随粮长赴合该仓分交纳。就乡里加三起程，其粮长并不许起立诸等名色，取要钱物。”这意思是若干户可以集合在一起，委托几个人负责跟随粮长去解运。而纳户需多交些粮米给参与运输的人户作为运费补贴。随着漕粮由民户自解慢慢演变为交给卫所军队解运，这种老百姓之间的补贴就以加耗的形式实现，也就是田赋正额中隐藏的运输徭役变成了田赋正额的附加税——耗米，田赋的实际负担开始变得比较确定，运输劳役被以田赋附加税的形式“赋税化”了，赋中有役的田赋向比较纯粹的赋税迈进了一步。因为耗米乃由运输劳役转化而来，所以路远途艰的重仓口自然加耗多，而轻仓口加耗少。延续此前上户应重仓口的原则，理论上耗米轻重应与户等高下相对应。实际运作中出现的“苏松民俗大户不出加耗，以致小户连累纳欠”的弊端恰好从反面说明科派原则是大户纳耗多，小户纳耗少。

为了解决这一弊端，宣德八年（1433年）周忱实行了平米法，以“均征加耗”为改革的核心内容，反映了由户役制的均平观念到课税制的均平观念的转变。户无论大小，田无论官民，均得加耗。合计全县耗米，与田赋正额加起来得出实际应征的总额，谓之平米。将平米总额向田赋正额摊派，于是平米成了实际征收的税额，而原来的田赋税粮额则成了摊派的对象。周忱同时还利用平米的摊派比例来调整官民田实际负担。对本身科则较高的官田所负担的税粮，仅派给较少的平米，对本身科则较低的民田所负担的税粮，则派给较多的平米。这样，平米事实上成为一个新的税，它与明初的田赋不同，进一步与户的身份、户等脱离了关系，而转化为以粮额为摊派对象、课征对象的征课，其实质就是更单纯地以土地为课税客体了。如果说朱元璋所定的田赋是“赋中有役”的话，那么耗米的出现就使赋中之役赋税化了，平米的出现则可以说是创造出了真正意义上以土地为对象的财产税，把带着等级户役性质的田赋向着土地财产税方向推进了一大步。粮额这个因素则开始从作为人丁事产结合体的户中分离出来，单独被作为摊派、课征的对象了。

周忱的改革还不仅止于此。因为平米法所征的加耗米在支付漕粮运输费用、损耗外，还有一定剩余，即余米，而里甲户除了运输税粮的责任之外还负担有其他徭役，很自然地，这一笔剩余经费就被用来调整其他里甲公费负担。周忱设济农仓储存余米，“遇农民缺食及运夫遭风被盗、修岸导河不等口粮，凡官府织造、供应军需之类，均徭、里甲、杂派等费，皆取足于此”。这就开启了一个方向，即用平米这一项财产税来承担部分徭役。以劳役形式出现的徭役负担事实上开始赋税化，开始向财产税方向迈出了一小步，徭役的派征对象开始从户向粮额转变。

在田赋征收变化的同时，差役征派也逐渐发生着转变。差役本来是直接的人力物力的征调，但以缴纳一定额度的钱物代替亲身应役的做法，自古有之。明代初年，以出钱出物替代应当差役的做法在民间以个人行为的方式也已存在。朱元璋在《大诰续编》“民间差发第五十九”中说：“官府一应差发，皆是细民应当。正是富家，却好不曾正当官差，算起买嘱官吏，不当正差，私下使用钱物。计算起来，与当差不争来去，不知如何愚到至极之处。”朱元璋以为使用钱物和当差负担相差不多，所以不明白为何这些富家愿意出钱物而不愿意当差。其实出钱出物与当差的最大差别在于，出钱物是可以计算并有一定数额的，当差则是一应负担俱由应役者承受、不可预计的。这就是富家选择的理由。而且就是这个区别，形成了后来差役征派弊端百出之时官府改革差役征派方式的基本思路。这个转变的制度性设计，以均徭法的实行为典型。大约在正统年间开始逐渐推行开来的均徭法，基本的内容是固定负担项目、差役名额，并且伴随着折银实现了定额化，先是按由人丁事产所定的户等由重到轻均派，后来又直接按丁、粮摊征。徭役从不确定的临时性劳动征发变成了定额的货币赋税，也逐渐不再需要将具体徭役项目指派给特定人户，只需要保证全县的徭役银收支平衡即可。与此相伴发生的变化是作为徭役课税客体的户逐渐分裂为丁和地（或粮），徭役银额被分别按比例摊派到丁额和地亩额（或粮额）上。

我们看到几个变化的线索在相互交织，赋役征派的原则和实现方式逐渐向同一方向转变。第一，田赋中的徭役成分、徭役通过附加税，照丁粮派征等形式逐渐赋税化了。第二，平米法改革使平米成为实际的税，粮额从户中分离出来，成了平米的课征对象。等级户役性质的赋役向以土地为课税客体的财产税转变。第三，将平米向粮额摊派的方式开启了一个解决财政经费的新方法，就是把各种负担都合计在一起，然后向粮额摊派下去，无论是耗米还是里甲公费都可以从平米中解决。随着徭役逐渐赋税化，这个原理也就可以扩延到所有的当差项目，很多开支都可以摊派到粮额上去。这就是一条鞭法的原则。

成化、弘治以后，我们可以在更广泛的领域内（如里甲公费、上供物料、匠役、渔课米、盐钞银）看到与前述三个转变类似方向的一系列改变。这一系列变革最后汇成了一条鞭法，一条鞭法乃是一个长期累积、水到渠成的结果，是对此前一系列变化的整合。虽然具体实施的情况因地而异，但总的趋势是赋役由等级户役逐渐向定额化的比例赋税衍变。明初所定的田赋科则体现了土地的自然属性与由占有者身份产生的差役属性，在后来的赋税改革过程中，根据科则确定的田赋正额，衍变为摊派实际应纳税额的对象，“粮”由税额转换为计税单位；原来按以人丁事产确定的户等派充的差役，折银计算后分拆为向土地（或粮额）派征的部分和按人丁派征的部分。按土地（或粮额）征派的役银与田赋合并，按地或粮派征，形成了以土地为课税客体的地银；向人丁派征的役银则形成以丁为课税客体的丁银。从形式上看，由此形成了真正意义上的土地税和人头税。至此，等级户役下的征发对象户分裂演变为比例赋税下的“丁”和“地（或粮）”，田赋和不确定的户役整合，分化为定额化的地税和丁税（即清代所谓的“额征地丁银”，或简称“地丁”）。到清代，王朝赋役征派完成了由“当差”到“钱粮”的转变。上述赋役结构的演变可以图示如下。不过需要特别强调的是，地银、丁银仅是形式上的土地税和人头税。因为在前述变化的同时，作为赋税征派单位的“丁”和“亩”的实质也在慢慢改变。丁田、丁粮互相折准的惯例使得丁、地二者的区别极大地模糊了。在很大程度上，丁额仅是一个账簿上的摊派对象，一个计税单位。田地的数额本来就因为各地计算方式差异、折亩等因素具有税亩的性质，一条鞭法到摊丁入地的改革更进一步使得地亩数额像粮额一样变成账册上的摊派对象、课征对象，亩也成为一个计税单位。“丁”“亩”“粮”的摊派对象化，使得地银、丁银出现并经摊丁入地最终归并为地丁银这个过程，在形式上表现为户役分化组合为土地税、人头税，进而转为统一的土地税，事实上形成了所谓原额主义的财政架构。这套财政架构之所以可以运作下去，与国家与编户之间关系的转变紧密相关，在这个转变中起到关键作用的就是白银。

三、白银的意义

在中国王朝贡赋体制内，其实一直有一种潜在的动力和机制推动着国家赋役体系向前述方向演变，在明代以前，很多朝代都以不同方式、在不同程度上出现过类似变化，但赋役性质并未根本改变。真正在制度上和性质上不可逆转地完成这个转变，并且引致王朝国家体制的结构性转型，发生在明代中期。15 世纪开启的这场历史性变革之所以能够完成，除了有着社会经济和政治文化等多方面历史原因，需要从总体上去认识之外，与16世纪日本、美洲白银输入因缘际会，白银货币进入到王朝国家赋役征派领域，应是一个不可缺少的关键性因素。我们要在上述明代赋役性质转变中来把握白银对明清历史发展的意义。

首先，16世纪白银的大量流入与广泛运用使白银的便利性得到了最充分的发挥，润滑了社会各阶层的交往方式，从而令前述赋役制度的变革成为不可逆的过程。在明初以丁粮多寡为序的等级户役体制下，无论赋役负担本身还是户的负担能力，都缺乏统一且可计算的衡量尺度，上等之户应重役、下等之户应轻役的等级户役只是一个相对性的原则。白银的广泛使用令政府运作的所有需求都可以通过市场购买的方式来获得。白银作为贵金属，其货币价值相对稳定且无需任何信用提供保障。白银作为标准的价值尺度，可以作为计量不同物品、不同劳役的等价物，使得不同的赋役项目的价值变成可比较的。政府运作的资源需求，可以用这个统一的价值标准制为定额，编制预算，按比例课税。而且白银还有支付、储藏的便利。在16世纪大量白银流入的推动下，白银的这些特性得到充分发挥，过去实物财政运作中难以避免的弊端失去了产生的基质，使官府、老百姓等方方面面都从用银中得到便利，白银得以在财政运转中扮演主要媒介的角色，使前述赋役制度变革成为一个不可逆的过程。

白银在国家财政领域的广泛运用，当然可以使商品市场扩大，但是大量白银被吸纳到财政领域，作为资源运用、分配和支付的手段，也直接改变了国家运作的方式。我们应该更多地从国家架构、国家与老百姓交往关系的角度来认识白银对中国国家、社会转型的意义，而不只是着眼于商品经济和市场化问题。在以白银为基础手段的“完纳钱粮”的赋税体制下，国家资源调拨采取了白银货币的方式，而不再是劳役与实物征发的形式。赋税的性质变成了比例化的财产税，户仅是核定财产的单位，一个类似法人的纳税账户。国家只需要通过账户核定财产与税额信息并且因地制宜地通过某种机制征收上来即可，无需再究心于户下的人丁事产构成以及户下人口的住址。国家与百姓的关系从基于人身控制的纳粮当差的关系转变为人民用不同的纳税账户名义向国家缴纳货币或实物定额比例赋税的关系，也就是完纳钱粮的关系。这个转变，不仅意味着编户与王朝国家之间的关系与过去不同，也改变了国家财政实现的方式与国家行政运作的方式，在这个基础上王朝国家的形态以及社会结构从明初到明末清初发生了重大的转变。关于这一点，这篇简短的笔谈不能展开，可参考我们其他相关的讨论。

（原刊《史学月刊》2014年第7期，文中所列表格和注释从略。）

书写什么样的中国历史？

——“加州学派”中国社会经济史研究述评

周 琳

四川大学历史文化学院

经济与社会的近代转型一直是萦绕于中西学术界的重大问题。长久以来，中国在很大程度上被视为西方的参照物，即一方面被描述为一个在各方面都不同于西方的“彼岸世界”，另一方面又似乎注定要经历与西方大致相同的历史过程，才能真正地完成经济与社会的近代转型。于是，无论是探讨中国历史的独特性，还是站在以近代西欧为中心的立场上观察和裁剪中国历史，最终都指向一个相似的结论：如果没有西方的冲击和示范，中国经济与社会的近代转型即使并非完全不可能，也注定是一个极其漫长而艰难的过程。相应地，近代转型前的中国就往往被理解为“停滞”“衰退”或“丧失了变革的动力”。但从20世纪七八十年代开始，欧美汉学界和中国史学界相继开始对近代转型前的中国历史进行重新评价：西欧的发展模式是不是通向近代的唯一途径？近代转型前的中国是否蕴含着不容忽视的发展动力？抛开了欧洲经验的束缚，中国的历史呈现怎样独特的面貌等等问题都引起了人们深入的思考。

正是在这样的方法论变革之中，“加州学派”的声音正变得日益清晰和引人瞩目。他们的著作和学术观点以崭新而自信的姿态，屡屡撞击着人们的思维，在中外学界引起激烈争论。尽管目前对于这一学术群体的评价有贬有褒，但身处于其中的学人大多会感觉到，人们看待中国社会经济史的思维方式和问题意识，正在或多或少地被他们“潜移默化”了。而在当代学术史上，“加州学派”也注定会是一个无法绕开的节点。本文希望对“加州学派”现有的研究成果做简要的介绍，并追溯在这些研究成果被译介到中国的过程中，国内学界对“加州学派”的认可和质疑，探讨他们在何种意义上相互吸引和相互疏离以及这两种学术取向的交融对于中国社会经济史研究的意义。

一、“加州学派”的学术宗旨、代表论著和内部分野

“加州学派”的一部分学者目前已为中国学界所熟知，如李中清（James Lee）、王国斌（R. Bin Wong）、彭慕兰（Kenneth Pomeranz）、李伯重、安德鲁·贡德·弗兰克（Andre Gunder Frank）等，他们的论文和著作陆续以中文形式发表，并引起了巨大的反响。此外，这一学派还包括杰克·戈德斯通（Jack A Goldstone）、万志英（Richard von Glahn）、王丰（Wang Feng）、康文林（Cameron Campbell）、丹尼斯·弗莱恩（Dennis O. Flynn）、阿瑟·杰拉尔德（Arthro Giraldez）、马立博（Robert B. Marks）、杰克·古迪（Jack Goody）、阿布–卢格霍德（Janet L. Abu–lughod）等学者。由于这些学者大多曾在美国加利福尼亚州各大学任教或访学，相互之间长期保持密切的学术交流与合作，故名为“加州学派”。

龙登高将“加州学派”的整体风格和学术诉求归纳为四个方面：一是从研究范式的高度反思西方中心主义的学术理论和方法；二是强调世界经济体系和全球化不是欧洲最初建立和推动的；三是注重中国

研究，并将中国置于世界历史的范围之中，探究中国与外部世界的联系，以凸显中国历史的重要性，进而由此检验基于西方历史的观点与理论；四是注重比较研究，比较视野从以往的文化差异角度转向中西经济发展道路并检讨传统学术。①

但本文希望强调的是：尽管如此，“加州学派”也并不是一个无差别的整体，参与其中的学者们在研究旨趣和学术观点上依然呈现明显的分野，本文将这种分野归纳为以下三个方面。②

一是全球化和世界贸易研究，体现这一倾向的学者包括安德鲁•贡德•弗兰克（下文简称“弗兰克”）、丹尼斯•弗莱恩、阿瑟•杰拉尔德，阿布－卢格霍德。

针对沃勒斯坦的“世界体系”理论，阿布－卢格霍德首先提出了“13世纪世界体系”的观点，她认为，现代世界经济并非发端于沃勒斯坦所认定的1450年，而是植根于13世纪的世界体系，这个世界体系与当前以欧洲为主导的世界体系有很大不同，它于14世纪初时臻于极盛，它涵盖了从西北欧到中国的广阔地理区域。

在将“世界体系”的历史向前推进这方面，弗兰克比阿布－卢格霍德走得更远。在《白银资本》一书中他指出，世界自始至终都处于一个体系之中，而在1400—1800年期间，已经存在一个具有全球分工和国际协作功能的世界体系，亚洲（尤其是中国）是这个世界体系的中心。当时的中国在世界贸易中保持着巨大的顺差，吸收了大约世界一半的白银产量，这说明中国经济在世界市场上有着最大的生产力。正因为如此，1800年以后，西方的兴起和东方的衰落并不是基于长期的历史趋势，而是由世界经济的“康德拉捷夫周期”的B阶段引起的，是整个世界经济本身的结构与运动所产生的全球性、地区性与部门性

---

① 龙登高《中西经济史比较的新探索：兼谈加州学派在研究范式上的创新》，《江西师范大学学报》，2004年第1期。

② 做这样的分类只是出于梳理学术成果的需要，只能反映出大致的取向。实际上，下文所及的每一位学者的研究都是多个领域的交叉。

后果。

而丹尼斯·弗莱恩和阿瑟·杰拉尔德则把世界体系形成的时间推后到1571年，因为马尼拉城正是在这一年建立，从此美洲新大陆与东亚世界建立起直接而长期的贸易联系。与弗兰克相似，这两位学者也十分强调中国在这个世界体系中举足轻重的地位。他们认为，在这一世界体系形成和发展的过程中，先后形成了三个贸易圈，分别是：1540—1640年的第一个白银贸易圈，1700—1750年的第二个白银贸易圈，1750年之后的鸦片和茶叶贸易圈。这三个贸易圈的运作都与中国国内的财政和经济状况息息相关。而与弗兰克不同的是，他们更强调这一世界体系内部各因素的关联性和承继性，尤其强调15世纪发生在中国的一系列现象，应与全球经济、生态和人口的复杂变迁联系在一起，这种影响的深远程度在当时是难以预见的。

二是生产力、生态和人口研究。侧重于这方面的学者包括李伯重、马立博、彭慕兰、李中清、王丰、康文林。

二十余年来，李伯重一直致力于明清江南区域社会经济史研究，尤其在生产力研究方面做出了杰出贡献。他的研究成果主要集中于两个方面：一是明清江南农业生产力研究，二是明清江南城乡工业研究。在《江南农业的发展（1620—1850）》一书中，他深刻质疑了长期以来主宰史学界的“明清停滞论”，并明确地提出：在明清中国经济发展最成熟、最领先的江南地区，已经形成了一套配置均衡、运作有效的农业生产制度，劳动生产率得到了明显提高；在《江南的早期工业化》一书中，他认为明清江南的城乡手工业已经发展到很高的水平，这是“早期工业化”的表现。“早期工业化”一方面说明中国经济在相当长一段时间内并不逊于欧洲，但另一方面，“早期工业化”的外在表现、发展动力和所导致的前景都与近代工业化有很大不同，它与近代工业化并没有必然联系。

在以前的经济史论著中，人们往往将前近代的经济发展与近代经济转型联系在一起，李伯重通过引入“经济增长方式”理论说明了这并非是一对必然的联系。这种理论将经济成长方式分为“广泛型成长”“斯密型成长”和“库兹涅茨型成长”三种，明清江南经济主要依赖“斯密型成长”，即由劳动分工和专业化所带来的经济成长，这与由技术进步引发的“库兹涅茨型成长”在本质上不同，而且“斯密型成长”也并不必然导致“库兹涅茨型成长”。

马立博和彭慕兰十分强调史学研究中的生态视角，彭慕兰在《大分流》一书中，提出了生态和资源制约了中国经济向近代转型的观点。由于该著作的中译本面世已久，国内学界围绕该书已展开了相当深入的论争，故在此不再赘述。

马立博主要致力于岭南地区社会生态史研究。在《虎、米、丝、泥：帝制晚期华南的环境与经济》一书中，他指出：岭南地区从19世纪50年代开始就已经面临严峻的生态危机，包括耕地缺乏、人口增加、天气转寒、粮食减产等。但当地人在经济、社会制度和技术安排方面进行了全面的调整，以应对这种冲击，包括农业技术的精细化、商品化和专业化等，这在很大程度上缓解了当时的生态危机。这种社会经济发展虽然已经完全不同于所谓的“传统经济”，但由于岭南处于独特的社会条件和生态条件之中，这种经济变化并不会将岭南的经济和社会带向“资本主义”。

在人口研究方面，李中清、王丰和康文林向一度流行的“马尔萨斯”模式提出了有力的挑战，指出在过去的300年中，中国的人口并不像马尔萨斯所断定的那样，缺乏预防性抑制，中国家庭可以通过各种形式的干预和虚拟的亲属关系使人口生育得到有效的控制。中国的历史人口有其独特而有效的发展机制，马尔萨斯主义者将人口控制机制简单地二元化，并将这种二元对立与东方的衰落和西方的兴起简单地对应起来，是值得怀疑的。

三是政治、文化和社会生活研究。在这一方面，杰克·戈德斯通，万志英和王国斌提供了非常有价值的研究成果。

在王国斌所著的《转变的中国：历史变迁与欧洲经验的局限》一书中，下编《集体行动》写得十分精彩，作者从粮食骚乱、抗税运动和革命三方面，对于17—19世纪的中国和西欧进行了非常细腻的对比，既揭示了这三种社会现象在中国和西欧社会的共存，又深入到这两个社会的内部，去探讨其不同的发生机制和运作逻辑。从而说明，中国和西欧的历史并不是泾渭分明的各自发展，而是有许多相似之处，但这种相似之处又因为处于不同的社会架构和发展机制中，从而使两个社会走上了彼此相异的历史道路。①

杰克·戈德斯通主要从文化的角度阐释了东西方历史的分野。他认为：经济成长方式的变化并不取决于资源的获取，而是取决于能源的利用，尤其是将能源“聚集”（concentration）起来并加以利用的技术。西欧通过发明蒸汽机实现了这种技术突破，但这种技术革新与整个经济、社会和文化环境之间的关系却十分复杂，既有着不可否认的关联，又存在着相当大的偶然性。从某种程度上说，它只是西欧历史发展的一个“反常的支流”（unusual stream of development）。既然经济成长方式转变与社会和文化没有必然联系，那么发展和繁荣也并不应该专属于“现代”或“西方”，历史上许多文明和国家都经历过可以被称之为“勃兴”（efflorescence）的阶段。这个阶段往往会伴随经济的富足、文化的整合和制度架构的创新，全盛时期的清朝就处于这样一个阶段。然而这样一种发展却并不一定是可持续的，因为“勃兴”所带来的制度均衡和路径依赖往往会限制进一步的重组和调适。

万志英主要从事货币与全球化研究，但他更倾向于从区域社会的视角切入。他考察了江南地区和岭南地区对于白银的需求，以及这些

① 吴承明、李伯重曾为该书做过精辟而深刻的述评，参见吴承明《中西历史比较研究的新思维》，《读书》，1998年第12期；李伯重《“相看两不厌”——王国斌<转变的中国：历史变迁与欧洲经验的局险>评介》，《史学理论研究》，2000年第2期。

各不相同的区域市场对不同种类和规格的白银货币的选择，从而说明：在17世纪时，中国许多区域市场已经与一个新的全球经济体对接起来，而对一个新的全球经济体的认识，也必须充分考虑各区域市场，尤其是亚洲区域市场的需求变动。

总而言之，“加州学派”是不同国别、不同研究领域、不同方法论背景的学者的聚合，他们既分享着建立社会经济史研究新范式的整体诉求，又各自发掘着独特的研究思路，这使得该学派的研究成果日益丰富和生动。

二、国内学界对于“加州学派”的理解和误解

国内学界对于“加州学派”的译介虽然只是近几年来的事，但其学说却很快为相当多的国内学人所了解。但同样显而易见的是，国内学界对于“加州学派”的态度始终显得非常暧昧，即一方面为“加州学派”新颖的观点和方法论所吸引，另一方面在许多问题上又似乎很难与其达成共识。当然，在对“加州学派”的批评和质疑中，不乏深刻而敏锐的洞察，但一些理解的偏颇和概念的误判也同样有待澄清。

首先，“加州学派”关注中国研究并不等于构建“中国中心论”，相反是要在一个更为宏大的全球视角中看待中国问题，重新估量中国在一个新的世界经济体系中的地位。

“加州学派”虽然钟情于中国研究，但在相关的学术论著中，几乎所有作者都极力避免使研究囿于一时一地的特殊经验，他们笔下的中国实际上都拥有一个以全球为视野的参照系。在这个参照系中，中国经验是检验外部世界的标准，外部世界发生的一切也是检验中国的标准。这种方法的优势在于：在以欧洲为标准的历史比较中，我们往往更容易看到中国与欧洲的差异，以及中国相对于西方的“劣势”。而这种互为主体的双向对比，却使我们看到了前近代中国与欧洲的诸多相似之处，甚至看到了中国独特的优势之所在。

比如农业劳动生产率的问题，明清时期的小农家庭经营往往会给人效率低下、结构脆弱的印象，但在中西互为主体的比较之中，研究者会发现，当时欧洲的一些地区也面临着收成不稳定、产出有限的情况。又如人口控制的问题，双向的比较会让人们认识到，中国并非缺乏有效的人口控制机制，只是控制的方式与欧洲大有不同。当然，这并不意味着将中国与欧洲的历史拉平，也并不是暗指共同的问题就不是问题，而是促使我们去重新思考，以前一直视为“特殊”的一些经验究竟在何种意义、何种程度上是特殊的？在将历史焦距拉长拉宽的情况下，我们对那些曾经被认为阻碍或推进现代化发展的因素，是否还会产生相同的观感？在一个对于中国和世界进行双向对比的视角中，以前基于“西方中心”或“中国中心”的前提所做出的结论，究竟在多大程度上需要重新评估？

王毅曾将“加州学派”与国内老一辈的经济史学家进行比较，认为“加州学派”“没能深入到历史发展的脉络之中”。殊不知，这样的批判是应当有前提的。深入体察历史发展的逻辑自然至关重要，“加州学派”一些学者基于二手资料甚至是意识形态的倾向所得出的结论，的确给人以隔靴搔痒之感。但如果仅仅纠缠于理解中国经验方面的偏差，而忽略了“加州学派”超出于中国之外的研究视角和问题意识，则无异于以己之长，攻人之短，对于国内学界研究方法的转换和新的学术增长点的发掘并无裨益。而且，不同时代的学者使用不同的材料，运用不同的研究方法，也有着不同的理论和现实诉求，前辈学者在他们所拥有的条件下取得了杰出的成就，这是后来的研究者必须尊重的。但如果以此作为不可变易的研究范式，则无异于刻舟求剑。

其次，强调中国经济曾经有过的发展，不是暗指中西最终会走上相同的道路，而是要去除一种“脸谱化”的中西二元对立，从而揭示出中国历史独特的发展逻辑。

对清代中国经济社会的高度评价，是“加州学派”受到国内学界质疑最多的地方。然而，这种质疑似乎又可以分为两类。

一类是依据前沿的社会科学理论和坚实的实证研究所提出的，这类学术论著往往十分敏锐地指出“加州学派”在理论取向和实证研究方面的诸多问题，为我们恰如其分地评价“加州学派”提供了非常有价值的参考；另一类则是来自于人们心目中长期以来形成的对于中国历史的看法。这种看法深植于“现代化”的历史语境，在近百年来历次以“自强”和“现代化”为号召的历史潮流之中不断被强化，其最主要的特征就是将“现代性”作为人类历史终极的归宿。因此“传统”被抽象为“现代”的对立物，“现代性”到来之前的“中国”则被抽象为“西方”的对立物。于是，前近代的中国就被描述为经济低迷、文化保守、制度建设滞后等。[①] 虽然在“文革”结束之后，中国社会经济史学界就已经开始对传统经济的特点及其现代化道路做全面的再认识，封建社会经济结构、小农经济、商品经济和传统市场等问题都引起了学者们的关注，但是这种由来已久的思想倾向仍然或隐或显地存在着，并不同程度地影响着研究者们对于前近代中国经济和社会的观感。

这样一来，中国学界与“加州学派”之间就形成了一种既亲和又疏离的关系。一方面，“加州学派”之所以能够进入中国学者的视野，在很大程度上是因为其问题意识和具体结论与 20 世纪 80 年代后的国内社会经济史研究确有诸多暗合之处；而另一方面，国内学界对于“加州学派”的质疑，除了实证研究的分歧外，一个很重要的原因也在于，国内学者（或者说是接受了“传统—现代”二元预设的学者）在看待中国历史的方式上与“加州学派”有所不同。

① 这里只是叙述近百年来一种具有普遍性的思想倾向，并不是说所有持这种观点的研究成果都一定是基于一种先入之见，先辈学者严谨的治学态度，深邃的历史洞察力令我深感叹服，他们对于前近代中国的许我评价都非常中肯。但是学术研究总是不能避免被打上时代的底色，即使是最优秀的学术成果，我们也应该谨慎地辨识，哪些是能历经各个时代的不易之论，哪些是由特定的时代附加于其上的，以尽量做到既避免保守又避免虚无。

除了具体结论外，一些学人对于“加州学派”的整体诉求也存在着先入为主的误读。如黄宗智（Philip C. C. Huang）曾批评“加州学派”“用市场经济来连贯灿烂的18世纪中国和改革开放后的中国，凭此打造一个用市场经济推动的非常强大的中国的前景”。然而实际上，“加州学派”的终极目标既不是构建一个“灿烂的18世纪中国”，也不是用历史上的经济发展来影射一个美好的未来，而是探求一种更具包容力的解释框架，既能正视中国经济在历史上曾经有过的发展，又能十分恰当地界定这种发展所能达到的限度。

为此，“加州学派”引入了“斯密型成长”的概念。这是一个张力很大的概念，它区分了不同类型、不同层次的经济发展，从而一方面使研究者们可以更加清晰地认识和评估前近代中国经济所取得的成就；另一方面，通过对不同国家经济发展历程的对比，又揭示出这种成就难以预料的前景，划清了前近代经济发展与近代经济转型之间的界限。这实际上提供了一套更加细腻的评判标准，在其指引之下，研究者不再拘泥于“传统还是近代，发展还是不发展”这种二元对立，而是在共同的发展之中区分不同的动力机制，在非西方国家的历史中寻找有别于“现代化”的多元取向。这样，各个国家经济和历史的独特发展逻辑就逐渐显现出来。而这种“大胆推翻成见，小心自我约束”的历史叙述也正是“加州学派”的匠心独运之处。

另外，在“加州学派”的大部分论著中，作者都本着严肃的学术态度，十分谨慎地把他们的结论限制在前近代中国的时空范畴内，如李伯重曾深入地批驳美国学者黄宗智的“过密型增长”理论，但却非常明确地指出，他所要论证的只是这一理论“不适用于明清江南农村经济史研究”。当然，在充分实证研究的基础上，“加州学派”学者也并不回避用其结论关照现实，如李中清、王丰在《人类的四分之一：马尔萨斯的神话与中国的现实》一书中，就追溯了“中国过去存在的人口体系留给当代的遗产”，探讨了中国历史上的人口控制机制与当代人口增长和计划生育政策之间的微妙关联。但作者并不是站在“直线发展”的立场上论述这个问题的，他们既看到中国历史上的集体机制使人口得到控制的一面，又看到20世纪五六十年代中国人口在新的集体机制下失控的一面；他们既承认就人口控制问题而言，历史与现实是无法割断的，但是又十分关注这个历史脉络之间的各种干扰因素，极力避免将这种关联绝对化。

实际上，几乎每一个社会的历史与现实之间都是血脉相连的，在“加州学派”之前，国内学界也普遍采用这种思维方式来探讨中国的历史。因此，简单地以“连贯18世纪的中国与改革开放之后的中国”来指责“加州学派”是有失偏颇的，我们似乎更应该关注，“加州学派”的学者在阐述些问题的时候是否小心地把握了论证的分寸，是否恰如其分地约束了其结论适用的边界？

最后，“加州学派”只是一个由研究领域相互交叉，研究旨趣比较接近的学者组成的学术群体，它已经取得的研究成果是多元化的，它未来的发展也尚未确定。因此，不能依据“加州学派”个别学者或部分学者的观点而轻易对其整体进行褒贬评说。

从“加州学派”的组成来看，目前为国内学界所熟知的只是该学派的一部分学者，如李中清、王国斌、彭慕兰、李伯重、安德鲁•贡德•弗兰克等，他们的论文和著作在近年来陆续以中文形式发表，并产生了巨大反响。但除此之外，还有相当一部分“加州学派”学者有待为中国学界所了解，如杰克•戈德斯通、万志英、王丰、康文林、丹尼斯•弗莱恩、阿瑟•杰拉尔德、马立博、杰克•古迪、阿布–卢格霍德等。

从目前以中文形式出版的“加州学派”论著而言，其研究的时段大体集中在15—19世纪，即与近代经济转型密切相关的一个历史时期；其研究对象集中在市场、生态、生产力、货币、人口等几个方面；其整体架构大多采用了宏观视角的中西比较。然而，不同的研究取向也并不罕见，如李中清、王丰的《人类的四分之一：马尔萨斯的神话与中国的现实》就从1700年一直延伸到2000年；王国斌的《转变的中国：历史变迁与欧洲经验的局限》一书，用大半的篇幅阐述政治体制、阶层分化、社会关系等因素对于经济近代转型的影响。而在那些尚未被译介到国内的论著中，不同的研究取向更比比皆是：如杰克·戈德斯通非常强调文化差异对于中西历史分野的影响，万志英和马立博虽然研究领域不同，但都选择了微观的区域视角，社会人类学的方法在其论著中时时有所体现。

另外，即使在同一个问题上，不同学者之间的分歧也十分明显。如同是对于世界体系的研究，阿布·卢格霍德认为现代世界体系的形成可以上溯到13世纪；安德鲁·贡德·弗兰克则认为对于“现代世界体系”进行界定是没有必要的，因为世界自始至终都处于一个体系之中。而丹尼斯·弗莱恩和阿瑟·杰拉尔德则将1571年马尼拉城建立作为现代世界体系的开始。虽然从表面来看，他们之间的分歧只是时间早晚的问题，但其背后隐含的却是不同学者对于“世界体系”这一概念的不同界定以及对于相同史实的不同评判标准。

又如彭慕兰在《大分流：中国、欧洲与近代世界经济的形成》一书中提出，美洲新大陆的发现和英国煤矿便利的地理位置，是欧洲得以实现经济近代转型的决定性因素。而杰克·戈德斯通则持不同意见，在《现代的经济增长与勃兴：对于“西方崛起”与工业革命的重新思考》一文中，他逐一反驳了彭慕兰的论据，并提出经济成长方式的变化并不取决于资源的获取，而是取决于能源的利用，尤其是将能源“聚集”（concentration）起来并加以利用的技术。而对于彭慕兰和杰克·戈德斯通的“单一因素决定论”，王国斌似乎也不能赞同，在《转变的中国：历史变迁与欧洲经验的局限》一书中，他全面地追溯了围绕着中西历史分野的经济、政治和社会文化等种种因素，其整部著作似乎都致力于再现一个宏大的经济社会生态，而非去探寻某一方面或某几方面的“决定性因素”。

另外，“加州学派”学者的研究方法和著述风格也各有千秋。弗兰克被形容为“激情的吹鼓手”，在他的著作中，似乎对于意识形态的强调大过对学术规范的秉持；王国斌、李伯重、彭慕兰等学者则体现出明显的历史学学术背景，但相比而言，王国斌细腻缜密，李伯重严谨扎实，彭慕兰思维灵动却似乎稍显偏颇；而李中清、王丰、康文林对于统计学、社会学、人口学方法的娴熟运用，使其著作更像是社会科学作品，对于习惯了史学方法的读者来说，或许会略显滞碍。

由此可见，就目前而言，要对于“加州学派”下一个整体的结论还为时过早。中国学界似乎应该更加全面地了解其学说和论著，并静待其未来的发展。

三、对于“加州学派”现有研究成果之几点意见

第一，“加州学派”许多学者的研究重心都集中在15—19世纪，使读者们很难看到前近代种种经济社会征象的来源和归宿。

虽然对于15—19世纪的强调，是服务于“加州学派”探讨中西方近代经济转型的总体诉求，但是历史学总是讲求时空脉络的构建。将15—19世纪单独剥离出来，不免使人产生“悬空”之感。在中国前近代经济社会研究方面，“加州学派”的确发掘出许多巧妙的视角和新颖的结论，读之使人耳目一新，备感振奋。但每每读至近代转型开始，也就是原本携手同行的中国和欧洲逐渐分道扬镳时，论述便戛然而止。使人不禁疑惑，前近代中国在经济和社会方面的种种发展，究竟都走向了何方？近代中国与前近代中国之间的承继和断裂究竟体现在何处？或许正是由于对这个问题的解答不够彻底，使得“加州学派”的观点屡屡受到质疑。因为“加州学派”虽然展示了一幅发展中的前近代中国图景，而人们更加感同身受的却是近代中国经济的衰退和社会的涣散，在经验上很难将这两种截然不同的历史境遇拼接在一起。因此，如果不在近代中国和前近代中国之间搭起实证研究的桥梁，“加

州学派”的学说总是会显得意犹未尽。

第二，宏大的历史视角和单因素的比较使“加州学派”的历史叙述显得比较粗糙。

“加州学派”目前影响较大的重量级著作，大多是对于前近代的中国和欧洲进行纵深的对比。在一个如此庞大的框架内，要对经济社会的各个方面进行细致入微的描述是不可能的，比较现实的处理方法是选取一些因素进行双向比较。然而，问题在于，一个运作着的经济社会机制绝不会是各种因素的简单叠加。各种因素之间的相互作用和此消彼长，往往也会使经济社会机制的运作产生很大变异。而目前“加州学派”的许多论著就没能很好地解决这一问题。

如王国斌在《转变的中国：历史变迁与欧洲经验的局限》上编中，对于明清时期中国和近代早期欧洲的农村家庭手工业、人口行为、企业组织、能源利用、市场整合等诸多方面进行了比较，但对于这些经济因素怎样影响了经济人的抉择，这些经济因素之间怎样相互作用从而形成一个独特的经济生态，却涉及较少。以农村家庭手工业和商品市场的关系为例：在前近代的中国和欧洲都存在这样一对关系，但这种关系的具体表征，以及构成这一关系的两个因素是怎样分合消长的，中国的情况和欧洲的情况恐怕就会有很明显的差异。

但正如上文所提到，目前“加州学派”的一些学者已经开始用中时段的区域研究，以及社会人类学的“深描”手法，来弥补宏大叙事的不足。如马立博对于19世纪中期岭南地区社会生态史的研究，即展现了在严峻的生态危机面前，制度、技术和社会组织是怎样相互调适，最终形成一种新的经济社会运作逻辑；万志英对于明清之际江南地区五通神信仰的研究，则考察了政局变动、货币制度、经济环境、生活水平、民众心理等诸多因素是怎样相互交织、相互激荡，最后使得“五通”这个边缘的神祇变成民间广为尊奉的“五路财神”。这种研究取向或许会成为未来“加州学派”的一个发展趋势。

第三，新的研究范式能不能置换已有的研究结论？

“加州学派”一直以来致力于研究范式的转换，他们的社会经济史研究强调世界经济体系对于各国家和地区的影响，强调民间自生自发的社会经济秩序，强调生产力、生态、人口等对现实社会经济带来直接影响的因素。这与以往围绕着政治制度和生产关系而进行的社会经济史研究有很大区别。以白银贸易为例，加州学派的学者往往将其作为中国经济与世界经济体系对接的标志，同时也是度量国内商品经济发展程度的重要指标。而传统的具有强烈政治经济学色彩的社会经济史研究则认为，明清时期中国白银的流动是受控于国家贡赋体制和“权力资本”的，并不能真正反映民间经济的活跃程度以及中国经济与世界经济之间长期而稳定的关系。

今天看起来，这两种情况在当时都十分常见，简单地用一方来置换另一方都是有失偏颇的。更中肯的做法似乎是去探讨这两种不同的趋势在特定的社会经济条件下是怎样此消彼长的？在哪一些区域、哪一些时段、哪一些领域容易滋生“权力资本”？哪一些区域、哪一些时段、哪一些领域较有利于“市场经济”的生发？当“权力资本”与“市场经济”遭遇时，二者是怎样彼此抗衡最后达成一种比较稳定的态势的？因为历史学毕竟是一门注重材料的学科，所谓“研究范式”的更新并不意味着用新材料去覆盖旧材料，或者用一种新的历史诠释来推翻已有的历史诠释，而是在全面关注新材料和旧材料的情况下，确定怎样对历史进行更具包容力的读解。正如夏明方所说：

在人文社会科学领域，当我们在改宗一种新范式时，我们是不是应该更加谨慎地对待所谓的“旧范式”或“竞争性范式”，而并非断然宣布他们“不成立”“不适用”或已经过时了？我们是否应该更进一步地放大我们的学术胸襟，以更加包容的态度，认真对待由各种模式所各自关照到的明清中国印象，然后以一种批判的态度把它们整合成一个多元而统一的解释模式，从而完成中国经济史研究的一种新的

格式塔转换？[1]

结语

在一个学术派别日益成长之时对其进行学术史总结，实际上是一件非常危险的事情。因为其当下的发展正日甚一日，未来的取向还尚未确定，所以往往一说即成错。但抛开具体的结论不谈，“加州学派”实际上向我们提出了一个“书写什么样的中国历史”的问题。到目前为止，“加州学派”也并没有就此提出一个确切的答案。但当“加州学派”带着这个问题，以极具挑战性的姿态闯入中国学界的视野时，中国社会经济史研究的诸多方面都在或隐或显地改变着。实际上到目前为止，无论是在方法论上还是在对具体问题的结论上，中国学界和“加州学派”之间已经很难做出此疆彼界的截然划分。但我想在未来的研究进程中，这二者之间的关系应该是彼此交融、相互砥砺，而不是各行其道或相互覆盖。“加州学派”向我们展现了令人振奋的历史图景和新颖的理论方法，但中国本土的社会经济史研究传统也依然有它的价值。只有使这两种学术取向恰当而有分寸地结合，才能更有成效地推进中国社会经济史的研究。

（本文原刊载于《清华大学学报》（哲学社会科学版），2009年第1期，部分注释从略。）

① 夏明方《老问题与新方法：与时俱进的明清江南经济研究》，《天津社会科学》，2005年第5期。

舆地志

郭永钦（栏目编辑·广东外语外贸大学中国计量经济史研究中心）

中国历史地理学经历了从沿革地理转型为现代历史地理的发展轨迹，以谭其骧先生及其团队所作《中国历史地图集》为重要里程碑。此后又有《中国行政区划通史》多卷本、历史经济地理（农业、港口、贸易）、历史气候变迁等系列著作陆续问世。这些作品逐渐勾勒出不同因素在各历史时期的空间分布特征，都是读者作为基础知识应首先了解的，本篇不再选入。此外，近年来又涌现出一些兼具前瞻性及指导性的研究成果，结合了地理科学与社会科学，使该领域更具直观性、实用性。

区域与区域历史地理研究

鲁西奇

武汉大学历史系

“区域”（region）的观念与方法，可能起源于人们对于生存空间的功能性划分与边界限定。在西安半坡新石器时代遗址的北部居住区，中间有一条东西向的小沟，将居住区分成南、北两部分。虽然很难判定这条小沟是自然沟壑还是人工沟渠，但它确实分割了这个居住区，使它表现出两个小区的格局。在早期人类的生存空间里，居住区、墓地、陶器作坊等功能区一般分别开来，有着相对明确的划分；河边的采集种植地、山坡上放牧牛羊的草地以及山上可供打猎的树林，都构成了居住者生活生产的不同空间。而小河、河边的几棵树，山口的大石头、山峰、山坳，则可能标志着这个聚落生存空间的边界。在早期聚落人群的心目中，对这些区划、界线等，都可能有着清晰的认识与把握：人们用它们来描述自己的生存空间，界定自己生活与生产活动的范围，并把它们作为具有指示和限定作用的标识。

因此，“区域”既是人们看待并把握自己生存世界的方式，也是人们开展生产生活活动的“指示标”：人们据此到河边去采集、种植，到山坡去放牧牛羊，到山林里去打猎，走到山口的那块大石边就回来，绝不轻易渡过小河，也不为追赶受伤的猎物而越过山坳——“越界”可能会导致非常恶劣的后果，甚至是死亡。在这个意义上，“区域”观念与方法，源于人们认识、把握自己的生存空间，以及生活生产过程中的功能性分划，但它同时又成为人们认识并描述世界的基本方式，并构成了人们生产生活活动的基本结构。换言之，人们在“区域”里生存，用“区域”划分并描述世界，也同时被限定在“区域”里。

当然，即便是早期的人类，也不是为“活着”而“活着”的。我们可以想象，生活在山河里的一群人，也会仰望星空，去苦思冥想那个幽远深邃、有无数眼睛的世界；他们会死亡，死去亲人的尸骨就在山坡的墓地里，或者就在居住房屋的地下，他们的灵魂没有走远，就飘荡在河谷间。这样，人们就有了三个不同的世界：生活的那片河谷、天空以及河谷的“地下”或“空气”：河谷是“我们”生活着的，天上住着神明，地下住着祖先（他们也在河谷的空气中游荡）。这三个世界构成了人们认识、把握世界的三大区域，它们虽然有所交叉，但界线是大致分明的。天上、地上、地下的划分，可以看作是一种纵向维度的空间划分，它们同样构成不同层面的区域，并且在人们认识、把握世界的过程中发挥着重要作用。

可能出于偶然，也可能不得不然，人们走出自己生存的河谷地，来到山梁的另一边，见到了在另一片河谷里生存的另一群人。他们争夺、冲突，或者和平地来往，互为婚姻对象，都会产生“我者的区域”与“他者的区域”的区别与划分。人们不断地迁徙，或者扩大自己的生存空间，接触、往来、交流的人群越来越多，这就产生了具有不同人群与空间特征的区域。“我者的区域”与“他者的区域”的二元划分就越来越不适应人们的需要，从而逐步形成了越来越复杂的区域划分方法。较早也相对简单的区域划分方法是以“我们自己”为中心，根据不同空间单元与“我们”之间的“距离”，由近及远，从中心到边缘，依次划分出不同的区域。国、郊、牧、野或邑、郊、鄙、奠（甸）

的划分方法，以及《尚书·禹贡》所记“五服制”（甸服、侯服、绥服、要服、荒服）的划分方法，都是典型的“同心圆式”的区域划分方法。卜辞所见的四土、四至及诸方，则基本上可视为一种方格区划方式。《汉书·地理志》说：“昔在黄帝，作舟车以济不通，旁行天下，方制万里，画壄分州，得百里之国万区。是故《易》称‘先王建万国，亲诸侯’，《书》云‘协和万国’，此之谓也。尧遭洪水，褱山襄陵，天下分绝，为十二州，使禹治之。水土既平，更制九州，列五服，任土作贡。”“方制万里”，就是将“万里”疆域区划为若干“方”，以“方”划分并界定疆域。画壄，就是划定疆域内部的各区域，并确定其各自的界线。其中，一“方”也就相当于一个“百里之国”（这当然仅是一种模式化的表述），而一“州”则包括若干“方”，亦即若干“国”。显然，方、国、州都分别被假定为不同层次的方形区域。

众所周知，对已知地理空间的认识、描述与划分，导致了地理学的产生，而“区域”也就成为地理学最基本的观念与方法：从区域出发，将已知世界划分为若干区域，分别加以描述，比较其各自的异同，分析各个区域的特点，概括其共同性，乃是地理学最基本的任务，也是其基本的方法。所以，区域的观念与方法，是地理学用以观察、描述、分析世界的基本方法；地理学考察的主要特征就在于它是“区域”的，而且只能是“区域”的。这种表述包括三方面的内涵。

（1）区域是地理学研究的具体对象。虽然对于“区域”究竟在多大意义上可以视为一种客观存在，历来有不同的看法（虽然也不乏主张区域具有“绝对客观性”和“绝对主观性”的学者，但总的说来，大多数学者都调和其间，承认区域主要是一种主观观念，但也有一定的客观依据），但地理学者在具体的研究过程中，几乎无不选择特定的区域作为自己的研究对象，即使是“纯粹的”系统地理学研究者，也很少有可能研究某一地理要素在全世界的空间差异。

（2）区域是地理学家赖以认知、描绘、分析世界的基本工具和方法。自康德以来，区域乃是一种自然经济政治社会文化综合体的观念，早已深入人心。地理学家们普遍相信，任何一个区域的现象，都表现为密切联系的区域复合体，要想理解一个地区较之于其他地区的特征，必须观察、分析区域内的所有现象，并与不同地理单元的相同或相类指标进行比较。因此，区域综合遂被视为区域研究的基本方法和目标。地理学家的任务，就是要描绘出所研究区域的综合性知识，进而将这些区域综合的知识缀联起来，形成对世界整体的认识和描述，进而分析世界的总体结构及其特征。

（3）“区域特性”是地理学探讨的核心内容之一。对区域特性的探讨与揭示，是地理学形成、发展并具有社会意义的根源。关于区域独特性的问题，不同的地理学家的认识很不相同，但越来越多的地理学家相信：既然世界上的每个人都是独一无二的，那么，每个区域也是独一无二的；每个区域都具有或可能具有与众不同的特性，与“人”一样，其特性在很大程度上是本身历史的产物。区域研究的目标，就是要揭示这种特性，即“区域特性”。区域特性特别是区域的地理特性，构成了地理学实践的核心。

正是在承认区域及其特性乃是其本身历史的产物这一前提下，“区域历史地理研究”得以提出。在学理上，区域历史地理研究是区域地理学的历史回溯或“逆向延伸”，旨在探究区域特征形成的历史过程，分析区域特征是如何形成的，是试图“回到历史过程中”看区域特性的形成。任何一位严肃的地理学家，都不可能不考虑所研究区域的过去，探寻往日的踪迹。一个区域的特性特别是其文化特性必然在“时间过程”中才得以展现出来，忽略“时间性”的区域特性是不存在的。区域的“时间性”绝不仅仅是简单的纪年时间，而是有其丰富的内涵：首先是研究者的“时间性”，即研究者所处的特定历史阶段与文化情境；其次是研究区域人群的“时间性”，即生活在研究区域内的那些人群自身创造、发展其文化（广义的“文化”）的历史过程，以及他们对这一历史过程的描述；最后是所谓客观的“时间性”，亦即研究者假定尽可能地排除了自身及研究区域历史人群之主观性的、以纪年时间为基准排列的“客观”历史过程。

因此，区域历史地理研究的立场是非常明确的，那就是研究者自身所处时代的社会与文化，是站在“今人”的立场上，从“今天”的区域面貌及其特性出发，“回首”去看这种面貌与特性形成的历史过程。所以，区域历史地理研究的基本方法，乃是“回溯法”，或称“逆推法”，亦即“由今溯古”。其具体研究路径一般是：首先，由研究者所处时代的区域地理面貌出发，逐次向前推，根据研究的需要，选取不同的时间段，建立反映各不同时段区域面貌与特性的历史地理剖面（如研究秦巴山区的历史地理，就可以首先依据当代地理资料，理清21世纪初该地区的地理面貌与特征；然后向上回溯，逐次建立起20世纪80年代、50年代初、20世纪初、19世纪中叶、18世纪中叶、17世纪中叶等时间段的历史地理面貌及其特征）。然后，将不同时间段的历史地理面貌与特征加以比较，分析究竟哪些方面发生了变化、引起变化的原因或机制是什么，哪些因素并没有发生根本性的变化，这些相当稳定的因素意味着什么。这样，就可以理清该地区历史地理面貌及其特征演变的轨迹，描绘出各要素变化的曲线，明了其变化的内涵与意义。最后，将研究区域放在一个更大的地理空间范围内，或者将对研究区域历史地理过程及其特征的认识，置入于对广泛意义的历史地理过程及其一般特征认识的总体认识体系中，分析所研究区域的独特性与共同性，进而界定其地位与意义。

区域历史地理研究的出发点是区域地理，目标是理解、认识区域地理面貌及其特性的历史过程，所以，它在研究方法上，有很强的“地理性”和“科学性”。研究者一般会从区域自然地理条件入手，对区域自然资源条件、生态环境及其变迁、资源开发与经济发展以及区域人地关系系统及其演变等问题，展开深入细致的考察，其特点是强调科学方法的运用，特别是数量分析与模型分析，弱点则是在观念上以“物（地理事物）”为本，对区域民众缺乏关注，往往有“见地不见人”之失。这就要求研究者在“回溯过去”的过程中，需要尽可能充分地考虑历史时期区域居住人群的需求和立场，以他们的眼光描述、评价其生存区域的环境、面貌与特性，而不能单纯从“今人”特别是研究者的立场出发。这种观察视角的转换，在具体的研究中，是相当困难的，但唯有如此，才可能最大限度地去除观察者的主观性，去洞察、理解与“今人”相距遥远、内涵相异的历史文化及其所依存的区域。

（本文原刊于《中国社会科学报》2014 年 7 月 16 日第 621 期）

中国历史文化地理研究的核心问题

张伟然

复旦大学中国历史地理研究中心

文化地理理念进入中国历史地理的研究视野，作为一股潮流，是20世纪80年代以后的事。到目前为止，大体出现了三种研究进路：一种是像做专门史似的，做断代研究，如卢云的《汉晋文化地理》；第二种是就某一种文化现象展开分析，类似于部门地理研究，如周振鹤、游汝杰的《方言与中国文化》；还有一种是以区域为中心，就其历史文化的空间发展过程进行研究，目前这方面的成果最多，已经出版的有广东、湖南、湖北、陕西及西南等多种。

上述三种进路中，部门研究不成问题，反正就某一个文化要素与空间的关系深入下去就是；断代研究和区域研究则比较复杂——一个时代、一个地区那么多文化现象，到底该研究什么好呢？这个复杂说俗气一点大体相当于“文化是什么”的问题，可是不尽然。

很多人可能还记得在1983年曾引进一本台湾学者的作品，题名《中国文化地理》。那本书并没有什么高深的内容，也没有什么成系统的理论，只是传递了这么一个学术信息：原来“文化”也是可以“地理”的！真正给我们带来一整套理论的是稍后王恩涌先生的《文化地理学》，这本书在它正式出版之前就曾以油印本的形式流通过，在学术界产生了深远影响。它系统地介绍了美国学者发明的一套主题研究学说，将文化地理的研究内容定义为文化区、文化扩散、文化生态、文化整合以及文化景观五大主题。这套理论到目前为止在国内的文化地理学界仍占有无可撼动的统治地位。

这套主题研究的办法确实很有效。用它一套，一切现象都可以纳入文化地理学的研究领域。只是对于断代研究或区域研究来说，它不能从根本上解决问题。因为这套主题研究理论说到底只是一种方法论，并不具有本体论上的意义。如果从地理学的角度来看，历史地理中的断代研究也好，区域研究也好，实际上都属于区域地理，只是区域的尺度有所不同而已。区域地理有一个本质的要求便是它的综合性，即首先必须揭示区域内的整体面貌、主要特征，然后再就每一特征进行深入探讨，一切都须围绕着一个统一的目标。既然如此，对各种文化要素一视同仁、等量齐观是不行的，否则便只是特定区域内的部门地理或部门地理之和，而不是严格意义上的区域地理。

与人文地理其他分支相比，文化地理有一个很突出的特点：与历史的关系特别紧密。因为文化之所以成其为文化，就在于它已成为一个传统。与历史不怎么有关的文化现象当然也是有的，但地理学者仍较多地关注其中的差异性，而这差异性的形成仍与其历史传统有关。在东西方不同的文化传统中，对文化地域差异的思考是大相径庭的。在中国，“文化”包含着价值判断，它意味着某种发展程度。一提起文化的地域差异，人们意识中呈现的首先便是“别华夷”；设若都是王化同风，那便要比较文化发展水平的高下，诸如各地所出文化人物的多少，在政治、经济、文化各方面所占地位如何，等等。此外，虽然也会注意到乡俗的不同，所谓“十里不同风、百里不同俗”，但往往也要评骘其美恶，如祠祀有正、淫，方音有正、讹，风有淳、漓，地有善、互，都是同一观念的逻辑延伸。

而在西方，“文化”更多地意味着某种独特的生活方式；由于缺乏可资共享的价值体系，审视文化的地域差异主要在于类型的区别，如语言、宗教，各地的文化形态从谱系上可以分出亲疏远近，却无法评判其高下优劣。

这两种理念反映到文化地理学中，便是关注的内容迥然不同。20世纪80年代以来，从国外引进的文化地理学都是探讨各地的文化面貌，而从新中国成立前起我们一直有一个本土的传统，便是关注各地文化发展水平的差异，诸如各地所出文化人物的多少等。这两种理念在当今的历史文化地理研究中都有深远影响，却一直没有人理顺它们之间的关系。对于后者，有人名之曰学术地理，有人称之为教育地理、人物地理等，不一而足，至于它与方言地理、宗教地理等前者范畴内各种文化现象之间的关系，则不知所措。

我个人认为，可以将“文化水平”和“文化面貌”作为中国历史文化地理研究的两个核心问题。前者可以设定指标体系进行量化分析，如文化人物、文化成果、文化设施等；后者则主要讨论其区域分异，诸如方言、宗教、风俗之类。这两个问题原本就具有不同的目标，因而其资料的获取、处理手段及问题的展开方式也就具有不同的价值取向。从这一点出发，也许可以为中国历史文化地理的研究建立一些核心的学术概念。

提出这样一种考虑，我并不是想以此来限制历史文化地理研究的创新，恰恰相反，我希望它为历史文化地理的进一步创新铺平道路。目前我们需要做的工作还很多，不妨说，这一领域目前仍处于初辟的阶段。将来除了在具体的研究技术方面需要持续推陈出新，还有一些方向性问题值得我们不断警醒。

一是应密切关注相关学科的进展。这是交叉学科研究具备足够水准的基本保证。按照以前的讲法，历史文化地理是一个由历史、文化、地理三个学科相互交叉而形成的研究领域，很多人以为即便其中一个方面行不通，剩余的那两个方面或许还可以行得通。譬如说，假如历史不行，出来的总归还是文化地理；对地理缺乏了解，也许还可以算文化史。而对文化本身知之不多，仍不妨视之为历史地理。我们必须郑重强调，这种想法是不可能成立的。历史文化地理实际上是一个由历史、文化、地理三个坐标轴构建而成的三维研究领域。也就是说，它必须同时在历史、文化、地理三个坐标轴上具备相应的知识储备，缺乏任一坐标轴的支撑，这一空间都不可能建立。

二是应注意从资料中提出问题。一般说来，做研究的程序大体有两类，一种是命题作文，即先有问题而后展开研究；另一类正好相反，是先有资料、然后从中提炼出问题，再加以分析、讨论。前一种做法当然是多数，但就历史文化地理而言，具体操作起来往往很难。要害的问题便是资料，个中苦衷往往是其他领域、其他专题研究所难以想象的。首先是资料的分布极度零散。除了宗教的资料有些相对较为集中之外，其他大多是散布在各种古籍中的只言片语，如果专为某一专题查找资料，有时简直不知从何处下手。正因如此，对资料的总量事先不可能有较为准确的估计。有些问题尽管本身非常重要，个人也可能有很好的逻辑构想，但如果最终缺乏足够的资料，一切努力都将是枉然。

偏偏历史地理学对于资料的要求特别高。一般情况下，做文化史研究的只要能展现文化发展的逻辑过程，对于资料的空间位置往往不需要特别在意。与之相仿，做文化地理研究的对于资料的空间分布非常敏感，对其时间相位却不在乎。而做历史地理研究需要将文化史和文化地理两种要求结合起来，它不仅要求展示时间变化，还要求能呈现空间差异，其受资料制约的情形可想而知。

考虑到这种处境，研究历史文化地理有时需要采用这样一种程序：首先带着有关理念将有关的史籍通阅一遍，将资料一网打尽。在此基础上，再按专题逐一展开研究。这样往往可以发现一些事先意想不到的问题。而这种问题或许只存在于那段时间的那一个地域。这显然是历史文化地理有以区别于现代文化地理的立足之处。

中国的现代科学基本上是西学东渐的结果，但也有不少领域在引进西方的理论之后,又从本土的经验事实出发进一步拓展了既有理论。目前我们的工作还很有限，但我们有自己独特的文化，有无与伦比的历史资料，希望有朝一日能从本土的历史文化地理研究中提炼出一些较有规模的问题和理论，为整体的文化地理学理论做出我们自己的贡献。

（本文原刊于《江汉论坛》2005 年第 1 期）

GIS 进入历史地理学研究 10 年回顾

潘　威　陕西师范大学西北历史环境与经济社会发展研究院
孙　涛　复旦大学中国历史地理研究中心
满志敏　复旦大学中国历史地理研究中心

历史不可能游离于地理空间之外，而构成地理空间的诸多要素则并非仅靠文字描述就能还原其面貌，已经逝去的地理现象必须依靠一些技术手段去模拟，再在其基础上进行分析探讨，进而审视不同空间尺度下的历史进程。在目前众多可借鉴的技术方法中，地理信息系统是相对最为理想的选择。GIS 目前已经是广泛应用于多个学科和研究领域内的一种方法或计算机系统，早已超出了地学领域本身，而是作为一种管理、分析多种具有空间属性的信息或数据的手段。历史地理学使用 GIS 的深度和广度尚很欠缺，这一现象已经为历史地理学界内所认识。但最近 10 年来，历史地理学已经开始具有自己特色的信息化、数字化之路，相信对过去 10 年此方向的总结和对未来的展望能促进本学科的信息化建设。需要特别指出的是，本文所评述的论文，都是将 GIS 作为一种研究方法，而不是仅仅作为展示手段，因此，一些文章并未被收入。

一、GIS 进入历史地理研究的过程

1. GIS：地理信息科学

Geographic Information System 和 Geographic Information Science 的简称都是 GIS，而本文所强调的是后者，作为一门独立学科的地理信息科学，后者是在前者基础上发展而来，当然也包含前者。20 世纪 40—50 年代尚处于电子管时代的第一代计算机就被试图用来管理地理空间数据——特别是地籍数据。1956 年，奥地利测绘部门首先利用电子计算机建立了地籍数据库，随后各国的土地测绘和管理部门都逐步发展土地信息系统（LIS）用于地籍管理。1963 年，加拿大测量学家 Tomlinson 首先提出了地理信息（Geographical Information）这一术语，并于 1971 年基于集成电路计算机（第三代计算机）建立了世界上第一个地理信息系统——加拿大地理信息系统（CGIS），用于自然资源的管理和规划。稍后，美国哈佛大学研究出 SYMAP 系统软件，以计算机辅助绘制各类地图。由于当时计算机水平的限制，使得 GIS 趋向于一种计算机管理手段和辅助制图（CAD）手段，尚未应用于地学研究。

“地理信息科学”这一概念是 Goodchild 在其代表著作《*Geographic Information System Science*》中正式提出。Michael Frank Goodchild 是美国科学院唯一的一位地理信息科学院士，ESRI 终身成就奖得主，美国国家地理信息与分析中心（NCGIA）创始人。Goodchild 具有优秀的数学和计算机能力，当与其同时代的学者尚沉迷于地理信息系统带来的精美专题地图或困惑于复杂的海量空间数据计算时，Goodchild 的思维已经跳出将 GIS 定义为计算机系统的条框，而将地理信息的不确定性、地理现象的空间分析方法、空间模型构建等一系列问题提升到科学的层次去审视，为 GIS 的进一步发展指明了方向。自此之后，制图功能被强化的同时，更加专注于空间模型的建立和分析。与地理信息系统相比，它更加侧重于将地理信息视为一门科学，而不仅仅是一门技术，主要在应用计算机技术对地理信息进行处理、存储、提取以及管理和分析过程

中提出的一系列基本问题，地理信息科学在对地理信息技术研究的同时，还指出了支撑地理信息技术发展的基础理论研究的重要性。

2. 拓荒：引入 GIS

作为 GIS 一支的遥感技术（RS）被应用于历史时期的古河道、古城研究在 20 世纪 80 年代就已开始，但这些研究并不能算真正意义上将 GIS 引入历史地理学。首先，历史地理最为强调的历史文献在此类研究中并未被系统使用；其次，此类研究实际更关心的是地表现状，而古河道、古城究竟为哪朝哪代、为何湮废等历史地理学所关心的核心问题，则并非这类研究的对象，也并非其学科所长。历史自然地理是历史地理学的传统研究领域，其一方面继承了舆地学的河道沿革传统，另一方面也接受了地理学环境变迁研究的思想，在历史地理的各主要分支中与地理学的“亲缘”关系最为靠近，对地理学研究手段的变化相对其他方向要敏感，因此历史自然地理首先尝试了 GIS 与历史文献记录相结合。在这一进程中，复旦大学中国历史地理研究中心的满志敏起到了拓荒者的作用，也是目前学界公认的此方面权威，其许多想法（包括某些尚未实现的）在今后相当长的一段时间内仍将处于前沿地位。但在当时，历史地理学界内的 GIS 普及程度基本处于空白。直到 20 世纪末，历史地理学界对地理信息系统的认识还比较模糊，虽然当时的地理学界已经迅速将 3S 技术应用到多个分支中，但历史地理业内的图形工作普遍停留在为论文配置手工插图的阶段，很多论文甚至不需要借助图形就能进行恰当的表达。可以说，满志敏是在一个毫无前期理论探讨和必要实验的基础上开始了中国历史地理的信息化工作，其艰难程度可想而知。

2000 年满志敏《光绪三年北方大旱的气候背景》[①] 刊出，这篇论文应该被视为 GIS 进入历史地理研究的里程碑，所使用的 GIS 是具有

① 满志敏：《光绪三年北方大旱的气候背景》，《复旦学报》（哲学社会科学版），2000 年第 6 期，第 28—35 页。

"文献爬梳→数据提取→空间模型建立→分析"的一整套工作方法。作者在文章中将光绪三年（1877 年）山西、直隶两省分县旱情进行指数化处理，所用指标是遭灾村落数量，使用 Mapinfo 的专题制图功能和空间数据插补功能展现了晋直两省在干旱程度上的空间差异，根据重建出的旱灾情况专题地图可以判断出若干个干旱中心的位置和持续时间,而灾情指数的空间差异成为推断当时的降雨带推移的主要依据。

在历史气候研究中，将历史文献中的冷暖干湿记录进行量化处理是一种必须使用的方法，而极端年份的探讨则已经进入天气过程的研究，降雨带与旱灾范围的空间差异是必须首先明确的现象，否则难以解释干旱发生的天气系统背景。而如何将这种空间差异呈现出来呢？则必须依靠选取适当的代用指标，通过代用指标的差异模拟旱涝灾害的差异。光绪三年华北大旱的区域差异性在多份官员奏报所开列的收成分数、成灾分数等记录中已经有所反映，但这些记录在空间上分布很不均匀，缺乏均一性，因此只能作为定性判断的依据而不能支持定量的分析。另一份存在于奏报中的数据引起了作者的注意——受灾村庄数量，这一指标很好地表现了各县的受灾程度，更重要的是其均一性是所见资料中最好的，因此作者基于受灾村庄数量（结合 Kriging 插值法）构建了光绪三年（1877 年）直隶、山西两省连续性的受灾空间格局（见图 1）。

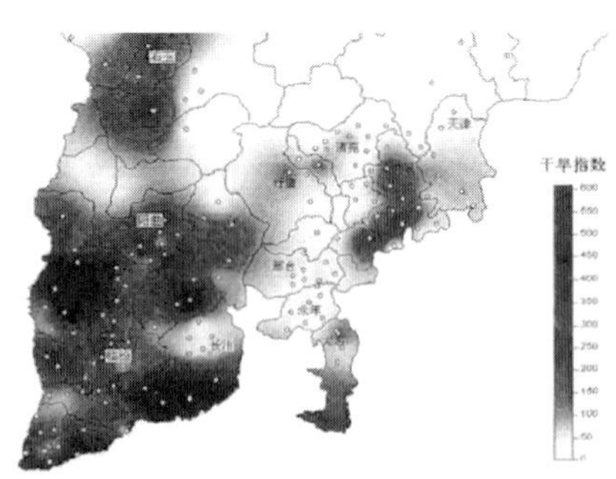

图 1 光绪三年直隶和山西旱情指数分布图

（引自满志敏《光绪三年北方大旱的气候背景》）

但之后的发展却有些出乎意料，从以上论述中已经可以发现，满志敏最初将 GIS 引入本学科时起点并不低，GIS 已经作为基于历史文献记录来构建专题空间模型，进而模拟出一种历史时期的地理现象，绝不仅是单纯的 CAD 工具，但给人印象最为深刻的似乎只是用专题地图所表现的直隶山西旱情，似乎只有一种之前未在历史地理学界内使用的新技术本身引起了反响，而技术背后的一系列思考和技术之上的一系列判断并未引起应有的注意。之后，历史地理学界内对 GIS 的使用仅仅是把制作示意图的工具由纸笔变成了计算机，实际上直到现在，学界内对 GIS 的认识普遍还专注于绘图，而对于 GIS 可能对历史地理研究理念和方法产生影响的思考并不深刻。

二、探索

1. 作为一种研究手段的 GIS

将 GIS 作为一种研究手段目前（及今后较长时间内）仍处于探索阶段，一方面受制于学科人员知识结构，另一方面受制于历史文献记录本身难以量化，同时，历史地理学界的 GIS 不能将地理学界和地理信息学界内的方法简单照搬，而是要结合具体研究问题修正已有方法，这几方面情况导致探索进程不会太快。

2007 年，满志敏《北宋京东故道流路问题的研究》提出了多源资料方法在历史地貌中的应用，为高精度的历史河流地貌研究提供了范式，也为历史地理研究对象的矢量化数据生产树立了典范。[①]2008 年，满志敏发表了《小区域研究的信息化：数据架构及模型》[②]，将“格网（Grid）”理念引入了历史地理学，这为 GIS 进入历史地理学的核

---

① 满志敏：《北宋京东故道流路问题的研究》，《历史地理》（第 22 辑），（上海）上海人民出版社，第 1—9 页。

② 满志敏：《小区域研究的信息化——数据架构及模型》，《中国历史地理论丛》，2008 年第 2 辑，第 1—10 页。

心问题——历史时期人地关系研究和区域研究提供了一套新的研究思想和研究手段。要形成对此篇论文意义的认识，还必须从历史地理学界内的“区域”概念及研究手段谈起。“区域”是地理学的核心思想，也是近代地理学的重要成就。德国地理学家赫特纳（Alfred Hettner）是近代地理学区域学派的奠基人，其主要思想在于将地理现象和事物的空间分布和变化作为地理学研究的主要问题。20 世纪 40 年代美国学者哈特向（Richard Hartshorne）是此方面集大成者，但其不承认地理学的科学属性，而认为地理学的主要作用在于“描述区域之间的差异性”，因此也称为地志学派[①]。从赫特纳到哈特向，综合性和差异性始终是“区域”的两个最基本特征，这一思想直到今日仍是历史地理学界内的主要理论思想源头。鲁西奇分别在 1996 年和 1999 年发表了《历史地理研究中的“区域”问题》和《再论历史地理研究中的“区域”问题》，强调了通过建立“历史地理剖面”来重建“历史地理过程”的重要性，这体现了历史地理学者对区域演化过程在揭示历史进程中重要性的认知，当然这一认知的实现可以依靠多种途径，并以多种方法呈现给学界，GIS 支持下的区域面貌复原只是众多途径之一，但它在串联多个历史时间断面和容纳多种自然－人文要素中具有更大优势。（见图 2）

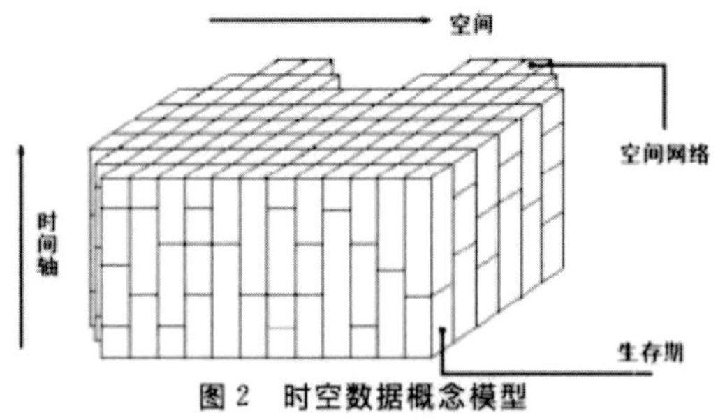

图 2　时空数据概念模型

（引自满志敏《小区域研究的信息化：数据架构及模型》）

但要将这一优势转化为具体的研究成果则首先要选择合适的空间

① ［美］理查德·哈特向著，黎樵译：《地理学性质的透视》，（上海）商务印书馆，1963 年。

模型，格网体系（Grid）是目前地理学界用来进行空间数据标准化处理的主要方式之一。满志敏认为，在小区域尺度上，数据的连续性与标准化非常重要，是空间结构存在的基础，而“格网”具有容纳多源数据并将其标准化处理的优势符合对数据连续性与标准化的要求，这为揭示地表覆盖的空间形态带来了很大便利。[①] 林珊珊、郑景云、何凡能在《中国传统农区历史耕地数据网格化方法》[②] 中建立了1820年（清嘉庆二十五年）中国传统农耕区（大致相当于季风气候区）耕地数据的60km×60km网格体系，网格体系中选取了海拔高度、坡度、人口分布、耕地面积等因子，将历史政区土地数据转为标准化数据。2007年、2010年，潘威和满志敏重建了长江口南支冲淤状况（1861—1953年）[③] 和青浦区河网密度变化（1915—1978年）[④]，这两篇文章可以说是对格网体系在历史自然地理研究中的两个试验，显示了GIS方法在处理近代海图和地形图中的优势，也初步显示了格网体系在构建区域变化过程中的作用。当然，这两项研究尚没有达到多种地理要素综合的层次，但在其基础上可以引入多种人文—经济地理要素，在格网体系搭建的平台上实现区域的综合，借以达到学界对区域综合的追求。

近几年来，GIS技术支持下进行高精度的河流和聚落研究取得了一些进展，近百年前上海地区的河网面貌、市区道路体系和自然村都有所复原，这为我们研究长江三角洲的地表覆盖过程提供了很好的基础性数据。由于这些数据在产生过程中使用了相同的空间基础数据，使得在其基础上进行“网格化”处理就非常便利，而容纳了聚落、水面、

---

① 张永生，贲进：《地球空间信息球面离散网络——理论、算法及应用》，（北京）科学出版社，2007年4月第1版。

② 林珊珊、郑景云、何凡能：《中国传统农区历史耕地数据网格化方法》，《地理学报》，2008年第1期，第83—92页。

③ 潘威：《1861—1953年长江口南支冲淤状况重建及相关问题研究》，《中国历史地理论丛》，2009年第1辑，第22—28页。

④ 潘威、满志敏：《大河三角洲历史河网密度格网化重建方法——以上海市青浦区1918—1978年为研究范围》，《中国历史地理论丛》，2010年第2辑，第1—15页。

道路、地形、耕地等要素的“格网”会呈现上海地区各地表要素之间的变化关系。同时，也为历史地理学成果为其他学科，特别是相关地学分支利用提供了极大便利。

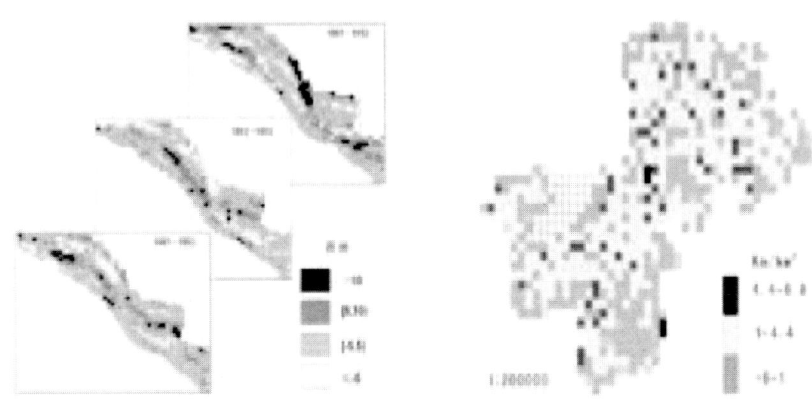

图 3 网格方法在历史地理研究中的两个试验

（左图引自潘威：《1861—1953 年长江口南支冲淤状况重建及相关问题研究》；右图引自潘威、满志敏：《大河三角洲历史河网密度网格化重建方法——以上海市青浦区 1918-1978 年为研究范围）

2. 历史地理信息系统建设

目前，历史地理学界内相对最为成熟的 GIS 成果当首推中国历史地理信息系统，其以历史政区为主要管理对象，由复旦大学中国历史地理研究中心和美国哈佛大学共同开发，该项目试图建立一套中国历史时期连续变化的基础地理信息库，为研究者提供 GIS 数据平台、时间统计以及查寻工具和模型。CHGIS 数据的精髓在于“Time Series 时间序列数据”，以秦朝建立的公元前 221 年到清朝灭亡的宣统三年（1911 年）为时间范围，力图反映不同历史时期政区的逐年变化情况。CHGIS 最大的意义并不仅是已经发布的具有地理意义的政区数据，而是它为历史地理学的信息化奠定了重要基础。历史文献中记录的地理现象和事物绝大多数都与政区联系在一起，因此政区的位置、形状、治所等信息成为重建多种地理要素和现象的载体，这一工作不仅为历史地理学界提供了一套地名查询系统和政区空间数据，更为多个研究方向的信息化建设提供了基础平台。而最大的贡献则是解决了“时间—空间”维度的整合问题，历史上的政区存在多种变化形式，包括新建、撤销、等级提升、治所迁移、境界调整等等，每种变化都会在时间和空间上同时反映，表现为一定时间范围内地存在着连续性的政区形状变化过程和变化结果，CHGIS 使用了“生存期”概念，用对政区变化进行定义的前提下，只提取对象某种状态的开始时间和结束时间，这足以描述政区在时空两个维度所发生的所有变化。[①]

中国人口地理信息系统（CPGIS）是目前在建的一套长时间段中国人口地理信息系统，由复旦大学中国历史地理研究中心的侯杨方教授和路伟东副研究员设计、建立。据负责人介绍，该系统是世界第一套中国历史时期的人口地理信息系统，目前来看，也是基于 CHGIS 平台最为成熟的专题型历史地理信息系统，其已经发布了 1820 年、1911 年、1936 年和 2000 年中国人口空间分布电子地图，其中 1820 年和 1911 年人口分布图正是基于 CHGIS 的 1820 和 1911 年政区。

三、展望

满志敏就小区域建立时空数据的几点认识可以认为是指导时空数据框架搭建的原则，特别是在对数据之间关系分析的基础上，在数据库结构中实现三维时空数据向二维关系表中的转化，在多种空间尺度下进行区域研究中具有普适性。而以下几种方法是笔者对 GIS 在图形分析中的一些认识，是在矢量空间数据建立的基础上进一步揭示空间结构面貌的方法，这些目前在地理学界使用较为广泛的方法可能有助于历史地理学界借助 GIS 更好地描述空间结构，并形成对空间结构形

① 满志敏：《走进数字化：中国历史地理信息系统的一些概念和方法》，《历史地理》（第 18 辑），（上海）上海人民出版社，2002，第 12—22 页。

态的全面认识。

1. 基于图论的“度—簇”结构研究

“度－簇”结构是现实地理世界广泛存在的一类结构现象，最为典型的代表便是空间网络，如河网、交通网和市场网络等都可以认为具有这一结构。根据拓扑学原理可以认识到，空间网络是由抽象的“点”（不考虑形状和大小）和“线”组成的集合。近 10 年来，国内外学者基于图论和拓扑学等已经总结了复杂空间网络的分析方法并总结出“Scale–free”“Small World”“Huband–Spoke”等众多模型，[①] 在交通空间网络的研究中已经进行了一系列研究。[②] 基于图论可知，网络是系统内部节点间相互关系的集合，Barabási–Albert 定义“度”为网络中节点衔接的边数目，[③]“度”指标可以有效地描述网络中节点的关系。度度相关性（Degree–degree Correlation）：是节点 Vi 与其邻节点平均度之间的相关系数。王姣娥 2009 年在分析中国航空网络复杂性中所使用的测度方法：Vi 的“度”记为 ki，“度”值为 k 的所有节点的邻节点平均“度”用以下公式表达，其中 N（k）是“度”为 k 的节点个数。

$$\overline{K\ (k)}=\frac{1}{N\ (k)}\Sigma K\ (k)$$

这一方法能够很好地阐释网状地理事物或现象的空间形态，此处

① Amaral L A N,scala A et al. *Classes of small–world networks*. PNAS, 2000, 97（21）: pp. 11149—11152；金凤君：《我国航空客流网络发展及其地域系统研究》，《地理研究》，2001 年第 1 期，第 31—39 页。

② 莫辉辉、王姣娥、金凤君：《交通运输网络的复杂性研究》，《地理科学进展》，2008 年第 6 期，第 112—120 页。王姣娥、莫辉辉等：《中国航空网络空间结构的复杂性》，《地理学报》，2009 年第 8 期，第 900—908 页。

③ Barabasi A, Albert R. *Emergence of Scaling in random networks*. *Science*, 1999, 286: pp.509—512.

以陕西地区邮政网络1908—1935年发育过程为例加以说明，图3是在CHGIS提供的政区数据基础上恢复的1908年和1935年通邮节点和不同等级的邮路，这一邮政网络和当时陕西的城镇体系之间的关系值得深入探讨，而其必须建立在对本区邮政网络的空间形态进行准确描述的基础上，特别是其覆盖程度的变化和邮政可达性的变化，是本区城

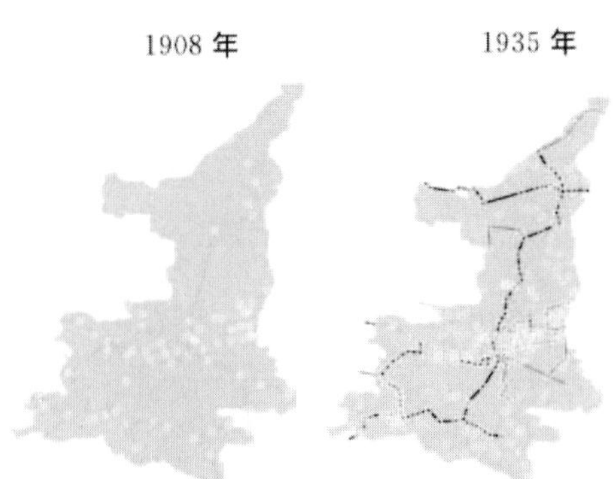

图4　近代陕西邮政网络形态

镇体系重要的组成方面，“度一簇”可以准确地定义不同等级节点所具有的连通性和链接指向性，为陕西城镇的联系程度做一说明。

2. 分形理论支持下的平原河流形态研究

准确描述河流形态是水文学研究的基础性工作。2002年，Brierley和Fryirs提出“河流形态结构框架”（Geomorphic River Styles）之后这一工作的重要性被重新强调。[①]河道具有复杂多变的平面形态，而曲率、弦高、弦长等指数受到研究资料分辨率的制约（地形图、遥感数据皆不同程度上存在此问题），并不能完全准确地描述河流平面形态，河流地貌研究中为解决此问题在1980年末引入了分形（Fractal）。分形由Benoit Mandelbrot于1975年提出，是指介于完全规则的欧式几何与完全不规则的混沌之间的一类形态，具有无特征尺度和自相似性，

① Brierley G, Fryirs K. *Application of the River Styles framework as a basis for river management in New South Wales*, Aus, Applied Geography,2002,（22）:pp.91—122.

其参数称为分维或分维数，记为D。[1]河流水系是自然界中常见的分形现象，20世纪80年代末，Barbera和Rossor等人的研究已经揭示了Horton–Strahler定律和Hack定律所隐含的水系分形性质。[2]国内研究在20世纪90年代后兴起，[3]目前有学者正尝试将分形理论应用于构建河流模型。但已有成果基本针对某一时间断面内河流的分形特征，并未深入关注平原河流普遍存在的形态易于发生变化的性质与其分维之间的关系。有鉴于此，目前已经有学者提出要加强河流等地表事物在不同时间上的分形变化研究。[4]基于分形理论的渭河下游河道近百年来的变迁研究发现，渭河下游分维在1915—1958年为动态平衡状态，1958年后持续增大，显示出相对天然状态下的渭河下游具有自我调整河流形态复杂程度的能力。近50年来的裁弯取直并没有使河道形态趋于顺直，相反，由于潼关高程抬高导致的溯源淤积和漫滩垦殖驱动下的筑堤束缚，渭河下游无法通过在河漫滩范围内的自然摆动调整其顺直状态，形态复杂程度实际是在增加。[5]但渭河下游的个案毕竟只有不到百年的时间覆盖范围，如何揭示河流在更长历史时期内，比如近500年或近1000年内的发展趋势呢？

当然，首先是要就河流形态的高精度复原提出，满志敏对于宋代黄河京东故道的重建为解决这一问题提供了很好的范式，基于多源资

① Michael Frame, Benoit Mandelbrot, Nial Neger. *Fractal Geometry*. Yale University, 2010,6.

② La Barbera, P Rosso. *On the fractal dimension of stream networks*. Water Resources Research, 1989, 25（4）; pp.735—741.

③ 陈嵘、艾南山、李后强，《地貌发育与汇流的自组织临界性》，《水土保持学报》，冯金良、张稳：《海滦河流域水系分形》，1993年第7卷第4期，第8—12页。《泥沙研究》，1999年第1期，第62—65页。冯平、冯焱：《河流形态特征的分维计算方法》，《地理学报》，1997年，第52卷第4期，第324—330页。

④ 王卫红、徐鹏、田世民：《分形理论在河型研究中的应用探讨》，《泥沙研究》，2010年第2期，第35—42页。

⑤ 潘威：《基于分形理论的1915—2000年渭河泾河口—潼关段河道变迁研究》，《沉积学报》，2011年第29卷第5期，第946—952页。

料的使用，更为精细的历史时期河流形态得以恢复，而在河流形态恢复的基础上可以考虑使用分维数来描述河流形态的复杂程度，由此进一步支持研究者分析平原河流的发展趋势，并举出河流对流路的选择原因。

四、结论

历史地理的信息化之路已经走过了10年，在建立具有学科特色的地理信息系统的同时，GIS也开始作为一种手段直接参与历史地理研究，越来越多的矢量化空间数据被重建，在其基础上引入一些地理学界的形态分析方法将有助于对历史时期地理事物和现象变化规律的认识，“度一簇”和分形能很好地阐释多种地理现象的形态特征和发育过程，但其基础为对于研究对象空间形态或格局的高精度重建，而适当的空间模型，比如“格网”模型的应用，将更加深刻地揭示区域形态及其发展过程。GIS等一系列信息化手段为历史地理研究带来便利的同时，对其作为研究手段的思考则更需被强调。

（本文原刊于《中国历史地理论丛》2012年第1辑）

田野记

田宓（栏目编辑·陕西师范大学西北历史环境与经济社会发展研究院）

自十九世纪末以来，随着西方社会学、人类学等学科的『新知识』传入中国，现代学术意义上的『田野调查』逐渐成为人们认识和理解中国社会的一个重要路径，并对历史学产生了深远的影响。近年来，在『历史人类学』的推动下，『田野调查』得到越来越多明清史研究者的关注，相关成果不断问世。『田野记』是『历史研习社』公众号的栏目之一，自开设以来，定期推送田野调查理论方法和考察报告等方面的文章。本书从既往发布文章中选取了三篇，其中香港中文大学科大卫教授结合自己的治学经历，探讨了『历史人类学』视野下『田野调查』的学术旨趣。日本爱知县立大学森正夫教授的文章着重讨论了日本学者运用田野调查进行中国明清史研究的有关情况。中山大学温春来教授针对历史人类学实践过程中存在的一些问题，提出了自己的看法。三篇文章对于我们了解田野调查的学术意趣、理论方法多有裨益，是以收录，以飨读者。

历史人类学者走向田野要做什么

科大卫（David Faure）香港中文大学伟伦历史学研究教授
程美宝 中山大学历史系教授 译

译者按：2015 年 9 月，香港中文大学中国研究中心和历史人类学研究中心，与英国牛津大学、广东财经大学华南商业史中心共同举办了一次名为“从历史人类学的视角反思二十世纪的中国”的工作坊（Rethinking Twentieth Century China through Historical Anthropology Workshop）。与会者来自不同地区和院校，研究范畴和方向亦各有侧重，为了向与会者说明何谓历史人类学，同属中国研究中心和历史人类学中心的科大卫教授，在举办工作坊前，给与会者分发了一篇短文，表达了他关于历史人类学田野研究的一些想法。译者征得科大卫教授同意，将该文翻译成中文并略加编辑后发表。

我在香港中文大学中国研究中心的一位同事跟我说，有些人可能不知道我们所说的历史人类学所做何事。他的问题问得特有意思：人类学家可能不知道我们所谓的“历史”为何物，历史学家也可能不知道我们的“田野”是啥意思。

我想我们现在干的，说白了，是更像历史学家的活多于人类学家的活。我不是说历史研究一定要这样做，但这的确是我们向来的做法。

意思就是，我们这伙人最初接受的训练，多是在图书馆和档案馆阅读史料。然而，当我们在图书馆和档案馆阅读着装订整齐、入档清楚的文献时，常常会忘了这些材料其实原来是存在于图书馆和档案馆之外的。当我意识到这一点时，想到我向来感兴趣的材料，自然就会想到这些材料的来源地是个有待我们发掘的宝库。面对那些不愿超越文献的历史学者，我至少能提出这样的忠告：这类材料在庙宇的墙壁上、在私人的收藏里多得是，除非你到现场考察，你是没有机会读到它们的。

然而，多收集些文献材料，不过是从事实地考察最起码的理由。事实上，到田野去的好处远远不止于此。最简单的理由是：你是无法读得懂那些文献的——除非你知道这些文献为何书写，如何使用，谁写，谁读，谁保存，保存了什么，扔掉了什么。换句话说，经过层层筛选，最终流入图书馆和档案馆的文献只属极少数。到那些曾经发生过某些事情或行动的地点看过，会启发我们想到在文献最终落到历史学家的手中之前，曾经历过怎样的过程。诚然，实地考察能激发我们全身心的感受。为什么？部分原因是感性的。去过一个地方，你会对这个地方产生感觉（房子漂亮极了或丑极了！当地人友善极了、难打交道极了！你去的地方还存留着许多过去，俨如时光倒流，抑或已沧海桑田，建成个主题公园）。有时老房子还在，有时老房子不在，但基石犹存；有时人还在，你甚至可以跟他聊天。在这方面，历史学者可以从人类学家身上学到一二，因为后者更习惯从活生生的人身上多于从文献中学习。

我说“人还在”，我的意思是人们从历史中走出来吗？不错，我的确是这个意思。每当我走访一个地方，我会特别留意该地方是否一直有人居住，定居的历史有多久。在这些地方，你还可以看到知识代代相传，尽管人们已受现代教育、电视和互联网的影响甚深。你还可以从当地人的谈话中，听出自书写传统在当地出现以来，对人们发挥了怎样的影响。我猜过去的私塾先生、歌者优伶、乡村道士，都曾经以他们（往往并非“她们”）的文献，在乡村传播着某种原生的知识，情况就好比我们今天的学校教育和现代媒体把过去这些知识逐渐擦掉一样。你从人们谈话的方式捡拾到一点这方面的历史，这样一种聆听历史的方法的窍门是：重要的不在于人们说些什么，而在于他们如何说。例如，有一次在山东，我问一位老人家为什么他的村子只有一个姓氏，他回答说：嗯，在过去，很少男人会入赘到这个村子来。

我们在田野里，还可以通过观看当地人的仪式，捡拾到更多的历史。在仪式这个问题上，人类学家的确能教会历史学家一些窍门，但较诸《仪式过程》的作者、人类学家维克多·特纳（Victor Turner），我从另一位人类学家吉尔伯特·路易斯（Gilbert Lewis）的著作学到更多（说实话，我更受惠于从事中世纪研究的历史学家的成果——勒高夫就相当了不起）。把仪式当成书本般仔细阅读，你会发现，仪式是社会史研究相当重要的资源。在观察仪式时，你不要问“为什么”（那是理科的问题），你该问“怎么做”。仪式必须按照正确的或者是合乎法度的方法去做。当我观看到种种仪式时，我就明白为什么在典礼中我老是看到某些环节是重复的。例如，香港新界地区许多打醮仪式中，在举办大型的祭祀仪式时，会有一些小型的仪式同时进行。又如我经常上课给学生举的例子——为什么咱们结婚一天要结两次：先在教堂里穿白的，再在婚宴上穿件红的。在同一场庆典中，某些程序重复举行，是因为参与者要维护两套仪式。如果历史学家能够搞懂哪一套仪式先出现，为何两套仪式会被整合到同一个庆典上，他就有文章可做了。历史学家也由是从一个参与的观察者转化为科学的观察者——我知道用“科学”这个词不是太恰当，我的意思是我们要大胆假设，小心求证。

我并非卡尔·波普尔的崇拜者，但我必须说，我是在年轻时阅读波普尔的著作的，直到如今，我不觉得后现代主义有什么足以超越波普尔的见识。仪式当然在人们的生活中无处不在——在衣饰，在谈吐，在当事人的形象——自是不在话下。得知道，你在现场中的倾谈对象，都是实实在在的人，他们身上带着过去的痕迹，视乎我们是否能学会读懂。

让我现在谈谈田野工作的方法。正如所有方法一样，不同的人可以有不同程度的运用和投入，做什么，做多少，也视乎机会与时势。中国有些地方，我去过许多次，也有些地方，我去的时候就知道，一生大抵就只有这么一次（尽管后来我发现这种预设经常是错的）。我们在中国的朋友（和对手）经常说我们“进村找庙”，这我并不担心。我必须说，进村找庙，绝对有理！因为历史学家要搜集文献，而在村子里，地方文献就在庙堂中。不错，我们离开村子时，总是带着一堆碑刻照片，如果够运气的话，还可能拍到一些族谱、地契和宗教文书，我们会为此兴奋不已。这样的做法，我没有什么好担心的。我感到有点忧虑的是，我们的学生以为我们在庙里只是找碑，在村里只是寻族谱。我想这种错觉部分是郑振满造成的，但他的做法其实是被误解了。振满是个出色的田野历史学家，他在庙里浏览碑刻一会儿后，便能马上讲出个故事来，我们每次都为此惊叹不已。年轻人跟他跑进庙里，忙着拍碑读碑，得到很好的训练，然而，他们读碑的速度不如振满，也没有注意到，当他们忙着拍摄和阅读时，振满并没有浪费时间逐字逐句地阅读或记录碑文（所以嘛，除了莆田和台湾的碑刻外，他其实忘掉了大部分他曾经读过的碑记），而是走进村子里跟当地人聊天。不论走到哪个村子，振满总能对该村的历史得出一点感觉（以及一些假设），而学生呢，往往只对一些碑铭得到一些似是而非的印象，而对村子其他事物一无所知。我们不要忘记，振满有多年乡村生活的经验，你就明白为什么他是个一流的历史学家，为什么大多数人难望其项背。

我的同事在阅读我这篇文章的初稿时，曾提到人类学家可能会质疑我们这种田野工作能否真的反映他们在方法学上的追求。他提出这个疑问是非常合理的，我们的确有时候也会被认为是越界。其实，阅读文献所需的技艺，跟与人聊天访谈、观察人们的行为、注意各种物质性的遗存，在方法学上是大同小异的。不论是历史学或人类学，企图在不同学科领域间搭桥牵线，往往吃力不讨好。你慢慢会认识到，反对的声音来自哪里，也会逐渐学会如何应付。不过，我必须说明，在我的学术生涯中，许多历史学和人类学的同行，还是能够包容我的研究的。

因此，人类学家大抵会说，以上我提到振满读碑、学生效颦的现象，其实是田野工作做不到家的表现，这种研究方法未能呈现社区的参与感，也因此不符合人类学家的要求。你自己都没有跟当地人建立一种个人关系，对该社区是无法充分理解的。这些意见都不错，但我还是认为，我们跟同仁和学生跑跑他们研究的地点，至少有一点是有利而无害的，这就是让我们了解彼此研究的地点，当我们阅读同行的文章时，至少知道该怎样读。可以说，走一个田野点，胜过阅读千言万语，但毫无疑问的是，走马观花是做不了什么研究的。跑跑田野，得些浮光掠影的印象，不过是有助于你了解别人的研究而已。

自我在香港中文大学开展“卓越领域研究计划”以来，得以有机会跑过许多别人的田野点，并得益于这些同行的慷慨，与我分享他们的研究心得。其实，我自己最认真的田野考察是上世纪七八十年代在香港新界地区和广东佛山做的。在香港跑得自然比佛山更多，我能够选定一个范围，跑遍所有村子（在一些勤快的本科生的帮助下，在所有这些村子都做了访谈）。佛山我也去过很多次，因而也看到各种乡村的分布。我认为，能够勾勒出一个地方的轮廓是研究过程中十分重要的一步。我们到乡村去调查，往往会被带去一些已经作为旅游开发景点的乡村，看别人想我们看的东西，其实这类东西常常是别的地方也能见到的。我过去对那些已规划成旅游景点的村落会尽量避之则吉，但现在这类村落已越来越普遍，本地人也越来越热衷将他们的过去“陈列”和“展示”给外人看，这是我们很无奈的。

对我来说，严肃的田野工作就是我们学会如何找出并理解我们选取的乡村的仪式标记（ritual markers）。一般来说，这些标记体现在明代以来兴修的建筑物的形制，我们可以把各时期修建的情况按时序排列，探问地方社会在这些建筑物出现之前会是怎样的一种状态。比如说，广东的佛山以祖庙著称，在祖庙出现之前，佛山是个怎样的社会？如果我能回答这么一个问题，我相信我就对明初的社会有多一点了解。

我在新界的经验可说是相当幸运的，因为这样的一种思考过程，把我带到明初东莞伯何真（1322—1388）的时代——有一次我在新界地区一个小岛参加醮仪聚餐，席上有人谈到何真的墓被毁了，此事一直留在我的记忆中。后来，我在剑桥大学休学术假时，何真儿子撰写的何真年谱《庐江郡何氏家记》，居然就像天上掉下的馅饼，落到我手里。我很快便把这个史料的记载同之前听到的关于何真墓的话联系起来，新界早期的历史在我脑子里一下子豁然明晰——我老是那么有福——读读华琛（James Watson）有关龙在新界的论文吧，谈的就是福气！

然而，历史人类学并不是为了满足追本溯源的兴趣。在我看来，历史人类学是通过实实在在的、有迹可循的研究，探求制度变化的过程（我当然不能排除别人有其他研究目的）。我说的制度变化并不是研究制度史的学者一般所说的那种——有些研究明代的人，以为明太祖一声令下，天下四方便自然遵循。我感兴趣的制度变化是地方上的人如何有选择地、具有创意地把这些变化整合到本地社区，把太祖颁布的命令加以剪裁，使之适合本地社会的日常运作。诚然，我们的目标远远不止撰写一村一地的历史，我们的目标更为远大，但要达致这些远大的目标，我们每个人的历史人类学研究不会也不应是孤立的个案，而是整合研究的一部分。

我开展历史人类学的探讨，最初主要是在明清史研究的领域，我期待不同的学者在中国不同地方进行深度研究，并共享比较和对话的平台，最终方能达致整合性的成果。我们的生命太短暂了，任何人都难以深入研究中国各地，而中国很少地方是可以在空间和时间上孤立于作为一个整体的中国去理解的。我们在香港教资会资助下开展的以“中国社会的历史人类学”为主题的“卓越领域研究计划”，目的就是建立这样的一个平台。不过，我们都很清楚，仅仅搭建一个平台，是拿不到研究经费的，没有对话，搭个平台也没什么意义。因此，我们这个计划开展之初，先是根据我们在一些已有研究基础的地方的发现做出假设，我们认为，这些地方长期以来通过仪式跟帝国（后来是民国）打交道，并在这个过程中逐步发展出许多有意义的仪式标记（如建筑）。这些都是我们研究的操作根据。通过研究这些标记的变迁，我们自信有可能重建地方社会整合到中华帝国的过程。由于这样，有些人认为我们过分强调国家，这也不是完全没道理，不过，我们也不是所有人都在国家的阴影下从事地方研究。劳格文和他的团队，就把研究重心放在道教以及地方宗教的多元性上，另一方面，研究国家如何运作的人跟研究道教的人也有许多对话，两种视角总有许多重合之处。

当然，我们希望还有更多其他视角，只不过我们当下的兴趣在于如何先开个头，把各种做得比较细致的地方研究逐步整合到一个平台上互相对话，我们绝对无意以此为终极目标。我们在开展“卓越领域计划”之初，也花了一点时间思量如何建立一个对话平台。我们有不同的团队在中国不同地方（湖南、江西、华北等）进行研究，各团队成员也通过这个计划得到许多碰面和讨论的机会。我们每周举办座谈，每年举办七八次工作坊。作为一个整合性的计划，我们通过工作坊鼓励各团队发展其研究主题。我们即将出版一本有关船民的论文集，一本探讨殖民地土地产权的论文集也快将面世，还有一本讨论回民及其谱系的，可望会在明年完成。我知道我们在未来几年内需要出版一部总合性的作品，此刻我也正在撰写一本阶段性的著作，大抵会在今年年底完成。可以说，我们的出版成果算是颇为丰硕的，其中不少是个别地方的研究，部分则是从比较视角出发的。我希望两年内能出版几部把计划不同部分整合起来的作品。值得一提的是，刘志伟最近出版了一本名为《在历史中寻找中国》的中文著作，在方法学上阐发历史人类学的意义，这也是我们这个计划的整合性成果之一。我认为，用类似这样的计划研究二十世纪的中国是大有可为的。我们需要大量扎根地方的研究，但这些研究都需要以比较的向度置于一个平台上，发展出一些共同的假设，来验证一些宏观性的见解。

最后，让我回到人类学家对我们的质疑这个问题上去，但我想我以上提到的对于如何研究二十世纪中国的展望，已经表达了我的一些想法。曾几何时，好些历史学家研究中国的制度时，对社会的存在视而不见，而许多研究当代中国的学者，包括人类学家在内，也似乎对中国的悠长历史漠不关心，他们有些甚至以为“传统中国”（他们在用这个词时自己往往也不清楚“传统中国”到底指什么）已成过去且已不必根究，跟当下这个为股票、网络和奶粉闹得沸沸扬扬的时代毫无瓜葛。但我们不要忘记，不论是股票、网络抑或奶粉，都有其历史。不是吗？当我到中国时，在经济和政治的范畴中，我还看到庇荫的结构无处不在，知识分子（请不要把我包括在内）跟过去的士子相差无几，清末以来对所谓“西方”又爱又恨的二元对立观延续至今。

不错，中国正以惊人的速度发生着翻天覆地的变化，但中国依旧是中国——依旧是那个中国人从他们的历史中取得诸多灵感的中国。用历史人类学的视角研究二十世纪中国，为的是告诉我们研究当代中国的同行，为什么要了解中国的历史和历史的中国。用这种视角去理解二十世纪中国的变迁，我们可以向研究当代中国的同行展示，在今天中国的制度、经济、宗教、文学、社会和其他方方面面，历史无处不在。

我们也希望，通过跟世界其他地方比较，我们对中国会有更深刻的理解。这样的一种历史，希望能超越精英想象的那种历史；这样的一种历史方法，就是我们所提倡的历史人类学的方法。

将历史人类学付诸实践，必定其乐无穷，信哉！

（原刊《东方早报·上海书评》，2015年10月11日）

田野调查与历史研究
——以中国史研究为中心

森正夫

日本爱知县立大学

本文着重从日本中国明清史研究的角度，分四点探讨“田野调查与历史研究”这一问题。文章后面的参考文献目录是按照引用顺序排列。

一、现代日本中国史研究中的田野调查

和上世纪 80 年代以前不同，当今日本的中国史研究，特别是明清史研究者们更加积极、广泛地运用田野调查方法进行研究。

2001 年 3 月，滨岛敦俊出版了《总管信仰——近世江南农村社会与民间信仰》一书。该书是讨论“田野调查与历史研究”问题时特别值得关注的研究。

1960—80 年代，滨岛从明清时期长江三角洲地区的水利和徭役问题入手研究农村社会结构，发表了许多研究成果。滨岛在《总管信仰》一书中提出：无法确认中国的明清时期存在农民之间自然形成的村落共同体。特别是在中国找不到像同时代的日本那样的以水利为中心的

固定的共同体式的关系或组织。然而，居住在农村的人们如果不结成某种共同性的组织、进行共同性的活动的话，就无法维持再生产。为此，滨岛从各种角度研究农村社会，逐渐认识到在民间信仰和祭祀中，确实存在着共同性的组织和共同的活动领域。80 年代以来，滨岛为验证这一观点，在长江三角洲的 32 个市、县、镇、村进行了多次访谈调查，并把访谈调查和对文献资料的细致分析相结合，揭示出明清时期中国的民间信仰和祭祀中存在着共同性的组织和共同性的活动领域。

《大阪大学文学部纪要》第 34 卷，是以滨岛为首的大阪大学共同研究小组至 1994 年为止所进行的田野调查的成果。1994 年以来滨岛仍继续进行田野调查，前面提到的《总管信仰》一书便是其研究的结晶。在这部著作里，滨岛敦俊把有关长江三角洲农村的文献研究和作者本人在日本农村的生活体验相结合，提出研究假设，分析以田野调查为基础的访谈资料和新发掘的资料、文献，证明自己的研究假设。这本著作运用独到的研究方法，提出了关于明清时期中国民间信仰的形成和发展的学术见解，因而在学术界受到了高度评价。

在此书出版之前，自 20 世纪 80 年代末期到 90 年代初期，佐佐木卫等 5 名研究者在路遥等中国研究者的协助下，对义和团的故乡——山东、河北、北京、天津农村的民间信仰与结社、集团进行了访谈调查。其成果收入了《近代中国的社会与民众文化——日中共同研究·华北农村社会调查资料集》等著作。

此外，最近三谷孝等利用 20 世纪 40 年代华北农村惯行调查资料、并对其后 50 年间农民生活的历史和华北农村社会变革过程进行了访谈调查，其研究成果正在陆续出版。已出版《中国农村变革与家族、村落、国家——华北农村调查记录》第 1 卷、第 2 卷，作者们对详细的访谈资料进行了认真的整理。可以预想，今后在这些资料的基础上，将不断有研究成果问世。《从村庄阅读中国》一书便是其中之一。

菊池秀明对广西移民社会进行了广泛的实地调查，收集了大量族谱、碑文等资料。菊池根据这些资料，研究作为太平天国运动前史的明清时期广西移民社会，于 1998 年出版了两卷本著作，其中一卷是正编，一卷是资料编，后者正是作者进行实地调查的产物。在进行实地调查时，菊池有意识地不以访谈调查为重点，而把几乎所有的时间都用来收集边疆贫穷地区农家珍藏的，因而在以往的历史研究中从未被利用过的资料上。两卷本著作中的正编就是利用大量此类资料而取得的研究成果。

川胜守对长江三角洲地区市镇的石拱桥景观进行了全面调查，并结合乡镇志的记载，揭示了石拱桥建设的过程。上田信关于宁波郊外农村宗族的研究，聂莉莉关于中国东北地区宗族的研究都运用了访谈调查的方法。山田贤探讨了清代四川移民的宗族组织和同乡组织的性质，以及宗族组织和同乡组织在该地区社会中的作用，在研究过程中，山田也考察了四川省云阳县的山寨、宗祠、同乡会馆的楼寨以及县城郊外镇子的景观并将其用于分析。

其后，上田信调查了华北、华南的森林植被破坏、沙漠化以及绿化的现状，揭示了目前森林的生态、环境状况，还追溯了以往的历史变迁。涩谷裕子在以清代中期徽州府休宁县从事商品作物栽培的棚民为对象的研究中，也注意到该地区森林的状况，并对清代的碑文进行了实地考察。另一方面，唐代史专家妹尾达彦与中国研究者一起，在黄土高原进行了田野调查，并以位于考察地区南端的汉、唐两朝的长安城遗址为对象，研究城市与灌溉的关系。妹尾通过这一研究分析了沙漠化产生的原因。上田和妹尾的研究将实地调查与历史研究相结合，有助于探讨现代中国的绿化和环境保护问题。

如上所述，在当今日本的中国史研究中，研究者们在中国研究者和有关方面的理解和协助下，广泛、积极地进行田野调查，因而不断有卓越的研究成果问世。

二、1945年以前日本、中国以及1945年至80年代美国、中国的法社会学、社会人类学、社会学等领域中的田野调查及其影响

回顾历史，实际上在二战时和二战后，日本以及其他国家的法社会学、社会人类学、社会学等领域的研究者们已经在田野调查方面取得了丰硕的成果，对现代日本的中国史研究产生了很大的影响。本部分就这一问题作一回顾。

从1940年到1942年，满铁调查班在社会法学者末广严太郎博士的指导下，在河北省的4个村落及山东省的2个村落进行了大规模的调查，其目的是要揭示“中国社会中法律习俗、亦即现实地制约着中国的社会关系并使之得以成立的法律规范”，以及有关道德、礼仪、宗教等的各种规范。这一调查也称为华北农村惯行调查。调查的结果即6卷本《中国农村惯行调查》，由岩波书店于1950年和1980年两次出版。战后，日本的中国史研究者们通过对这一调查的内容进行分析和研究，提出了诸如中国社会是否存在村落共同体，在中国是否存在村与村的界线，中国的共同体与日本的共同体有什么不同等等重要问题。尤其是曾经直接从事惯行调查的旗田巍的研究，在衔接华北农村惯行调查和战后史学中起到了十分重要的作用。

以华北农村惯行调查资料为基础，产生了许多研究成果，如古岛敏雄、幼方直吉、野间清等的评论；村松佑次的《中国经济的社会体制》；仁井田陞的《中国法制史》等等。尤其是村松佑次的著作尖锐地阐明了中国社会结构的特征。华北农村惯行调查不仅影响着60年代前半期以前的著作，还对此后直到90年代日本的中国明清史、近代史研究产生着持续的影响。众所周知，美国的黄宗智用这一调查资料研究华北的小农经济，同时，还利用满铁上海事务所在华中农村调查所得的资料分析长江三角洲的小农经济。

此外，中国著名的社会人类学家、社会学家费孝通博士的研究成

果，自 1945 年以前以至今日，也不断影响着日本的中国史研究。

《中国的农民生活》（Peasant life in China）这本广为人知的著作，是费孝通在英国社会人类学家马林诺夫斯基指导下完成的博士论文，出版于 1939 年，正是他在整理、分析访谈调查基础上取得的成果。费孝通的这部著作对战后日本的明清史研究，尤其是社会经济史研究产生了很大的影响。其中很多章节经常被人们引用。

后来，在改革开放初期的 80 年代初，费孝通回到以前曾进行过调查的吴江县，与许多专家一起在农村进行了社会调查。费孝通特别注意到农村市镇在生产、流通中发挥的作用，于 1984 年发表了题为《小城镇大问题》的论文。费孝通早在半世纪前的《中国的农民生活》一书里就已注意到了市镇的作用。这篇论文以及费孝通在此后发表的一系列论文以各种形式介绍到了日本，由大里浩秋和并木赖寿以《江南农村的工业化〈小城镇〉建设的记录 1983—84》为题译成日文，引起了很大的反响。

战争时期，社会学家福武直在华中进行调查，并在此基础上于 1946 年完成了《中国农村社会的构造》一书。该书运用调查资料揭示了市镇、农村的实际状况，并提出包括市镇、农村在内的地域社会的理论框架，它对战后日本的中国明清时期江南农村社会研究有着启发意义。

此后，60 年代介绍到日本的美国社会人类学家施坚雅的论文（中国农村社会的市场、社会结构），也对日本有关宋代以后的中国历史的研究、以及地理学中的市场研究产生了很大的影响。这篇论文指出，在中国社会，居住在农村交易中心“集镇”周围村落里的农民，在经济上、社会上、心理上形成了一个统一体。拥有这种统一体的地区便是一个“标准市场”，“标准市场”与“中间市场”“中心市场”一起构成重叠的农村市场。施坚雅的上述理论体系，是以他 1949、1950 年在四川省华阳、金堂两县进行的社会调查为依据的。斯波义信在 1966 年发表的书评中，最早系统地介绍了施坚雅的这篇论文，古岛和雄1972年的论文第一次运用施坚雅的理论分析中国社会的结构，中村哲夫1984年的论文也运用施坚雅的理论分析了华北农村市场。1979年，今井清一、中村哲夫、原田良雄将施坚雅的论文全文翻译成日文，这些都扩大了施坚雅的影响。

如上所述，自1945年直至今日，日本的中国明清史、近代史研究是在许多田野调查的影响下发展起来的，其中有1936年费孝通在长江三角洲农村进行的调查、1940—1942年的华北农村惯行调查、同一时期福武直在华中农村进行的调查、1949年前后施坚雅在四川农村进行的调查、以及1980年代前期费孝通的市镇（小城镇）调查等。

三、在长江三角洲市镇从事田野调查——挫折与发现

进入80年代后，随着中国政府改革开放政策的推行，越来越多的日本研究者频繁地访问中国。笔者自己也与名古屋大学的中国史、地理学的研究者合作，对长江三角洲地区的市镇进行了田野调查。田野研究的课题是“关于长江三角洲中小城市——市镇——的社会经济结构的历史学、地理学研究”。

出于以下几个契机，课题小组选择了长江三角洲的市镇为研究对象。

第一，出生于20世纪三四十年代的日本的中国研究者，受日中战争导致的两国断交等历史因素的制约，40岁之前一直是在与中国大陆完全隔离的情况下从事研究的。因此，研究者对中国怀有一种特殊的感情。在我们这一代人的内心，有着一种强烈的愿望，那就是访问中国、接触中国的风土人情、在中国生活、与中国人对话。这种发自内心深处的愿望，成为我们从事田野研究的第一个契机。

第二个契机是在改革开放初期的1983—1984年，笔者有机会接触到长江三角洲当时唯一对外开放的上海平原的自然景观，并在复旦大

学樊树志的指点下，访问了这个平原上有着悠久历史的市镇，留下了很深的印象。

第三，长江三角洲地区的社会经济结构是战后日本中国明清史研究的中心课题，有必要调查和探讨这一地区发达的市镇以及市镇间的网络，从而对这一问题重新加以阐明。我们对于长江三角洲只限于文献上的抽象理解，而没有具体的感受。体现长江三角洲特征的大大小小的河流渠道，对我们来说也只有来自书本的印象。

第四，在 80 年代后期的名古屋大学，历史学、人文地理学、自然地理学三个相邻学科的研究者之间存在着一种互相协作、开拓学术新领域的氛围。名古屋大学和南京大学的中国史学者、地理学者们之间也形成了很好的学术交流氛围。

然而，由名古屋大学和南京大学的中国史学者、地理学者共同策划的两校间的国际合作研究，最终并未能顺利进行下去。其结果，中国史和地理学的研究者们仅仅以一个或极少数市镇为对象，就各自的课题集中进行了调查。基于这样的调查情况，研究者们只能个别地交流研究成果，尚未弄清长江三角洲市镇的形成过程以及市镇网络所具有的意义，研究便草草结束了。

不过，虽然原先的计划未能实现，我们却尝到了从单纯的文献分析中体会不到的田野调查的乐趣。按照原先的计划，笔者要研究的是计划调查的两个市镇之一的上海市朱家角镇的行政机能、以及它对周边农村的行政统辖机能，关于这些课题的调查未能充分进行。相反，通过对多年从事商业工作的有关人员的几次采访，笔者了解到在解放前后有关“米行”的非常有趣的事实。以这些事实为中心，参照 1990 年出版的《青浦县志》（上海人民出版社），以市镇的流通机能为主线，研究并撰写了自明代后期至 20 世纪 90 年代初期四百多年间江南市镇的通史。

虽然我们没能按计划对长江三角洲市镇进行调查研究，但是从失败中发现，伴随田野调查而得到的各种新发现、新经验，以及与地理学等相邻学科的协作研究，为中国史研究开辟了广泛的前景。由中国史学者津田芳郎、稻田清一和森正夫，自然地理学者海津正伦，人文地理、经济地理学者石原润、林上六人合著的《长江三角洲市镇研究——从历史学和地理学的角度》一书，就是在这样的过程中诞生的。

四、历史研究和田野调查所孕育出的课题

最后，笔者想就历史研究与田野调查的关系作一个总结，其中也将涉及到一些上文没有提到的问题。

笔者关心的问题是“田野调查如何对历史研究产生功效”，或者说“田野调查作为历史研究的方法具有的功效”。京都大学人文科学研究所的意图是通过探讨这些问题来开拓东方学研究的新方向。不过，笔者想从历史研究与田野调查的关系这一角度出发，提几点看法。

第一，历史研究本身具有现实性和实践性，而田野调查也具有明确的现实性和实践性。因此，两者之间本来就具有共通性。

历史研究的出发点就是通过检证以往的历史，解决现实所面临的问题，并且以过去为参照，摸索解决现实问题的途径。就这一点而言，可以说田野调查也是与此相一致的。以田野调查方法的开创者而著称的社会人类学家马林诺夫斯基，在为他的弟子费孝通的《中国的农民生活》一书所写的序文里，高度评价了费孝通对当时中国农村社会面临的现实问题抱有强烈的关心并著成专著。马林诺夫斯基指出，社会人类学和作为其研究方法的田野调查，本身应该以解决现实问题为目的。在探讨历史研究与田野调查二者关系的时候，我们必须牢牢记住二者都与现实、实践有着密切的关联。无论是从事历史学研究还是从事田野调查，研究者都不应该脱离自身生活着的现代社会所面临的问题。的确，将学术研究与解决现实问题相结合并非易事，但是学者们必须经常保持这样一种强烈的意识。

第二，日本人研究作为外国史的中国历史，以及作为外国人的日本研究者在中国进行田野调查究竟具有何种意义。换言之，也就是日本的中国史研究以及以中国为对象的田野调查，到底面临什么样的现实课题。

日本的中国史研究者在研究中国近现代史或者研究中国的环境、生态史的时候，从某种意义上说，其研究对象属于现代，而且研究对象与日本有着明确的关联，因此现实的课题就显得十分清晰。例如，近现代日中关系中所包含的政治问题便是一个无法回避的现实课题。

在研究近代以前的中国历史的时候，特别是对我们外国人来说，考虑什么是现实的课题绝不是一件容易的事。然而，比如日本文化和日本社会在东亚世界中所占有的位置以及日本文化和日本社会的历史形成过程，实际上不正是我们日本人所面临的课题吗？对研究明清时期或宋元时期、甚至研究唐代以前的中国历史的日本学者来说，这些课题恰恰是重要的研究对象。

第三，作为历史研究对象的中国社会所具有的卓越的中国特质的问题。中国以其丰富的文献收藏量而素有文献之国之称，然而，其实有不少问题如果不进行田野调查就无法弄清楚。在第一部分里介绍的滨岛敦俊关于民间信仰的研究，在文献里几乎没有记载。

第四，历史学有必要全面摄取在与之相邻的地理学、民俗学、文化人类学、社会人类学中业已确立的田野调查的方法。摄取田野调查的方法及其成果，有助于给历史学开辟新的未来。然而，摄取并不是一件容易之事。最近，长期与滨岛从事共同调查的片山刚，在须藤健一主编的《走田野调查之路——人文学科研究者的知识与经验》一书中，阐述了有关田野调查与历史学之关系、以及如何运用作为历史学相邻学科的田野调查的方法。

第五，必须指出，在发掘作为史学研究基础的文献资料时，田野调查发挥着重要的作用。中国的研究者、学术界十分积极地从事着地方资料的发掘、整理和出版工作。这些虽然没有被称为田野调查，但无疑它们确实是田野调查。在这个意义上，近几年中国史学界划时代的成果——徽州文书、巴县档案，以及福建宗教碑文的收集、整理、研究和出版也可以说是田野调查。在日本，黑田明伸最早利用了《退想斋日记》。这部日记由山西大学的研究者乔志强发掘，是19世纪下半叶到20世纪中叶出自山西省赤桥村读书人刘大鹏之手的珍贵记录。这正是田野调查的产物。

第六，必须指出，文献资料的整理工作本身就带有田野调查的性质。这一工作本身并不是实地社会调查意义上的田野调查，然而，比如在进行国际性的调查活动时，从大的角度研究某一文献资料的内容和性格，也可以称之为田野调查。夫马进等有关《使琉球录》的共同研究，就具有这样的性质。

第七，文献资料的使用方法本身就具有田野调查的性质。岩井茂树广泛涉猎现代中国的报纸、杂志、广告、行政、财政资料，使用“原额主义”（维持初定税额的财政制度）这一概念，揭示了自明清以来跨越各个时期的中国财政体系的结构特征。这种灵活运用现代文献资料的方法，也是值得注目的田野调查方法。

结 语

除了本文提到的问题之外，还有诸如田野调查在地域史叙述中的作用等问题，对此难以全面讨论。作为本文的结语，笔者想重申一点，那就是历史研究与田野调查二者在学术或方法上具有相近的特性。

日本优秀的中国思想史学家、已故的岛田虔次先生在日中邦交尚未建立，因而日本人无法前往中国进行田野调查的1962年就曾经说过：“中国研究如果不接触活生生的中国的话，它便无以成立。”从根本上说，“接触活生生的中国”，就是作为外国人的日本人踏上中国的大地、接触中国社会、接触中国人。从广义上说，“接触活生生的中国”，也就意味着日本人在中国进行田野调查。

本来，中国史研究是中国研究的一部分，也是历史研究的一部分。中国人从研究本国史的角度研究中国史和外国人研究中国史，两者的出发点自然不同。历史研究和田野调查的关系并不是简单能理清的问题。然而，就日本的中国史研究者而言，岛田的发言提示了中国史研究与田野调查之间有着很强的内在联系。

参考文献：

[1] 滨岛敦俊：总管信仰——近世江南农村社会と民间信仰，研文出版，2001（1）.

[2] 滨岛敦俊，片山刚，高桥正：华中・南デルタ农村实地调查报告书，大阪大学文学部纪要第34卷，大阪大学，1994.

[3] 滨岛敦俊，片山刚，横山政子：华中・南デルタ农村实地调查报告书第一部江南デルタ索引，大阪大学文学部纪要，第34卷别册，大阪大学，2001（2）.

[4] 川胜守：明清江南市镇社会史研究，汲古书院，1999.

[5] 寺地遵：近世中国、江南市镇における水辺都市施设の发达に关する总合的研究，平成10—11年度科学研究费补助金・基盘研究（C）（2）研究成果报告书.

[6] 路遥，佐ク木卫：中国の家・村・神ク，东方书店，1990.

[7] 佐ク木卫：近代中国の社会と民众文化——日中共同研究・华北农村社会调查资料集一，东方书店，1992.

[8] 聂莉莉：刘堡（刘氏の村）——中国东北地方の宗族とその变一，东京大学出版会，1992.

[9] 三谷孝：中国农村变革と家族・村落・国家——华北农村调查の记录一，第1卷，第2卷，汲古书院，1999.

[10] 内山雅生著，李恩民，刑丽生訳：二十世纪华北农村社会经济研究，中国社会科学出版社，2001.

[11] 菊池秀明：广西移民社会と太平天国，风響社，1998.

[12] 山田贤：传统中国における同族结合・同乡结合に関する觉书——

四川省云阳县访问记一，移住民の秩序——清代四川地域社会史研究一第2章移住民社会と地域エリート一云阳涂氏の轨迹一附编，名古屋大学出版会，1995.

[13]涉谷裕子：清代徽州休宁县における棚民像，传统中国の地域像（第6章），庆応义塾大学出版会，2000.

[14]上田信：村に作用する磁力について（上、下），中国研究所月报455·456，1986年のち.

[15]桥本满，深尾叶子：现代中国の底流：痛みの中の近代化，行路社，1990年に所收.

[16]上田信：森と绿の中国史一エコロジカル·ヒストリーの试み，岩波书店，1999.

[17]可児弘明：近代中国の苦力と豬花，岩波书店，1979.

[18]妹尾达彦：环境の因史学：アジア遊学20特集黄土高原の自然境と汉长安城，勉诚出版，2000（1）.

[19]妹尾达彦：关中平原灌溉设施变迁与唐代长安的面食，史念海：汉唐长安与关中平原，中国历史地理论丛[季刊]，1999年12月增刊，陕西师范大学，1999.

[20]妹尾达彦：唐代长安城与关中平原的生态环境变迁，史念海：汉唐长安与黄土平原，中国历史地理论丛[季刊]，陕西师范大学，1998年4月增刊.

[21]妹尾达彦：日中共同研究“中国黄土地带の都城と生态环境史の研究”，1997—1999年，唐代史研究3号，唐代史研究会，2000年（2）.

[22]妹尾达彦：都市と灌溉：关中平野2000年の历史的经验：日中共同シンポジユーウム中国黄土地带の都市と生态环境の历史，文部省科学研究费基盘研究[A]，中国黄土地带の都城と生态环境史の研究报告要旨录，2000（3）.

[23]中国农村刊行调查会编：中国农村刊行调查（第1—第6卷），第1刷1952—58年，第3刷，岩波书店，1981.

[24]古岛敏雄：中国农村刊行调查を読んで，历史学研究166.

[25]幼方直吉：アジア地域研究の方法，思想1963年12月号.

[26]野间清：中国农村惯行调查の企画と实绩一中国研究における主

观的善意とその限界，历史评论 170，1964.

[27] 旗田巍：华北农村における〈开叶子〉の惯行附、落穗拾い、柴草の采取一村落共同体的关系への再检讨一，史学杂志：58—10，1949 年.

[28] 旗田巍：中国の土地改革の历史的性格，东洋文化，1950（4）.

[29] 旗田巍：中国村落研究の方法一平野・戒能论争を中心にして一：仁井田陞博士追悼文集第 2 卷现代アジアの革命と法，劲草书房，1966.

[30] 旗田巍：中国村落と共同体理论，岩波书店，1973.

[31] 仁井田陞：中国法制史，岩波书店，1952.

[32] 村松祐次：中国经济の社会态制，东洋经济新报仕，1949.

[33] Philip C. C. Huang（黄宗智），*The Peasant Economy and Social Change in North China*，Stanford University Press，1985。华北的小农经济与社会变迁，香港：牛津大学出版社，1994.

[34] Philip C. C. Huang（黄宗智），*The Peasant Family and Rural Development in the Yangzi Delta*，1350—1988，Stanford University Press，1990.

[35] 黄宗智：长江三角洲小农家庭与乡村发展 [中文版]，北京：中华书局，1992.

[36] Fei Hsiao Tung（费孝通），*Peasant Life in China*，G. Routeledge–London，Dutton–New York，1939.

[37] 仙波泰雄，塩谷安夫共訳：支那の农民生活——扬子江流域における田园生活の实态调查 [日译 1]，生活社，1939.

[38] 小岛晋治：ほか訳？中国农村の细密画——める村の记录 1936—82，研文出版，1985.

[39] 福武直：中国农村社会の构造，大雅堂，1946．のち、福武直著作集第 9 卷，东京大学出版会，1976 年に所收.

[40] 小山正明：明末清初の大土地所有一とくに江南デルタ地带を中心として一，史学杂志：66—12・67—1，1957・58 年；のち、小山正明：明清社会经济史研究，东京大学出版会，1992 に所收.

[41] 滨岛敦俊：明代江南农村社会の研究，东京大学出版会，1982.

[42] 费孝通著，大里浩秋，并木赖寿訳：江南农村の工业化“小城镇”建设の记录 1983—84，研文出版，1988.

[43] 宇野重昭，朱通华编：农村地域の近代化と内発的発展论一日中“小

城镇”共同研究一，国际书院，1991.

[44] Skinner, G. W., “Marketing and Social Structure in Rural China”, *The Journal of Asian Studies*, Vol. XXIV, No. 2, Feb. 1965; Vol. XXIV, No. 3, May 1965.

[45] [邦訳]今井清一，中村哲夫，原田良雄訳：中国农村の市场・社会构造，法律文化社，1979.

[46] 斯波义信：G・ウイリアムスキナー著中国农村社会における市场・社会构造I部・Ⅱ部・III部，《东洋学报》49—2・批评と绍介，1966.

[47] 百濑弘：清代直隶青县市场共同体杂考，东洋史研究：27—3，1968.

[48] 古岛和雄：旧中国における土地所有とその性格，山本英夫・野间清编：中国农村革命の展开，アジア经济研究所，1972，のち、古岛和雄：中国近代社会史研究，研文出版，1982に所收.

[49] 中村哲夫：清末华北の农村市场，野沢丰，田中正俊编：讲座中国近现代史2・义和团运动，东京大学出版会，1978。

[50] 中村哲夫：近代中国社会史研究序说，法律文化社，1984.

[51] 石原润：定期市研究における诸问题一特に都市发达史との关连において一，人文地理20—4，1968.

[52] 石原润：华中东部における明・清・民国时代の传统的市（market）について，人文地理32—3，1980.

[53] 石原润：定期市の研究：机能と构造，名古屋大学出版会，1987.

[54] 樊树志：明清江南市镇探微，复旦大学出版社，1990.

[55] 森正夫编：江南デルタ市镇研究一历史学と地理学からの接近一，名古屋大学出版会，1992.

[56] 森正夫：1988年夏江南デルタ小城镇纪行，名古屋大学文学部研究论集：史学36，1990.

[57] 森正夫：现代中国の镇における居民委员会と住民の生活意识一上海市育浦县朱家角镇の场合一，和田博德教授古稀记念明清时代の法と社会，汲古书院，1993.

[58] 森正夫：1930・40上海平原农村における宅地所有について，名古屋大学文学部研究论集：史学38，1992.

[59] 森正夫：中国前近代史研究における地域社会の视点一中国史シンポジウム<地域社会の视点一地域社会とリーダー>基调报告，名古屋大学文学部研究论集：史学 28，1982.

[60] 稻田清一：清末江南における一乡居地主の生活空间，史学杂志，99—2，1990.

[61] 稻田清一：清末江南の镇董について，森正夫编：江南デルタ市镇研究一历史学と地理学からの接近一，名古屋大学出版会，1992.

[62] 斯波义信书评，森正夫编：江南デルタ市镇研究一历史学と地理学からの接近一，エコノミスト，1993 年 1 月 12 日号.

[63] 斯波义信：中国都市史，东洋丛书 9，东京大学出版会，2002.

[64] 须藤健一编：フィールドワータを步く一文科系研究者の知识と经验，嵯峨野书院，1997.

[65] 片山刚：各论一フィールドワータの“いま”一文科系研究者 38 人の事例・5 历史学，（须藤健一前揭书）.

[66] 稻田清一：清代江南における救荒と市镇一宝山县・嘉定县の“厂”をあぐつて一，甲南大学纪要文学编 86，1993.

[67] 稻田清一：清末江南における“地方公事”と镇董，甲南大学纪要文学编 109，1999.

[68] 佐藤仁史：清末民国初期における一在地有力者と地方政治一上海县の乡土资料に即して，东洋学报，80—2.

[69] 森正夫：江南デルタの乡镇志について一明后半期を中心に一，小野和子：明末清初の社会と文化，1996.

[70] 森正夫：清代江南デルタの榔镇志と地域社会，东洋史研究：58—2，1999.

[71] 王鈺欣，周绍泉主编：徽州千年契约文书，花山出版社，1992.

[72] 臼井佐知子：徽州文书と徽州研究；森正夫等编：明清时代史の基本问题，汲古书院，1997.

[73] 唐力行：明清以来徽州区域社会经济研究，安徽大学出版社，1999.

[74] 中岛乐章：徽州文书研究の展开，明代乡村の纷争と秩序第 1 章，汲古书院，2002.

[75] 郑振满，丁荷生编：福建宗教碑文汇编（兴化府分册），福建人民出版社，1995.

[76] 刘大鹏著，乔志强标注：退想斋日记，山西人民出版社，1990.

[77] 石井进：中世の村を步く：朝日选书648，朝日新闻社，2000.

[78]黑田明伸: 20世纪初期太原县にみる地域经济の原基，东洋史研究，54—4.

[79] 夫马进编：增订使琉球录解题及び研究，榕树书林，1999.

[80] 岩井茂树：徭役と财政のあいだ一中国税·役制度の历史的理解にむけて（一）一（四），经济经营论丛28—4、29—1、29—2、29—3，1994年3月、6月、9月、12月.

（原刊《上海师范大学学报（哲学社会科学版）》，2003年第3期）

历史人类学实践中的一些问题

温春来

中山大学历史人类学研究中心

同几乎所有在国际上有影响的人文社会科学研究流派、风格与方法一样，“历史人类学”最初主要是西方学者所提出来并予以实践的，但西方学者对何谓“历史人类学”的见解并不一致，大致上可分为从历史学的角度予以说明者和从人类学的角度来说明者两大类，而每一大类内部又存在不同的看法。近年来，“历史人类学”在中国也逐渐成为热门话题，出现了不少自称为或被称为具有“历史人类学”风格的论著。其中，有的作品是按照某种外国学者的理论赋予自己历史人类学的色彩，有的研究则不同于西方学术界任何历史学家或人类学家所定义的“历史人类学”。尽管中西学界都是众说纷纭，但有一点可能是大部分学者都同意的，即，“历史人类学”是在一种方法论的意义上提出来的，它并不意味着一块特定的研究范围或某种特定的研究对象。事实上，几乎所有从事“历史人类学”研究的学者，都有着历史学或人类学的专业背景，唯其如此，才可以把对“历史人类学”的见解大略分为上文提到的两大类。

作为一名史学工作者，我阅读过许多历史专业的学者、博士生、硕士生写的受到“历史人类学”风格影响的论文，其中少数令人耳目一新者，基本上都展现出良好的传统史学的功夫，而大部分研究之所以失败的根本原因之一，就是专注于新方法而忘记了史学的精髓，所谓的新方法也随之成为无根之木。这一有趣的现象常常让我思考：我们的“历史人类学”实践是否需要坚持一定的学科本位？

现在许多“历史人类学”的作品，把对象限定在一个小范围，比如一个县或一个村，甚至只是某个村的某种仪式活动，这原本无可厚非，研究的价值与研究对象的大小之间并不存在正比例关系，相信这已经是学术界的常识，问题仅仅在于，我们如何做到那句同样是老生常谈的话：以小见大。对于人类学而言，这不成问题，尽管人类学不乏研究宏观对象的传统，但人类学的基本倾向之一即在于通过一个小地点的特殊性知识，挑战人们以为不言而喻的普遍性认识。[①]历史学的传统是研究政治史、制度史、帝王将相等所谓“大历史”，也根本不存在“小”的问题。现代历史学的潮流之一是关注下层人民的历史，进行微观史研究、区域研究、个案研究等，“历史人类学”正是这种潮流的表现之一，小题大做的压力也随之而来。预此潮流的学者当然可以向人类学学习，对一些大的理论有力地展开对话。但坦率地说，目前许多历史学者缺乏哲学、社会科学的深厚素养，在这个方向上行进可能有力不从心之感，往往看似积极对话，实则人云亦云，成为既有研究的注脚，更有甚者，有的学者缺乏与相关理论对话的自觉性，陷入琐碎的细节中难以自拔，完全就事论事。就此而言，成功的“历史人类学”实践意味着加强哲学、社会科学的学习似毋庸赘言。不过，本文想强调的是，历史学本身也具有从小对象中揭示出宏阔境象的途径，主要有以下几个方面：一、把小题目放在大的历史脉络中；二、

① 参见黄应贵：《人类学的评论》，台北：允晨文化实业股份有限公司，2002年。

体现出新的历史意识；三、体现出对新方法的探索。此处的“历史意识”，指对什么可以成为历史书写对象的意识。在很大程度上，历史学的发展就是历史意识的扩展与变化。例如，研究某个时代某地区人们对身体的认知，看似琐碎，但却拓宽了历史研究的领域，不可谓其“小”。相对而言，第二、三条对研究者的敏锐程度、对史学及相关学科的理解程度都有较高要求，不易把握。第一条看似最具可行性，但却要求学者必须具备较深厚的传统史学的功夫。例如研究明清时期的一个村落，必须在胸中有一幅明清史的图像，研究西南某个地区的民族史，必须有一幅中央王朝开拓西南地区的历史图像（根据研究主题，可能还同时需要一幅中国与南亚、东南亚交流与互动的图像），这些图像必须超越大学历史教材，唯有如此，才能在大历史演变的脉络中把握个案的意义，并由此挑战我们对大历史的一些认知。

要获得这样的历史图像，并由此推进对大历史的认知，必须具备政治史与制度史的功底，熟悉各种正史、典章制度诸书，以及考据、编年等等史学的看家本领，但这些传统史学的基本方面，恰恰是现在许多史学工作者与研究生的薄弱环节。前不久，中山大学的一次博士生招考面试，刘志伟、陈春声两位老师就非常感慨地说，现在的学生只阅读地方志、族谱等，以为这样就可以把他们的地点研究好，恐怕有人还认为是我们开了这样的学风。我能深刻体会到他们担忧，因为他们这个学术群体的抱负和目标完全超越了具体的一村一庙，正如台湾人类学家黄应贵所指出的，“（华南学派的）核心成员一直有一个学术共识与理想：由地方调查的经验所了解到平民的日常生活与想法，来改写中国史。也就是这个学术志业与共识，造就了‘华南研究’。”[①]“由地方调查的经验所了解到平民的日常生活与想法”只是一个方面，更具体更完整地说，我认为所谓“华南学派”的“历史

① 黄应贵：《进出东台湾：区域研究的省思》，载黄应贵：《人类学的视野》（台北：群学出版公司，2006年），第174页。

人类学”不同于西方任何历史学家或人类学家所定义的“历史人类学”，它是根植于中国既有的学术传统（主要是以梁方仲与傅衣凌为代表的中国社会经济史传统），同时又积极与国际学术界对话而形成的研究取向，主要有如下特点：

1．鉴于国家制度与国家观念在传统中国社会中的广泛而深刻的影响，必须重视对典章制度（尤其是关于赋役、祭祀、基层行政、科举、学校等方面）的了解与研究，这也是理解传统乡村社会的基本前提。然而，制度史研究并不只意味着考辨条文，还要去考察其具体的实践过程与场景；

2．积极收集、整理族谱、契约、碑刻、宗教科仪书、账本、书信等民间文书和地方文献，力图建立并发展起有自己特色的民间与地方文献的解读方法和分析工具；

3．强调走向田野，在历史现场解读文献。相对于只在书斋或图书馆的苦读，这种方式可达致对历史的更亲切认知，并有可能体验到历史在当代的延续与影响，从中激发出不一样的思考。此外，在阅读中遇到的困惑之处，如果联系田野场景并辅之以实地调查和访谈，或可收到解惑之效；

4．在搜集、解读文献时强调不破坏文献本身的系统与脉络。并初步就此发展出了一套方法；[①]

5．对一个村落的历史与现实的仔细考察、体验与研究，可以深切感知一个具体的社会是怎样组织、延续与变迁的，这样的经验与感觉

① 这一点可以从中山大学历史人类学中心对贵州清水江流域文献的搜集整理中体现出来，该中心并非简单到当地收购文献，而是同当地档案馆等单位的工作人员合作，为他们提供资金与设备援助，并培训、指导他们进行搜集工作，要求搜集上来的每一件契约、族谱、碑刻等文献，都必须严格登记是在X县、X镇（乡）、X村、X户家庭（X处）搜集的，然后原件留在档案馆，该中心只需要复印件。这样，文献的脉络就基本被保存下来了，因为地点、人物清楚，研究者既容易了解文献之间的关联，也有足够的线索回到文献产生的现场，进行田野体验与调查。

对研究历史是弥足珍贵的——即便研究者的兴趣是一个很大的地域甚至是整个中国；

6. 对文献、口碑、仪式等各种文本，不但重视它们表达了什么，更重视它们为何如此表达，强调对历史的当事人自己的认知与表达应持一种尊重的态度并尽量去予以理解，而非用他者的视角去对之进行分类、评判、肢解与归纳；

7. 不同类型的文献（如正史、政书、地方志、族谱、碑刻等等）、口述资料、仪式活动等表达了不同层面、不同角度但却并非全然无关的历史，应同时注重这些不同的历史表达，并将之整合在一起，以期呈现富于立体感的历史；

8. 在坚持历史学本位的同时，保持开放的心态与其他人文学科与社会科学对话。建立从中国社会自身出发的方法体系和学术范畴，是一个长远但却必须去追求的目标。

总而言之，上述“历史人类学”是以历史学为本位，以解读文献为中心的，同传统史学有着深厚的渊源。这样的“历史人类学”并不意味着一项研究必须以村落（或某个小的社区）为基础或至少要有村落的个案，也不意味着有族谱、碑刻、契约等民间文献，以及存在着较多的祠堂、庙宇等是选择研究区域的必要条件。[①] 历史学研究的是人类群体（社会）或社会意义上的个人，在闽、粤等地区，祠堂和庙宇正好是群体活动的主要场所，是村落等社区得以组织、运转的枢纽，其重要性由此可见。然而研究者的目标应该是发现这类枢纽，而不是

① 笔者所描述的这种“历史人类学”，被有的朋友以略带戏谑的口吻简化为“进村找庙”“进庙看碑”，一些朋友甚至不无困惑地对我表示自己研究的地方没有庙宇和祠堂，或者庙宇和祠堂里面没有碑刻，找不到族谱等，不知该怎么办。其实，如果说庙宇、祠堂及碑刻、族谱等民间文献在这种“历史人类学”里显得重要，那只是因为：1. 这种“历史人类学”的研究取向最初是在闽、粤二省进行实践的，闽粤地区恰好有许多庙宇、祠堂和民间文献；2. 在训练学生方面，存在这类东西的地区能够让学生在短时间内体会到上述研究取向；3. 对历史研究而言，选择有较多文献的地区做研究比较容易上手，也更具可操作性。

刻意去寻找祠堂和庙宇，如一味固执于后者，有时难免发现研究无法开展，或即便可以开展，也可能会掉入了闽粤地区的模式而掩盖了所研究地域自身的特色。此外，虽然在田野中发现、搜集到民间文献是令研究者欣喜若狂的事情——文献毕竟是史学的根本，但正如前文所指出的，田野工作尚有其他方面的意义。我自己的研究体验是，在缺乏民间文献的地区，可以先通过阅读图书馆中的相关史料，形成对该地区历史的大致轮廓，再进行访谈、实地体验等田野工作，田野考察与文献阅读的工作反复进行几次，必然收获良多。当然，民间文献的缺乏，从材料上否定了对一个较小的社区（如村落）开展史学研究的可能性，但是，历史学本位的“历史人类学”，主要是一种研究取向，与研究对象的大小没有必然联系，按照其基本原则与精神对所谓大历史进行研究，同样容易取得别开生面的效果。

（原刊《中国人类学评论》第12辑，2009年6月，经作者修改后收录）

新清史

蔡伟杰（栏目编辑·深圳大学人文学院历史学系）

自一九九〇年代初发轫的美国新清史（New Qing History），作为一个比较松散的学派（其内部观点并不一致），近年来受到颇多关注。虽然其观点似乎已经不再新颖，但不可否认的是，经过近二十年的发展，它已经成为美国中国史研究中的重要学派，对传统的清史、中国史乃至世界史研究都提出了更高的要求。新清史专栏的开设初衷，就是为相关的讨论提供一个发表的平台，并且定期向读者引介最新的研究成果。本书选录的三篇文章，分别为任教于内蒙古大学的田宓博士所撰写的Peter Perdue（濮德培）《中国西征》的书评，任教于安徽财经大学的吕杰博士对『晚期帝制中国（late imperial China）』概念的考述，以及中国社科院历史所定宜庄研究员和哈佛大学东亚系教授Mark C. Elliott（欧立德）对于美国新清史在中国的影响与中国学界的回应所做的讨论。这些文章介绍了美国新清史中重要的作品与历史分期概念，以及新清史代表学者的作品，同时也受到广大订阅用户的喜爱与肯定，因此收入本书，以志其盛。

21 世纪如何书写中国历史：“新清史”研究的影响与回应

定宜庄　中国社会科学院历史研究所
欧立德 美国哈佛大学东亚语言文明系

导论

最近三十年，中国史学界一个引人注目的现象，就是原来相对冷清的清史，成为史学研究的热门学科。从事该学科研究的学者人数之多，学术会议召开之频繁，发表论文数量之大，堪居史学诸学科之冠。尤其是自 2004 年启动“国家纂修清史”项目以来，在“盛世修史”思想指导下投入的空前巨大的人力、物力、财力，更为国内外其他诸人文学科望尘莫及。

回顾三十年来清史研究的发展，成果确实令人瞩目。成果的取得，有两个因素不容忽视。

其一，是为数甚巨的清代档案文献的开放以及整理出版，为清史研究提供了前所未有的基础。明清档案曾与莫高窟藏经洞的出土文献、殷墟甲骨文以及汉晋木简一起，并称为 20 世纪中国史学的“四大发现”[①]。自20世纪80年代起中国第一历史档案馆的部分馆藏向学术界开放，尤使学者查阅利用明清档案有了远较从前更为便利的条件。

其二，改革开放以来，中国学者与国外的学术交流日益密切，对西方理论与研究方法的借鉴和引进，已经构成这一时期清史研究的最突出特点。其中如对明清江南经济与人口的研究、华南学者对历史人类学理论与实践的贡献，乃至对清代乡村、宗族等问题的研究、对下层社会和百姓生活史、心态史的研究等等，都从西方的理论与研究方法中受到启发。也有一些，或是有中国学者参与，如美国“加州学派”对中国经济史、人口史的研究，[②]或者就是中外学者共同合作的项目，诸如以华南学者为主的历史人类学研究等等。总之，最近三十年来中国清史研究的进步，与借鉴、吸收国外的理论与方法是分不开的，与国外学者——特别是美国、日本、韩国等国的学者——日益广泛的交流与合作，也成为越来越普遍采用的研究方式。换句话说，中国历史学，特别是清史学，正逐渐地走向国际化、普世化和全球化。

正如上述华南学派的历史人类学、加州学派以及江南经济史学等新的研究趋势体现出来的一样，总体来说，国内学界对这些国外的理

① 此语出自王国维：“自汉以来，中国学问上之最大发现有三，一为孔子壁中书；二为汲冢书；三则今之殷墟甲骨文字、敦煌塞上及西域各处之汉晋木简、敦煌千佛洞之六朝及唐人写本书卷、内阁大库之元明以来书籍档册。此四者之一，已足当孔壁汲冢所出。”见王国维《最近二三十年中国新发现之学问》，《王国维先生全集》初编第5册，台湾大通书局，1979，第1987页。

② 王晴佳在谈到美国加州学派时曾指出，黄宗智等美国中国学家有关明清经济的研究，与中国学者之间有大量的互动。其他许多美国的中国研究者，其研究也均在不同程度上与中国学界产生一些互动和交接。举例来说，近年彭慕兰（Kenneth Pomeranz）、王国斌（R. Bin Wong）等人引人瞩目的中国研究，虽然被许多人视为当今“全球史”研究的一部分，但其实他们所关注的问题及研究的原始出发点，与黄宗智的研究并无二致。他们都是想关注、考察和分析中国的“前近代”（early modern），也即中国在资本主义入侵以前的社会经济状况。所以他们与黄宗智等人一样，都被视为“加州学派”（California School）的成员。而这一学派的成员中，也包括像李伯重这样的中国学者，更可见中美两国学者的密切交流。参见王晴佳《为何美国的中国史研究新潮迭出？再析中外学术兴趣之异同》，《北京大学学报》（哲学社会科学版）2012年2期。

论、学说甚至史观、范式的吸收是积极主动的，这从许多西方的名词、术语和概念都在中国流行一时就可以看出来。但在这样一种潮流之下，却也有一个不和谐音，那就是美国自20世纪90年代兴起的“新清史”。

一、“新清史”由来简述

“新清史”产生于何等样的学术背景，它的学术源流又是什么，已经有专文做详细阐述，此处不赘。[①] 简单说来，它产生的主要因素有如下几个：一是与清代档案、尤其是满文档案的新发现有着直接的重要关系；二是受到西方史学理论多方面的学术转向的影响，这些学术转向包括语言学转向、后现代转向、后殖民论转向、文化转向和族群转向等等。总的来说，“新清史”包含着一种“去中心化”的工程，这点可以从它对于清帝国边疆地区的重视看出来。美国纽约大学的卫周安就写得很清楚：

> 这一修正性认识的核心内容，就是新清史所揭示的：在清鼎盛之时，它并不视中原为他们帝国——远为辽阔的区域，包括了亚洲腹地的疆域：蒙古、西藏和东北（今天有时称之为满洲）和新疆——的核心，只是一个部分而已，尽管是一个非常重要的部分。[②]

我们可以将这个“去中心化”工程的根本思路归纳为：它是对一些历来被人们看成是理所当然的、天经地义的历史叙事提出的挑战。对所谓“汉化论”的质疑可能是最典型的一例，中国史学界关注“新清史”，就是从有关“汉化”问题的一场争论开始的。

（一）争论的由来

概括说来，如果从1996年罗友枝（Evelyn S. Rawski）在全美

① 可参见：欧立德（Mark C. Elliott）《满文档案与新清史》，台北《故宫学术季刊》24卷2期（2006），第1—18页；李爱勇《“新清史”与“中华帝国”问题——又一次冲击与反应？》，《史学月刊》2012年第6期，第106—118页；党为《美国新清史三十年（1980～2010）：拒绝汉中心的中国史观的兴起与发展》，上海人民出版社，2012，等等。

② 卫周安著，董建中译《“新清史”》，《清史研究》2008年第2期；原文见Joanna Waley-Cohen，“The New Qing History”，*Radical History Review*，2005.

亚洲年会上发表演讲《再观清代：清朝在中国历史上的重要性》（“Reenvisioning the Qing: The Significance of the Qing Period in Chinese History”）[1] 算起，这场有关清史研究的著名论争，已经是 17 年前的事了。罗友枝（时为美国亚洲学会会长）这篇文章发表之后，当时已年届八十的何炳棣（Ping–ti Ho）[2] 花费两年时间撰写了《我对汉化问题的再思考：对罗友枝“再观清代”一文的答复》（“In Defense of Sinicization: A Rebuttal of Evelyn Rawski’s ‘Reenvisioning the Qing’”）[3] 一文。虽然这时尚未出现“新清史”这一名称，但这两篇文章可称为“新清史”出台的重要标志。

有关这场争论，国内目前的评介已经不少，但为下文表述方便起见，这里不得不再做一个简单回顾。罗友枝这篇《再观清代》的讲演，直接针对何炳棣 1965 年《清朝在中国历史上的重要性》一文中的某些论断（何氏的这篇演讲本身当时也被视为西方学术界挑战学术主流的一个例证）。二人的议题都是讨论清朝的历史贡献。对于清朝在中国历史上的重要性、对于清朝统治的成功，二人亦无异议。只是对于清朝统治成功的原因，罗友枝向何炳棣提出了挑战。她认为清朝能够在中国成功维持近三百年的统治，主要不是因为他们被汉人同化了，而是因为清统治者有效地利用了与内陆亚洲诸非汉民族的文化联系来巩固了全国的统一，尤其是在边疆地区。罗友枝认为满洲统治者是以中亚诸民族的大汗而非中国传统王朝的皇帝身份出现的。她反对将大清

① 该文发表在当年 10 月的《亚洲研究月刊》（*The Journal of Asian Studies*, Vol. 55, No. 4（Nov.，1996）, pp. 829—850.）

② 何炳棣生于 1917 年，卒于 2012 年。

③ 该文也载于《亚洲研究月刊》（*The Journal of Asian Studies*, Vol. 57, No. 1（Feb, 1998）, pp. 123—155）. 顺便提一下，何炳棣回击罗友枝的文章题目，英文原文是“In Defense of Sinicization”，据他自述，所谓“Defense”，是从拉丁语“defensa”而来，本义为“答辩”“辩护”。为寻找这个合适的词汇，他曾反复斟酌，亦可见他对这篇文章的用心。他很担心中译者会随意翻译这个词汇（此据 1999 年 5 月 26 日笔者之一定宜庄与何炳棣教授在美国加州尔湾何家寓所的谈话），但结果还是被一些译者漫不经心地将其译为“捍卫汉化”了。

王朝与“中国”合二为一，强调以一种“满洲中心观”来评价大清帝国的重要性。

何炳棣在回应罗友枝的文章中，则将重点集中在满洲统治者进入汉地之后是否“汉化”、汉化是否是清朝统治成功原因的问题上。他以“儒化”来代替通常使用的“汉化”一词并对所谓的“儒化”进行了详尽和深入的阐述，认为在中国历史上，凡非汉民族进入汉地，打破了原本的一统局面，在政权转移、又掺杂着尖锐复杂族群矛盾的局势下，当务之急都是要“争正朔、明法统”[①]，努力将自己纳入华夏的正统链中。非汉民族只有争得了“正统”亦即统治的合法性，才能够在汉地立足，并为进一步的开疆拓土打下基础，满洲人建立的清朝也不例外。

将二人的这场交锋称为“论战”未必准确，因为何炳棣尽管雄辩，但我们迄未见到罗友枝和她的支持者对他的正面答复。事实上，罗友枝提出的是另一个问题，那就是清朝除开继承了明朝的领土之外，还开拓了大片疆土，那些土地和土地上的人民基本上没有长期被汉族王朝统治过，他们也未曾接受过任何儒家的思想和文化，而这恰恰是清朝与明朝等中国传统王朝的区别，这是此前研究清史的学者关注和研究不够的领域，也是何炳棣在文章中没有重视的问题。

（二）“新四书”及其他

在罗友枝与何炳棣的相关文章问世前后的短短几年间，美国清史学界几部颇具影响力和代表性的专著相继出版，议题都涉及到清朝统治的满洲因素，势头之强劲令人惊诧，因为作为中国史研究的一个特定领域，对于与满族史相关的清史研究，中国学界几十年中都鲜见如

① 所谓争“正统”，亦有狭义与广义之分。狭义的争正统，亦即儒家政治学说中的争正朔。而广义的“正统”，即争“统治合法性”，含义要广得多。

此集中地、大量地出版过如此重头的研究成果。[①]

这几部后来被学界一些人誉为“新四书”的专著，按照出版时间的先后，依次是：

①罗友枝：《清代宫廷社会史》（*The Last Emperors: A Social History of Qing Imperial Institutions*），[②] 加州大学出版社，1998。周卫平译，中国人民大学出版社，2009。

②柯娇燕（Pamela Kyle Crossley）：《半透明的镜子：清帝国意识形态中的“历史”与“认同”》（*A Translucent Mirror*：*History and Identity in Qing Imperial Ideology*），加州大学出版社，1999。

③路康乐（Edward J. M. Rhoads）：《满与汉：晚清到民国初期的族群关系与政治权力，1861 ～ 1928》（*Manchus and Han: Ethnic Relations and Political Power in Late Qing and Early Republican China*, 1861—1928），华盛顿大学出版社，2000。王琴、刘润堂译，中国人民大学出版社，2010。

④欧立德（Mark C. Elliott）：《满洲之道：清朝的八旗与族群认同》（*The Manchu Way*：*The Eight Banners and Ethnic Identity in Late*

① 这样说也不完全准确。在 1990 到 2001 年之间，与所谓的“新四书”相继出版的时间几乎同时，中国国内也有相类的几部专著面世，特别是中央民族大学王钟翰教授培养的几名清史满族史博士生的学位论文，均与“新四书”讨论的主题相关。这些论文后来都正式出版，以初版时间为序：定宜庄《清代八旗驻防制度研究》（天津古籍出版社，1992。再版更名为《清代八旗驻防研究》，辽宁古籍出版社，2003）、刘小萌《满族的部落与国家》（吉林文史出版社，1995。再版更名为《满族从部落到国家的发展》，辽宁民族出版社，2002 年第 2 版，中国社会科学出版社，2006 年第 3 版）、姚念慈《满族八旗制国家初探》（北京燕山出版社，1996。再版增订更名为《清初政治史探微》，辽宁民族出版社，2008）等等，但在学界从未被人放在一起作为一种学术现象看待，更未被视为一个“学派”。

② 王笛：《评路康乐著〈满与汉：清末民初的族群关系与政治权力，1861 ～ 1928〉》（《历史研究》2002 年第 4 期）中，将罗友枝《清代宫廷社会史》译为《末代皇帝：一个清代帝制的社会史》，按罗氏原文中的皇帝一词为复数，如果译为“末代皇帝”，容易让人产生该书是讲述末代皇帝溥仪的误解；至于将 Pamela Crossley（中文名字为柯娇燕）译作 P. K. 克拉斯利；Mark C. Elliott（中文名字为欧立德）译为 M. C. 依利尔特，可能是不熟悉清史学界情况的缘故，虽然并未译错，但对于不懂英文的学者，容易产生歧误，特此予以说明。

Imperial China），斯坦福大学出版社，2001。

除了这些著作之外，柯娇燕早在1990年就曾撰写过一部在学界颇有影响的著作：《孤军：满洲三代家族与清世界的终结》（*Orphan Warriors: Three Manchu Generations and the End of the Qing World*），关注了满洲族群意识和认同等问题，并为学界视为经典。与此同时，美国的《清史问题》1990年发表的两篇文章也应该视为"新清史"的先兆，一篇是柯娇燕的《前近代中国族群问题的思考》，另一篇是欧立德的《旗人与民人：十九世纪江南族群的张力》。[①]1994年夏，美国学者在密歇根大学召开会议，会后由米华健（James Millward）、邓如萍（Ruth Dunnell）、欧立德和傅雷（Philippe Forêt）等人主编出版论文集《新清帝国史：内陆亚洲帝国在承德的形成》（*New Qing Imperial History: The Making of Inner Asian Empire at Qing Chengde*），"新清帝国史"（New Qing Imperial History，简称"新清史"）一词从此成为这个清史研究学派的被公认的名称，[②]尽管他们中的一些人对此未必认可，对此我们在下文中还将详述。而我们下文中还会一再将其称为"学派"（school），为的则是叙述的方便。

事实上，"新清史"并未局限于对满洲的研究，而是更进一步，拓展延伸到宫廷活动、边疆政策乃至美术史等诸多领域。其中比较引人注目的成果，有米华健1998年的《嘉峪关外：1759～1864年新疆的经济、民族和清帝国》；白瑞霞（Patricia Berger）2003年的《虚静帝国：清代中国的佛教艺术和政治权威》；濮德培（Peter Perdue）2005年的《中国西征：清朝对中亚的征服，1600～1800年》；艾宏展（Johan Elverskog）2006年的《我大清：帝制中国晚期的蒙古人、

① 柯娇燕文章原名为"Thinking about Ethnicity in Early Modern China"，欧立德文章原名为"Bannerman and Townsman：Ethnic Tension in Nineteenth–century Jiangnan"，分别载于*Late Imperial China* 11. 1990, pp. 1—35，pp. 36—74。

② 有中国学者说"新清史"其名是2005年欧立德在一次学术会议上提出来的，此说并不准确。

佛教、与国家》；张勉治（Michael Chang）2007年的《马背上的王朝：满洲少数民族宗室统治在中国的建立，1751 ～ 1784》等。[①] 其中一些著作偏重于对清朝西北边疆的研究，却不同于中国传统的西北史地研究方式，而如美国学者所说，是希图将中国置于世界历史进程之中加以考察（“placing China in world history”），为中国研究提供一个“世界史视野”。[②]

从“新清史”引发的讨论，目前仍有方兴未艾的趋势，对于“认同”“民族主义”“帝国”等名词，以及对“被发明的传统”“地缘实体”与“国族目的论”等所有质疑民族国家之自然性质的概念，都被纳入“新清史”关注的内容，促使学界对清朝以及中国历史上诸多问题进行深入的解析和思考。

二、从冷漠到热议：中国学术界与“新清史”的初次交锋

“新清史”发展至今已经有十余年，国内学界对它的态度，从开始时的冷漠到后来的关注，经历了一个颇耐人寻味的过程。

2000年，定宜庄曾在《中国史研究动态》发表《对美国学者近年来研究中国社会史的回顾》一文，[③] 其中第二部分详细叙述了罗友枝与

① James Millward, *Beyond the Pass: Economy, Ethnicity, and Empire in Qing Central Asia, 1759—1864* （Stanford: Stanford University Press, 1998）;Patricia Berger, *Empire of Emptiness: Buddhist Art and Political Authority in Qing China*（Honolulu: University of Hawai ‘i Press, 2003）; Peter Perdue, *China Marches West: The Qing Conquest of Central Eurasia, 1600—1800*（Cambridge, MA: Harvard University Press, 2005）; Johan Elverskog, *Our Great Qing: The Mongols, Buddhism, and the State in Late Imperial China* （Honolulu: University of Hawai ‘i Press, 2006）; *A Court on Horseback: Imperial Touring and the Construction of Ethno—Dynastic Rule in China*. （Cambridge, MA: Harvard University Asia Center, 2007）.

② 参见濮德培《中国的边界研究视角》，载乔万尼·阿里占（Giovanni Arrighi）等主编《东亚的复兴：以500年、150年和50年为视角》，第71页。另见濮德培《中国西征》，pp. 5，9.

③ 载《中国史研究动态》2000年第9期。并见朱政惠编《中国学者论美国中国学》，上海辞书出版社，2008，第143—146页。

何炳棣的那场论争，也谈及“新四书”的出版。2002年，定宜庄又在《满族研究》发表《美国学者近年来对满族史与八旗制度史的研究简述》，①再次谈到罗何之争和所谓的“新四书”。但这两篇文章在清史和满族史学界没有引起丝毫反响。此后数年，虽亦有学者撰文介绍海外特别是美国的清史研究动态，如香港中文大学历史系张瑞威2006年写的《谁是满洲人？西方近年满洲史研究评述》，姚大力2007年的一篇书评：《西方中国研究的“边疆范式”：一篇书目式述评》②，以及2006年欧立德以中文发表的《满文档案与新清史》（可能是“新清史”的第一篇以中文发表的文章），引起了较多人的兴趣，③但国内清史和满族史学界还是没有将这一学派的产生作为值得注意的学术动向提出来，回应者仍然寥寥无几，反而是研究中国史其他领域的一些著名学者，反应积极得多。④

直到2008年，当定宜庄为庆贺何炳棣教授九十寿辰再撰《美国的“新清史”研究引发的感想》时，还坚持呼吁：

美国学界提出的“新清史”，从开始形成迄今已近十年，他们提出的问题不可谓不深刻、不宏大，更不可谓无意义。但令人深感遗憾的是，这个在美国学界备受关注的议题，在本应更切身、更受重视的中国清史学界，虽然也有过几篇报道问世，却几乎未引起任何认真的探讨与回应。其突出表现，就是清史学界对于“大一统”的阐述数量越来越多、口气越来越硬、调子越来越高，在实质性的问题上却难以深入、难有突破。

如果说对美国学界的这些说法持不同意见，却未见有如何炳棣先

---

① 《满族研究》2002年第1期。

② 张瑞威，《历史人类学学刊》第四卷　第一期（2006年4月），第93—112页；姚大力，《文汇报》2007年5月7日。

③ 欧立德：《满文档案与新清史》，第16—18页。

④ 例如葛兆光、姚大力、陆扬等知名学者。当然他们对“新清史”的了解并非来自定宜庄的文章。

生那样严肃认真的、高水平的反驳。如果对美国学界的讨论不屑一顾，那么，对于如此带根本性的重大问题尚且不屑一顾，还有什么是更值得关注的呢？[①]

在此旧话重提，并不是由于此语有什么重要，而只是为了说明当时学界的冷淡和沉默确实存在。

今天国内学界总结对“新清史”长达十多年忽视和沉默的原因，认为是因很多学者对其“持保留态度”和“不敢苟同”，笔者认为并不准确。事实很简单，那就是通晓外语、对西方学界动态也比较了解、通常承担着将欧美学界各种成果推介到国内的人们，并没有看到“新清史”的重要性，也没认为有必要予以理睬。再者，“新清史”最初受到冷遇，还有一个深层的原因，那就是它曾被清史学者归类到“满族史”也就是民族史的类别之中了，而满族史在清史研究中，虽然有以王钟翰教授为代表的一批学者几十年的开拓耕耘，也取得了相当可观的成果，却始终被视为清史学界的边缘。而很多研究清朝制度史、政治史的学者，开始时并未意识到这个学派与政治的深刻关联，只是一见“满族”便以为这仅仅属于“民族史”范畴，便予以无意识的轻视，亦属势所必然。

“新清史”终于进入中国学界视野的时候，它在美国已经发展了十有余年，掀起的第一个高潮也已经有了回落之势。我们如果回顾一下，国内有关介绍和评判“新清史”的活动，应该是在2010年前后兴起的，其中最有代表性的，就是2010年8月由中国人民大学清史研究所主办的“清代政治与国家认同”国际学术研讨会。这是首次在中国大陆举行的以讨论“新清史”为专题的学术研讨会。作为这次会议的准备，人大清史所专门编选了《清朝的国家认同：“新清史”研究与争鸣》

① 《美国的“新清史”研究引发的感想》，《清华大学学报》（哲学社会科学版）2008年第1期。

论文集，[①] 会议之后，又结集出版了《清代政治与国家认同》上下两册，[②] 在国内清史学界引起了不小的反响。从此之后，对于“新清史”的评价，在学界掀起一股不大不小的浪潮，有关的评论文章，在 2010 年前后也大多公诸于世，除正式论文和硕士博士论文之外，也包括一些著名学者的相关访谈，以及在学术网站发表的议论等等，[③] 近来更有越来越火爆之势。

“新清史”在出现十多年之后终于引起国内学界的注意，并因此掀起一场波澜，与国家编纂清史工程的启动也有关系。在“盛世修史”思想的指导下，清史学界对“康乾盛世”和“大一统”的讨论一度成为清史学界最热门的主流话题，因而也必然会着力于对“统一多民族国家形成”的历史解释，并进而关注到清朝的边疆民族问题，而一旦将目光集中到这些问题上，便不可避免地会与“新清史”发生直接的碰撞。

所以，“新清史”在中国学界成为关注焦点，始发轫者并不是满学界，而是以研究政治史、制度史为主的学者。于是，这个来自西方世界的不和谐音虽然缓慢，却恰逢其时地进入到中国清史学界的视野。很多中国学者已经认识到，这个学派及其提出的学说，已经不仅仅是在他们眼中根本“不入流”的民族史，它已经影响甚至颠覆了主流话语中最根本的、根深蒂固的诸多观念。笔者以为，这便是自 2007 年以

① 刘凤云、刘文鹏主编：《清朝的国家认同：“新清史”研究与争鸣》，中国人民大学出版社，2010。

② 刘凤云、董建中、刘文鹏：《清代政治与国家认同》，社会科学文献出版社，2012。

③ 2010 年发表的论文等包括袁剑：《“新清史”与清代中国的“边疆性”问题》，《中国社会科学报》2010 年 10 月 29 日；关凯：《满族民族性：帝国时代的政治化结构与后帝国时代的去政治化结构》，《社会科学战线》2010 年第 8 期，以及华东师范大学历史系的博士论文、党为著《近三十年来的美国清史研究：以新清史为线索》（该论文在 2012 年以《美国新清史三十年（1980 ~ 2010）：拒绝汉中心的中国史观的兴起与发展》为名，由上海人民出版社出版）等。

后，对“新清史”的认识、了解和批评被列入日程，也被作为政治问题而重视起来的原因。[①]

“新清史”在中国冷寂多年之后又成为热点的另一个原因，是新一代学者的成长。相比老一辈的学者，他们思维更活跃、更敢于发表自己的见解，受到过更多西方理论和外语训练，对于“新清史”表现出了远较老一代学者更强烈的兴趣。近年来一些论述“新清史”的文章和专著，都出自他们之手，有些就是他们的博士学位论文。

目前，“新清史”在中国的影响所及，已经不仅限于清史学界，而波及到中国古史的各个断代以及近现代史的一些领域，同时也波及到其他相关学科，已经有年轻学者在思考“新清史”的人类学转向等问题。所以，重视“新清史”提出的挑战并予以严肃认真的思考和回应，已经是一件难以回避的事了。

三、冲击与回应：“新清史”提出的几个关键问题

在下文中，笔者拟将讨论几个由“新清史”提出并最受关注的概念，但重点不在介绍“新清史”学者的观点本身，因为相关的文章已有很多，而重在阐述笔者的一些看法，以期引起学界进一步的讨论和思考。

（一）“新清史”新在何处

“新清史”相对于所谓的传统清史研究，究竟是否有所创新，又究竟“新”在何处，近年来国内有大量文章论述，已经成为一个老问题了。但其中有些问题，迄今仍为国内学者忽视，有必要再作些交代。

① 由国家清史编纂委员会主办的《清史论丛》集中发表了若干篇介绍“新清史”的译著，也是“新清史”最终得到学界关注的原因。这些译文如马钊：《满学：清朝统治的民族特色——1990年以来以英语发表的清史著作综述之一》，《清史译丛》第1辑，中国人民大学出版社，2004；孙静：《满族民族认同的历史追寻——柯娇燕满族研究评价》，载《清史译丛》第3辑，2005；〔美〕盖博坚：《谁是满洲人：综合书评》，孙静译，《清史译丛》第7辑，2008；张瑞威：《谁是满洲人——西方近年来满洲史研究述评》，载《清史译丛》第7辑，2008；〔美〕卫周安：《新清史》，董建中译，《清史研究》2008年第1期，等等。

首先，很多美国学者并不认可“新清史”是一个学派，他们认为它只不过是一个方向，一种方法，无非是各自撰写各自的书、研究各自感兴趣的问题而已。即使被看作是代表人物的几位，在相关问题的立论、观点和阐述上也多有分歧，甚至到了很难将它再说成是一个“学派”的程度。这本是美国学术界一种很正常的现象。即如上文提到的“加州学派”，不同学者之间观点的歧异和交锋也相当尖锐，甚至彼此对立。

再者，“新清史”从那场著名的争论算起，迄今已经十七八年，著作的出版时间也有先有后，随着史料的不断扩充、思考的不断深化、观念的不断更新，“新清史”关注的焦点也必然会有所转移。当然即使如此，被作为“新清史”代表人物的诸位学者，还是可以说有共同的研究取向和共同关注的问题，这也是他们被看作是一个学派的原因。

那么，能够代表“新清史”学派的共同观点有哪些呢？归结起来大致有三个方面：

1. 强调全球化的视角。“新清史”主张将清史纳入世界历史——或者也许更准确地说，是“全球史”—— 的范畴来研究，特别是主张将其作为一个帝国与世界同时代（即前近代，或者近代前期，日本学者说近世，即 early modern）的其他帝国，尤其是大陆帝国（与海洋帝国相对）进行比较分析。这种视角迫使我们重新考虑各种方法上的问题，包括断代法的问题。

2. 强调满洲因素的重要性，认为满洲的族群认同和清朝的政治制度以及对各非汉族群的统治政策，对于清朝的成功统治，都起到了非常重要的作用。与解释清朝的少数民族统治之所以成功的传统汉化论不同，“新清史”认为清朝统治的成功，正是因为满洲人没有被完全“同化”，尽管他们的涵化（acculturation）已经到相当深的程度，但一直到清末，仍然保留了满洲特殊的族群认同。

3. 强调使用满语和其他少数民族（“新清史”将其称为“非汉族群”）语言的重要性。他们认为充分利用满文（蒙古文、藏文、察合台文等）

档案，这不仅仅是语言问题，也是以满洲或其他非汉族群为主体进行研究的必要条件。

笔者认为，这三个方面，概括了“新清史”在方法论、社会科学理论以及史料三个层次上的创新。

不过，这些是否确实是“新清史”所创之“新”？部分中国学者对此有所保留，刘小萌教授的话比较有代表性：

既然是“新清史”，首先应澄清的一点，就是究竟“新”在何处？有些学者将“新清史”的主要特点概括为，一是强调清朝统治与历代汉族王朝的区别，强调清朝统治中的满族因素，一是重视利用满、蒙等少数民族史料。我认为，这种概括不准确。上述两特点，中日学者自上世纪五十年代以来已有长期实践，尤其在利用满文、蒙文文献考证史实方面，均取得令世人瞩目的成绩。无视学术史发展的基本脉络和成果，将两特点作为一种“新”的发明而归功于“新清史”，这种说法是否合适，答案不言自明。更何况，即使是在西方，早年欧文·拉铁摩尔（Owen Lattimore）有关东北边疆与满族的论文，也已提出类似新清史有关清朝满族性的观点。[a]

葛兆光在2009年的一次谈话中也明确发表过如下见解：

我们现在都知道新清史，新清史最简单的一个问题是，影响了后来的这批年轻学者。新清史最简单的概括是，不再把清史看成中国的王朝史，而是看成一个更广泛区域的、多民族的历史。在最近这些年，欧美学者，尤其美国学者和日本学者联手，新清史的运动趋向是很厉害的……但是还要看到另外的问题，其实新清史并不新，老实说是旧清史。为什么是旧清史，在中国的晚清民初，日本明治大政时代，日本最早的东洋史就已经凸显对蒙、回、藏的研究。当时的日本为了改

① 见刘小萌2010年9月21日为中国社会科学院近代史所青年同仁的读书会所做《关于新清史的几点看法》的报告，该报告中的这部分内容，也被作者收入《清朝史中的八旗研究》一文，载《清史研究》2010年第2期。并再刊载于2012年出版的《清代政治与国家认同》，第156—165页。

变中国中心，对于中国的政治和当时国家领土有一个新的解释，是有政治背景在后面的……现在美国的新清史，一方面有新的学术推动力在，和新的学术增加的成分在；另一方面也要看到，跟过去日本东洋史初期的关联性，这个关联性是很深的。在新的清史研究里面，中国学者要理解美国中国学和美国清史的变化，但是同时也要看到他们的背景，看到在中国怎么样接受和区分，以及坚持自己研究的立场。①

本来，任何一个新观点的创立，一个新问题的提出，都不可能是凭空产生的。的确，提倡用满、蒙等非汉民族文字形成的档案史料来研究清史，强调清朝统治中的满洲因素，都不是自“新清史”始。“新清史”学者自己也多次提到，他们对满文史料和清朝的满洲因素的重视，都不是他们自己的发明，而是渊源有自。本文作者之一欧立德早在 2001 年出版的《满洲之道》一书序言中已经做了如下叙述：

这个论点“即满洲人重视保留原有的特殊性”就涉及到二次大战以前由日本学者发展出来的最完整的一个主题。他们把满洲人制造的“征服者”与“被征服者”之间的隔离解释为所谓“异民族统治”的关键策略。在他们看来，清王朝统治的三个“保守特征”都与防范同化和维持“首崇满洲”这两种政策很有关系。②

在另一处，他有更详细的解释：

诸如稻叶岩吉、和田清、浦廉一、今西春秋、三田村泰助、宫崎市定等人所创立的学术传统，都强调了满洲统治精英的独特性，以及“满洲”这个区域的独特的历史地理。不能否认，他们这些学术著作的一个主要目标是为了证明“满洲”不属于“中国”，以此为日本帝国主义在亚洲大陆的扩张寻找借口，并通过这个手段来开创中国“异民族统治”的历史先例。但是，这些学者们对清王朝的认知还是有它另外

① 葛兆光的这次谈话刊载于艾尔曼等《对话：美国中国史学研究的新动向与新趋势——兼谈〈剑桥中国清代前中期史〉暨〈剑桥中国史〉系列出版意义》，2009 年 12 月。

② Elliott, *The Manchu Way*, pp. 6—7.

一个来源，就是他们对于内陆亚洲这个地方的历史和语言的深入了解。因此，即使当时他们这个学术有着很浓的政治色彩，然而有关清代各种制度和典章的叙述与分析应该说还是有诸多正确之处。[①]

此外，欧立德2005年在台北故宫一个会议上的主题演讲《满文档案与新清史》中，也曾具体介绍过自20世纪70年代开始，几乎同时在中国台湾、中国大陆和日本发生的、影响到“新清史”的学术动向与来源，明确指出这些并非来自西方的学术来源正是“新清史”得以产生的重要基础。[②]应该补充的是，20世纪70年代以来不少日本学者，诸如冈田英弘、细谷良夫、石桥崇雄、楠木贤道、冈洋树、杉山清彦等人，他们采取的研究途径也与“新清史”的主张基本一致。可知这种注重满洲因素、利用满文文献处理清代历史的做法，并非是唯美国人独有的。[③]

这些学术动向，包括台湾的陈捷先和庄吉发在发现并非所有的满文档案都有汉文版本后，首先提出满文在研究满洲入关后的历史上同样具有重要性；北京的中国第一历史档案馆培训了一批年轻学者来着手整理该馆的满文收藏，而该馆在《历史档案》创刊号上刊载了满文史料的汉译，使满文档案的重要性被国内外学术界所体认。同时，北京中央民族学院王钟翰教授要求所招收的研究生都要学习满文，并于1986年在中央民族学院历史系创办“满文清史班”，尝试培养一批将满文与清史研究结合的研究人才，等等。这些成果算不算“令世人瞩目的成绩”暂可不论，重要的是，这些都是由“新清史”学者自己列举出来并承认从中受到很大影响的因素。许多学者也提到中国老

① Elliott, *The Manchu Way*, pp. 31—32.

② 欧立德：《满文档案与新清史》，第16—18页。

③ 可参阅楠木贤道《“两国会盟录”中所见志筑忠雄与安部龙平对清朝北亚之理解——江户时代知识分子的“新清史”》：“日本在200年前，早已存在所谓New Qing History（新清史）的研究了。”中央民族大学历史系编：《民族史研究》第9辑，中央民族大学出版社，2010，第425页。

一辈清史学者诸如孟森、金毓黻、冯家升、傅斯年和莫东寅等人的贡献和从他们那里接受的影响，孟森的影响尤深。与此同时，欧立德、柯娇燕等“新清史”的代表人物也一再提到西方的前辈学者如拉铁摩尔、梅谷（Franz Michael）、福华德（Walter Fuchs）、魏特夫（Karl Wittfogel）、弗莱彻（Joseph Fletcher）、芮玛丽（Mary Wright）、史景迁（Jonathan Spence）、魏斐德（Frederic Wakeman）、白彬菊（Beatrice Bartlett）以及孔飞力（Philip Kuhn）的研究对“新清史”产生的影响。由此可知，“新清史”的“新”，本身即是国际学术界、以及历代学者群体内互动交流、互相影响的结果。

再者，虽然“新清史”确实并不是全新的，但同时也还是要承认，它对清史学界的冲击是新的，引起的争论也是新的。我们上面已经指出，“新清史”源自西方社会科学理论的潮流和档案资料的新发现，而绝非像一百年前跟随日本帝国主义向亚洲大陆发展的、与政治互相纠缠的东洋史。

尽管如此，人们可能还要问，既然在整个 20 世纪中国和日本的史学传统中始终存在着与“新清史”相同的核心思想和方法，那又为什么非要等到美国学者再次将其提出来，才成为一个热门话题？这是一个值得学界认真思考的问题，我们将在本文的第四节中尝试做出详细的解释。

（二）对“以满洲人为历史主体”的理解

刘小萌尽管对“新清史”有所质疑，但也明确肯定了“新清史”在理论方法、研究角度和观点等方面的创新和贡献。李爱勇发表于 2012 年的《新清史与“中华帝国”问题——又一次冲击与反应？》一文中，也认为“新清史”之新，就在于理论与视角的新运用。但是，所谓理论与视角的创新，说起来简单，不同人的理解却各有不同。有学者认为，在我们上面介绍到的“新清史”三点创新之中，第一点算是视角，第三点只是工具，第二点才是要害所在。笔者却认为，这三点是不可分的一个整体。

“新清史”力图将以往传统的以汉族为历史主体的视角，转换到这个王朝的统治者——满洲人之上。他们通过这种转换，发现了清朝与传统的汉族中央王朝之间存在的差异，也通过这种转换，来观察非汉地区的诸族群对于清朝皇帝、清朝朝廷的态度。这也可以被理解为从“汉人中心观”向所谓“满洲人中心观”的转换。

研究视角的不断转换和更新，本是西方学界不断挑战陈说、不断颠覆固有囿见而力求学术持续发展的一种常态。每一次视角的转换，往往会引发学术上的一场革命，为学术的进一步深入发展提供重要的契机，并引领学术发展的新趋势。即以对中国的研究来说，从上个世纪以来，西方学界就经历了从早期以欧洲为中心到以中国为中心的理念与视角的转换，试图以中国自身社会与文化的内在动力重估中国的历史发展。在柯文（Paul Cohen）的一部极有影响力的代表作《在中国发现历史》[①]中，就提出应将中国视为影响整个世界的一个区域，因而试图将中国研究视为一个“区域研究”（area studies）的观点，这代表了西方人中国观的一个根本改变，被评价为具有根本性的意义。毕竟，中国已经成为现代世界的一部分，而且还在通过其自身的发展变化，对世界历史产生着很大影响。

“新清史”则是针对清朝这个特定的历史时期，进行的又一次对历史主体的研究视角的转换。而这种以满洲人为历史主体的变换，的确使我们感受到以不同的话语所叙述的清史，乃至受它影响的整个中国近现代史，有着与传统视角看到的清史的重要区别。

西方学者从欧洲中心观向中国中心观的转换得到中国学者的普遍认同，至少是没有受到多少阻力，这并不难理解，因为西方学者强调

① 柯文（Paul A. Cohen），*Discovering History in China: American Historical Writing on the Recent Chinese Past*，New York: Columbia University Press, 1984. 林同奇译《在中国发现历史——中国中心观在美国的兴起》，中华书局，2002。

的“中国中心观”，与中国学者的爱国意愿和对民族国家的叙述恰恰相合。西方搞中国历史学研究的人对于中国社会和文化的探究，与中国学者的历史研究的既成观点，至少在研究的开始阶段，并无明显的冲突。

然而，“新清史”在中国的遭遇却大不相同。尽管清朝的创立者是明朝时僻处于辽东边墙外的女真人，而不是人们通常所说的“汉人”，尽管这个由非汉族群建立的王朝统治中国的时间长达三百年之久，并始终以八旗制度将自己置于“国中之国”的地位，在法律上、社会地位上和婚姻上与其他人群“未尝一日与混合”[①]，因此而导致的族群间的隔阂成为清末革命派提出“驱逐鞑虏”口号的动因之一。但将满洲人作为清王朝的一个“历史主体”，学界却仍然难以接受。提出诘难者有之，明确表示无法接受者有之，甚至有人怀有明显的反感和敌意。黄兴涛教授针对这一问题发表的一段话，就颇有代表性：

> “新清史”强调满洲人在清朝的某种主体性地位，注重从满洲人主体性的角度来研究清史，对于丰富清史研究的意义不言自明。但在正视清朝历史这一独特性的同时，也不应走到另一个极端：有意无意地轻忽乃至淡化其大一统国家的“中国性”，更不能将两者简单化地对立起来。

作者很准确地把握到“新清史”之新的关键，即强调满洲人在清朝的某种主体性地位，注重从满洲人主体性的角度来研究清史，尽管对“新清史”的这一视角仍然坚持其不肯接受的态度。他也同样敏锐地抓住了“新清史”所具有的颠覆性所在，那就是“大一统”国家的“中国性”。只不过这个“中国性”又是什么，作者的回答并不能让人满意。对于“中国性”及其相关问题，本文拟于下文详述。

不过，我们还是有必要对黄教授提到的“主体性”也就是笔者所

---

① 孟森：《八旗制度考实》，《明清史论著集刊》上册，中华书局，1959，第218页。

说的“历史主体”这个词汇，做一番说明。因为对于“以满洲人为历史主体”的说法产生的诸多分歧，有一部分就是从对这一名词的理解不同而引起的。

许多学者无法接受“新清史”的一个重要原因，就是对“历史主体”一词理解的歧误。马克思主义认为，“历史主体”（historical subject）指的是社会历史活动的承担、发动和实施者，即个人、阶级、政党、人民群众等。这是从宏观上、相对于西方传统上将上帝、即“神”（即德语的Geist）看作是历史主体而言的。而20世纪末期以来的西方社会理论中经常提到的“历史主体”，亦即historical subject（或者说historical agent），指的则是凡是有自己的主体性，有自己的历史叙述、有推动历史发展能力的所有族群和个人。所以，当我们在超越民族国家的时代书写历史的时候，我们将那些有自主权，有自我赋权（agency）的活动者（actors）都视为历史主体。这就是说，“历史主体”并不是唯一的，而很可能是多元的，它甚至也不一定是主要的、中心的“那一个”。

如果这样说还不够清楚的话，我们可以用社会性别（gender）的研究来做例子。社会性别当今在西方已经成为一个独立的研究领域。当这些社会性别的研究者将视野投射到对中国历史的研究时，已经不再将那时候的妇女仅仅看作是被压迫的被动的群体，而是脱离开以往男女二元对立的思维模式，转向对社会性别的关注。他们强调妇女在历史上的重要性，强调女性并不完全是被动的、受男人压迫的一方，而是与男人一样的历史主体。乃至提出“赋历史以性别”的倡议。总之，将妇女的历史、将社会性别研究纳入研究范畴，并不意味着否认男人在历史上的主体性。

“新清史”提出将满洲人作为历史主体，恰恰与“赋历史以性别”的诉求相合。强调满洲人的主体性，并不是否定其他族群（主要是汉族）的主体性。它所颠覆的，只是那种将清朝的满洲人看成一个从整体上被汉化的、已经在社会和历史上消失于汉人的“汪洋大海”之中的人群而已。就像对社会性别的强调一样，“新清史”也并未简单化地将满汉两者绝对地对立起来，而是希望研究者更多地注重他们的互动。当然，如果这样做，我们就必须将满洲人视为一个保留着自己的族群认同的群体，这正是我们以往的研究没有充分注意到的。

（三）“满洲汉化”问题

满洲人在有清一代是否被汉化（Sinicization），这是“新清史”与反对者展开交锋的首要问题，也是多年来最受关注的问题。何炳棣回应罗友枝的文章，题目就是《有关汉化问题的再思考》。这场争论也许过于吸引众人目光了，以至于在相当长的一段时间，人们的注意力都被吸引到满洲是否“汉化”的问题之上，一提“新清史”，很多人想到的就是对有关“汉化”的争论，甚至以为这就是“新清史”的唯一观点。

但问题在于，即使仅就“汉化”一事而言，“新清史”的论点也未必被学界完整而充分地认知。笔者之一欧立德就曾为自己做出辩解，说他从未否认满洲人接受了汉文化的影响，这种文化上的变化趋势一直存在，而且越到清末就越明显：“新清史，至少我个人，只是反对用‘汉化’这个词来描写这个过程，因为‘汉化’包含着一种必然性的含义，也包含着一种大汉族主义的味道，因为好像它忽略汉人受满洲人影响的可能性。”[①] 这里所说的“必然性”，指的是植根于学界和普通民众中的、已经根深蒂固的对“汉化”模式的阐释，那就是在中国历史中，汉族都是以文明的、文化发达的进步民族的形象出现的，那些处于汉地边缘的其他民族相对而言都是落后的、文明程度不如汉人的；即使他们以武力征服了先进的汉族，最终也必然被先进的汉族从文化上征服，亦即古人习称的“夷狄入中国者则中国之”的含义。

---

① 欧立德《新清史研究的影响与回应》，在复旦大学文史研究院的演讲，2013 年 5 月 6 日。

文明必然战胜野蛮、先进必然战胜落后，这就是支配或引导中原和周边诸族之间各个层次的关系，是“汉化”的实质，也是被历史反复证明过的“唯一”的规律，清朝也不例外，它之所以能够维持近三百年统治，就在于满洲的彻底汉化。这种既成的、被人广为认知的说法容易给人这样的印象，就是有清一代的满洲人已经彻底变成了汉人，这当然并不符合历史事实。

“新清史”学者主张用“涵化”（acculturation）一词来描述这个历史进程。他们认为历史已经证明了，这种“涵化”的过程并非那么简单，那么单方面，而往往是复杂的、时进时退的，也往往是不平衡的。而用“涵化”一词，能够更准确地描述不同人群长期相处时发生的各种变化、妥协、抵抗等等行为，也才能够承认个人在认同问题上的非单一性。即以满洲人来说，他们虽然受到周围汉人的深刻影响，甚至放弃了自己的语言，但整个有清一代，即使说的是汉语，他们还是认为自己是满洲人。汉人也一样，尽管他们身边的满洲人（旗人）已经都讲汉语，他们仍然将这些人视为满洲人而绝不会将其与“民人”[①]等同。清朝被推翻之后，满洲人身上还存在一种“缺乏向外标志的内在认同感”[②]，这便是族群理论能够帮助我们分析的问题。

“汉化”一词的另一个缺陷，是容易造成某种误解，以为这是中国文化独有的现象，是古代史中的一种“中国模式”。而事实上，众所周知，文化与文化之间互相的碰撞、摩擦、混合、吸收和排斥，是一种很普遍的现象。生活在中原的人希图将自己的华夏文明、儒家文

① 按清朝户籍分为“旗籍”与“民籍”二种，凡八旗制度下的属民均为旗人，入旗籍；其余未入旗者为民人，入民籍。旗人与民人在法律和社会地位上都有严格区分。在讨论清代族群问题的时候，我们认为用“民人”来指代旗人以外的、以汉人为多数的人群，比用“汉人”更准确些，也更符合历史事实。

② 对于历史上各个帝国在族群问题上的比较与分析，可参见 Kenneth Pomeranz（彭慕兰），“Empire & ‘Civilizing’ Missions, Past & Present,” *Daedalus* 134.2（Spring 2005）, pp. 34—45.

化传播到周边那些被视为“野蛮人”的人群中，以为这是在提高这些“野蛮人”的素质，是在改变他们落后的风俗习惯。其实，历史上所有的大帝国都有如此表现，无论罗马帝国，还是西班牙、大英帝国、沙俄帝国，乃至日本和美国，都或多或少地以为自己承担着一项神圣的“文明使命”（即法文的 mission civilisatrice），但最后的结果，却总是导致了不同程度上的文化交融，而不是单方面的“同化”。中国又何尝不是这样。

总之，“新清史”从来不认为满洲人没有受到汉人的影响，只是认为用“汉化”二字来描述这一现象，一则会显得过于简单，一则也显得过于例外和特殊。国内满族史学界早就有人提出汉人也有被满洲人涵化的问题，并主张用“满化”一词来解释这一现象，但我们认为，无论“汉化”还是“满化”，指的都是同一类型的单向的、绝对的同化过程，其实都是不准确的。[①]

“新清史”为什么如此重视有关“汉化”的争论呢？这牵涉到满洲统治者的自我认同以及满洲人整体的族群认同问题，这也就是“新清史”学者所谓的“非汉因素”之义。他们认为清朝统治的成功，在于保持两个基点之间的平衡。这两个基点，一个是通过争“正统”来取得汉族士大夫集团的认可和统治的合法性（这点与上述何炳棣的论点相合）；另一个基点，则是保持他们作为统治者的威望和权力。要保持统治集团的权力，就必须极力设法维持他们的自我身份认同，维持在人口上仅占少数的满洲人和人口占多数的民人（汉人）之间的隔离格局。而维持这种隔离格局的前提，就是竭力避免被同化，只有不

① 杨念群也注意到“汉化”一词的不妥并强调：使用“汉化”一词更容易被理解为是一种单纯的种族论叙述，似乎任何外来民族只能单向接受汉民族的文化熏陶。如果改用“华化”一词则无问题，因为“华化”代表的是一种民族多元共同体的交融过程，至少在相互遭遇时呈现出双向交流的局面，是不同文明多向交流的结果，而非单一的种族对其他民族的单向文化塑造。《超越‘汉化论’、‘满洲特性论’：清史研究能否走出第三条道路？》，《清代政治与国家认同》，第 123 页。

被同化，只有尽量以政治、社会、经济、法律各种机制和措施来保护满洲人的族群认同，才能够找到这样的平衡。因此，强调清朝统治与历代汉族王朝的区别、强调清朝统治中的满洲因素，便成为他们的一个主要特征。他们这一观点的提出并非空穴来风，而是源于将认同理论运用于对满洲汉化问题的分析上。尽管“新清史”的学者之间关于满洲人的认同观的意见未必一致，但他们都承认，保持统治集团一贯的身份认同，是解释满洲人统治得到成功的一个重要因素，而这个因素，以往一直是被忽略的。①

（四）对“中国”和“帝国”的理解

在上文中提到，“新清史”对“汉化”的处理方式，是将其视为所有帝国在某种程度上都存在的现象，这部分地是来自“新清史”提倡的“全球化的视角”，另外，也来自对“满洲因素”和“利用满文史料”两点的强调。在本节中我们要讨论的，是由“新清史”引发的对有关“大清”“帝国”，以及“中国”等一系列定义的争论。这同样与“全球化的视角”直接相关，因为只要我们将中国的历史置于全球的、人类的历史中去理解观察，我们就不再能坚持说中国历史是独一无二的，至少不可能说中国历史的“独一无二”性质与其他地方的“独一无二”性质有什么不同。我们应该承认，中国历史上的各种制度、各种措施和各种经验，都有可能拿来与世界历史上其他的经验、制度和措施相比较。当然，做这种比较并非易事，它需要有坚实可靠的史料作证据，需要根据史学理论进行具体深入的分析，但是，进行这样的历史比较，实在是太重要了，尤其是在我们大家都身处的这个全球化的时代里。因为如果我们不努力把我们的想法和结论传递给全世界关心类似问题的学者的话，我们学术成果的传播就会受到很大局限，

① 对这个问题的详细解释，可参见 Mark Elliott, “Ethnicity in the Qing Eight Banners,” in Pamela Crossley, Helen Siu, and Donald Sutton, eds., *Empire at the Margins*（University of California Press, 2006）, pp. 32—35.

甚至沦为一种无人理睬的自言自语。除非我们用一种相对精神，而不是绝对精神来做研究，我们就很难把我们在中国历史里面发掘出来的真实的教训和模式传达给在别的领域工作的同行，最终的结果很可能是，中国历史的研究只会越来越孤立。如果我们的学生从我们手中接续的是这样的遗产，前景将会很不利。

在“新清史”与中国历史研究的既成观点的碰撞中，引起的争论最激烈的，可能就是关于满洲统治者的“中国认同”问题了。这个问题可以分若干层面来看，其中涉及到对“帝国”的理解，也就是“大一统”论与“前近代帝国”论之间的矛盾；也涉及到对“大清国”的理解，也就是有关“清王朝”是否等同于“中国”的辩论，且一一述之：

第一个问题，“大一统”论与“前近代帝国”论。

国内大多数清史学家是同意将清朝称为帝国（empire）的，认为将清朝作为帝国的一个重要原因，就是它统一了天下，实现了“大一统”的理想。按照郭成康的说法：“康雍乾时期完成国家大一统的伟业，具体来说，就是将‘天下’第一重空间纳入‘中国’版图，使居住在那里的民族‘中国’化。”[①]

请注意，这里“天下”“中国”两个词都带引号，表明了郭教授对这些名词所持的谨慎态度，因为他准确地意识到这种词汇的可变性、模糊性。他没有用“帝国”一词来描述清朝在内陆亚洲的这一扩张趋势，而是用“大一统”来取代它，那可能是因为“帝国”一词是最近五六年以来才被普遍运用的，在他撰写这篇文章时，人们通行的用语是“大一统”。但问题是，当我们以“大一统”这样的提法来描述清朝对蒙古、西藏、新疆等地方的军事征服和行政管辖时，我们的立场是否与清朝政府的立场太接近了？作为历史学家，我们是不是应该保持一种与清朝统治者之间的客观距离呢？再者，谈到主位和客位的问题，如果站在边疆（譬如从准噶尔人的角度）来看中央，大清国伟大的“大一统”

① 郭成康：《大清皇帝的中国观》，《清史研究》2005 年第 4 期。

宏业不外乎是一场大规模的侵略，根本不值得炫耀。这在今天蒙古国学者对满洲人的看法中就可以找到例证，他们始终认为噶尔丹是他们的民族英雄，而不是康熙皇帝所说的“叛乱分子”。

总之，如果我们想要对清代历史做出更为全面、更为客观的叙述，就必须注意到那些“他者”的立场和观点，这些他者不唯是满洲人，也包括蒙古人、藏人，以及吐鲁番、喀什等地的突厥人，还有西南地区的苗人、傣人等等。

所以“新清史”提出，既然“大一统”的提法代表的只是清朝中央的立场和态度，我们是否应该将这种提法放弃？换句话说，虽然我们已经注意到要对边疆问题、对非汉人群在帝国中的地位和经验予以更多的关注和重视，而不是仅仅从中央（无论是满洲人还是汉人）对他们的统治政策的角度去考虑问题，但仅仅这样仍然是不够的，我们同时必须注意到还有另外一个角度，那就是从周边看中央政权的角度。毕竟，政府的决策再重要，也只不过是历史事实中的一个层面而已。

而且，如果我们坚持使用“大一统”这个用语，我们将大清国的扩张过程置于一个比较的框架里的想法就很难实现。这个比较的框架，应该就是前近代帝国的框架，我们想要做的，就是将清王朝和世界上曾与它并存的其他大帝国放在一起进行比较，只有这样做，才能对一个关键的问题做出回答，这就是接下来的：

第二个问题，大清国是不是一个帝国（empire）？

中文里本来并没有“帝国”一词，直到清末才有人开始用“帝国”来指代大清。因此，与奥斯曼帝国、罗曼诺夫帝国不同，我们不能仅仅依靠术语来论证大清是否具有帝国性质，还需要根据大清国在制度上的一些特点，从对清朝中央与边缘关系的模式入手，来探讨大清的“帝国性”或曰“帝制性。”

“新清史”对“帝国”的理解与国内大多数学者惯常的理解不同。在将中国作为“帝国”来考虑的时候，西方人往往会转向他们更为熟知的罗马。罗马最先的独裁者屋大维（公元前 63 ～ 14）和后来的奥古斯都大帝的做法，都是将不同的人群、语言和信仰体系汇集成一个单一的、但又有着不同组织结构和不对称的政治秩序的整体，称之为“imperium Romanum”。Imperium 即“超越势力”，意为凌驾于一切之上的势力，也就是主权，是为专制者一个人所有的，也包括一种神圣的含义。作为一种政权构成形式，这种帝国的概念不仅基于征服，而且基于所创建的能够“有条件地包容差异性”的“主权分层”体制，以及在这个体制之上建立的法律和管理体系，这是将帝国与民族国家区别开来的关键。这个概念在近年来的社会理论中已经出现了。①

我们认为，这种对帝国的理解也非常适用于对清王朝的分析。不仅清朝八旗劲旅的武力征服符合“超越势力”之义，同时，比起此前的明王朝，清朝显然享有族群的多元性和更广阔的疆域范围，这一现实也为清朝涂抹上了帝国的色彩。就像其他曾在中国创立的“帝国”一样，清国也用“天命”作为其政权合法性（“正统”）的基础，控制被它一统的领地（天下，拉丁文会说 orbis terrarum）。不仅如此，有赖于近年来对其他前近代帝国研究的学术成果的启发，我们发现了更多可以将清视为一个“帝国”的视角，这些视角为我们提供了可以论证的更多方法，但在这里，我们仅以清朝对边疆地区的统治与行政为例。

简单地说，清朝管理内亚边疆（满洲、蒙古、西藏和现在的新疆地区）的政策，是一个混乱复杂的集合体。由于各边疆地区是在清朝前半期（大约从 1618 年到 1758 年的 140 余年间）次第纳入清朝版图的，有着各自特殊的状况，所以清朝针对不同地区的不同状况制定的特殊政策，以及在接下来的一个半世纪所作的进一步调整，就构成了这个政策集合。清朝中央政权采取弹性的统治政策，随时针对各地的

① 可参考 Jane Burbank 和 Frederick Cooper 著，*Empires in World History: Power and the Politics of Difference*（Princeton: Princeton University Press, 2010）.

不同情况进行必要的调整，在某种程度上，也任用当地的主权或宗主权系统来进行统治。此外，清帝国的决策者还采取分而治之的措施，尽量把各个族群互相隔离，让他们仅仅对中央效忠，以维护清廷在边疆地区的统治。为达到此目的，朝廷采用了各种方式，如编纂地图，撰写人种志，编纂各种典章制度和则例等等。不同地区行政系统的差别，以及它们与内地行省的管理体制有天壤之别的事实，正是"帝国"式管理体系的标志性特征。而通过这样一个途径，我们才能够摆脱"大一统"的陈说，进一步了解"清朝式"管理政策与其他帝国的同异，并且发现它不同于他国的特点。

第三个问题，如何看待"大清国"与"中国"之间的关系。

"新清史"的大部分学者都认为，清代的各种制度和观念与历代中原王朝相比，有很多相同也有很多不同；除了接纳中原汉族王朝的传统以外，满洲统治者也吸收了内陆亚洲政治传统的许多因素。[①]所以，"新清史"主张要重新思考清代在中国历代王朝替代过程中的地位，强调清朝并不能被漫不经心地定性为"又一个中国王朝"，因为它有它的独特性。当然，不仅仅是清朝，而是每个王朝都有它的独特性，也都是独立的政权，所以每一个王朝都存在着与"中国"的关系，也都值得我们去认真地深入地思考。问题的关键在于，每个王朝都拥有自己具体的历史性存在和性质，但是"中国"却与每个具体的朝代都不一样，它是一种超越历史的、比较笼统而容易改变的信念和概念。

对"中国"的这种解释，是"新清史"诸多理论的基本出发点。在他们看来，"中国"的概念只是一种设想、一个不断演变的过程。作为一个持续进展的具有不同形式、实践和理念的合成体，"中国"的概念一直在发生变化，从来不曾有过，也永远都不会有任何纯粹的中国或纯粹的"中国性"。所谓"中国"和"中国性"是历史的产物，

---

① 参见 Pamela Kyle Crossley, "The Rulerships of China", *American Historical Review* 97.5 （Dec 1992）, pp. 1468—1483.

而历史是多样性的，而非一贯统一的。对“中国”抱有这一看法的，并不仅仅是国外学者，国内学者对此也有不少论述。葛兆光就说过：“应当承认，有时候，中国大陆学术界以现代中国的政治领属空间为古代中国来研究历史的习惯，确实会引起一些问题的。”[①]他并且强调：“……因此可以承认，历史上的‘中国’是一个移动的‘中国’，因为不仅各个王朝分分合合是常有的事情，历代王朝中央政府所控制的空间边界，更是常常变化。”[②]

“新清史”对清朝的种种定位，也都是从这个基点上阐发出来的。笔者之一欧立德就曾明确表示：

也许“新清史”要提出来的最大问题是，我们可否不经质疑地直接将清朝等同于中国？难道我们不该将其视为一个“满洲”帝国，而中国仅是其中一部分？部分“新清史”的史家因此倾向在“清朝”与“中国”间划下一条界线，避免仅仅称呼清朝为“中国”，也不仅仅称呼清朝皇帝称为“中国皇帝”。[③]

在2010年中国人民大学清史研究所主办的“清代政治与国家认同”国际学术研讨会上，他直截了当地强调：

不应直接把清朝称为中国或是把大清皇帝称为“中国”的皇帝。我在某种程度上赞同这样的看法，因为我认为这样的看法有助于让我们更敏锐地注意到大清帝国与中华民国（更不用说与中华人民共和国）是有不同政治目标的不同政治实体……然而，我承认我同时也会担心把这条“清朝”与“中国”之间的界线划得太过明显。[④]

一石激起千重浪，当时的与会者对此的反响不一，有的将其视为一种挑战：“经历过‘新清史’挑战之后重新在新的高度回归的‘国

---

① 葛兆光《宅兹中国——重建关于“中国”的历史论述》“引言”，中华书局，2011，第5页注①。

② 葛兆光《宅兹中国——重建关于“中国”的历史论述》，第31页。

③ 欧立德《关于“新清史”的几个问题》，载《清代政治与国家认同》。

④ 欧立德《关于“新清史”的几个问题》。

家认同’，已经成为清史研究的一种‘新’的视角”[①]，也有的被这种“挑衅”所激怒：

他们（指“新清史”部分作者）对“中国”、“中国人”以及“中国民族主义”的基本概念和基本准则提出挑战，并对“中华民族”及国家的认同提出质疑，这些理论倾向，已经对中国这个“国家”产生了潜在的颠覆性。

它会带来互相关联的双重危险：一是破坏长期居正统地位的中国历史一元叙述，二是动摇统一多民族国家的历史基础。[②]

于是，原来仅仅是对清朝性质的学术性讨论，就演变成了政治化的热点。看法更尖锐的是黄兴涛，在《清代满人的“中国认同”》一文中他说：

清代满人是否认同与如何认同“中国”，这在以往的国内学术界似乎不成问题，至少不是什么有意义的问题。但对于美国“新清史”来说，这却无疑是一个需要明确提出并给予认真回答的重要问题。因为在被称之为“新清史”的学者当中，喜欢像罗友枝那样笼统地强调整个清朝统治期内“大清国”与“中国”为两回事者，差不多已成为一种流行观点。[③]

这种本来“似乎不成问题，至少不是什么有意义的问题”，却被“新清史”学者作为一个问题、而且是一个“非常严肃的问题”提出来，这看来就带有某种“挑衅”意味了。所以黄兴涛又说：“若其所指为入关以后260多年间的大清朝，或至少包括入关后的整个阶段，则显然有违历史事实，而难以理解——无论将它如何‘复杂化’，都是如此。”这一批评得到许多学者的赞同，似乎已成公论。

① 常建华《国家认同：清史研究的新视角》，《清史研究》2010年第4期。

② 刘凤云、刘文鹏“新清史”研究：不同凡响的学术争鸣”，《中国社会科学报》（第130期）2010年10月14日第4版。

③ 参见黄兴涛“清朝满洲人的‘中国认同’——对美国‘新清史’的一种回应”，载《清代政治与国家认同》，第16页。

按照这些学者的看法，即清朝入关以后或至少从康熙时代开始，满洲人就已经完全彻底地认同自己是“中国人”、认同大清就是“中国”的一个新朝代，也即认同自己统治的整个国土范围为“中国”了，“在入主中原之后，满洲皇帝正式以‘中国’自称其全部统治区的国家认同便加快形成了。”在下文中，他举了很多例子，来说明清代前期在处理与域外的关系时，用“中国”二字指代全国领土是很普遍的现象。[①] 对此，“新清史”学者似乎并无异义。但笔者认为，在民族国家时代之前，国家名称的用法本来并不是一贯的，其含义多少有些偶然性、随意性，必须联系特定的语境，才能确定它的所指。郭成康就曾经提醒我们说，当时清朝皇帝很少用“中国”来表达其新的内涵，而更多地仍沿用“大清”“天朝”之类居高临下的词汇，“只是与西方国家的接触之后，各族臣民对大一统国家的认同得到迅速强化”。[②]

“新清史”所希望的，不是要问“清朝是否等同于中国，”而是希望使有关“中国”的概念更为历史化（historicize），而不要把抽象的“中国”符号和具体的“大清国”（或者大明，大唐国等）混为一谈。事实上，一百多年前，这些就已经是中国思想家最关心的问题，他们并没有把“清王朝”等同于“中国”，梁启超甚至表示，“中国”从来不是国家的名字。[③] 这正与我们前面引述的葛兆光等人所说的“中国”是不断演变的概念相一致。黄兴涛自己也意识到这点，他说：“殊

① 黄兴涛《清朝满洲人的‘中国认同’——对美国‘新清史’的一种回应》。

② 郭成康《大清皇帝的中国观》，《清史研究》2005 年第 4 期。

③ 梁启超说：“吾人所最惭愧者，莫如我国无国名之一事。寻常通称，或曰诸夏、或曰汉人、或曰唐人，皆朝名也；外人所称，或曰震旦、或曰支那，皆非我所自命之名也。以夏汉唐等名吾史，则戾尊重国民之宗旨；以震旦、支那等名吾史，则失名从主人之公理。”又说：“且我中国畴昔岂尝有国家哉？不过有朝廷耳。我黄帝子孙聚族而居，立于此地球之上者既数千年，而问其国之为何名？则无有也。夫所谓唐虞夏商周秦汉魏晋宋齐梁陈隋唐宋元明清者，则皆朝名耳。朝也者，一家之私产也；国也者，人民之公产也……然则吾中国者，前此尚未出现于世界，而今乃始萌芽云尔。”（梁启超：《少年中国说》，《饮冰室合集》之五，中华书局，1989，第 9 页）在这两段话中，梁任公明确指出的，就是我国从来都没有“国家”，也没有“国名”，有的只是朝廷而已。

不知康雍乾时代及其以后的中国已非昔日的明代中国，而是被清帝、满洲人和汉人等其他族群共同认同、又加以再造过的中国。”

对这个问题，我们不妨引述一段罗新教授对于内亚史研究的相关议论，因为他的观点正好补充并印证了我们对这一问题的看法：

内亚史自成一个历史系统，它绝非必须依附于中国史才能成立，这是没有疑问的。但是，内亚史从来就没有或绝少有可能不与中国史发生或浅或深的接触、交叉乃至重叠。完全脱离了中国史的内亚史，甚至不可能被记录、被叙述、被了解，而成为永久消失了的过去。同样，中国史从来就没有缺少过内亚因素的参与，这种参与有时甚至决定了中国历史发展的方向。因此，争论“清朝是不是中国”、“元朝是不是中国”、“辽是不是中国”、“金是不是中国”、“西夏是不是中国”、“十六国北朝是不是中国”，还有什么意义呢？[a]

历代王朝中的哪一个是“中国”，哪一个不是“中国”，这确实是一个带有浓厚民族主义色彩的伪命题，是只有在政治上才有意义而在史学中并无意义的。

第四个问题，“中国”与“中国性”的近代性。

如果辛亥革命前后的人士，也就是生活在满洲统治下的清朝的人士，尚且可以看出“大清国”和“中国”之间存在一个距离的话，那么，我们今天就更有必要认真面对这个事实，而不是以其“不是什么有意义的问题”而忽视它了。

更值得注意的是，梁启超早在清亡之前的1901年撰写《国家思想变迁异同论》，就呼吁“中国苟欲图存于生存竞争之大潮，其唯‘速养成我所固有之民族主义’一途可循”，得到知识界的群起呼应。以西方“国族国家”（nation–state）为典范，着手从事于中国“国族”的塑造，包括提出一套以黄帝为中心的“符号政治”，打造出一个新

① 罗新《内亚视角的北朝史》，复旦大学中文系主办：“魏晋南北朝文史论坛”，2013年4月。

的国族——汉族，进而构建起近代中国国族意识的活动，就此而轰轰烈烈地兴起。这一过程曲折复杂且内涵丰富，叙述这一过程又不是本文重点，好在已有不少学者进行过相关研究并有大量成果出现，这里就不拟多谈了。①

至于有人将当代中国的合法性与清朝统治的合法性联系在一起，认为“新清史”动摇了统一多民族国家的历史基础，也是一个很有意思的问题。这表明很多人对于共和政体与帝制的区别，对于公民与国家的关系与帝制下的臣民与朝廷之间的关系有何不同，对于创立共和国的民本思想等等问题还是缺乏一些必要的了解。这种说法，也使一些西方学者感到惊讶，因为他们本来以为“统一多民族国家的历史基础”应该是中国共产党领导的革命胜利和 1949 年之后在巩固国家统一发展的努力下取得的种种成就，却没想到会与外国史学家们对清朝历史的解释做出这样的联系。

四、关于“新清史”的后设话语（metadiscourse）：在 21 世纪如何书写中国的历史？

有人在谈到人大清史所编选的《清代政治与国家认同》论文集时，做过如下概括：

这部论文集充分体现了中国学者对“新清史”的态度，那就是“不敢苟同”。尽管大家都承认，“新清史”给清史研究带来了不少颇具启发性的论点，可以纠正以往研究中的若干偏差，但是——几乎所有中国学者谈到“新清史”，都要加上一个“但是”—— 对于“新清史”刻意强调清朝与中国历代王朝的区别这一点，多持保留态度。②

说几乎所有中国学者谈到“新清史”，都要加上一个“但是”，

① 其中尤以沈松侨的“我以我血荐轩辕——黄帝神话与晚清的国族建构”，《台湾社会研究季刊》第 28 卷（1977）和《近代中国民族主义的发展：兼论民族主义的两个问题》，《政治社会哲学评论》第 3 期（台北，2002）最为详尽并最具说服力。

② 江风《新清史之争：超越政治，可能吗？》，《中华读书报》2012 年 08 月 22 日 09 版。

未免有些一概而论。将“中国学者”作为一方，“美国学者”作为另一方，这并不符合事实，因为作为一种学术观点，一种研究范式，这样以国别来划分研究者的立场，本身就是不符合学术精神，也不利于学术的深入发展的。事实上，中国学者特别是年轻学者中，有不少人对“新清史”的态度相当积极，而美国学者中也有人对这种学说持不同意见，不仅何炳棣一人如此。[①]

也曾有一些学者对“新清史”做过概括性的论述。如王晴佳说：“‘新清史’的研究，与当前西方史学界寻求突破和解构民族—国家史学这一近代史学传统的努力密切相关，而这一努力，又是他们希求突破西方中心论的史学研究模式（包括现代化理论）的一个重要部分。明清中国的研究，成了美国中国学家和中国历史研究者之间相互取长补短、斟酌商榷的最佳领域，因为他们有一个共同关心的课题，那就是如何用中国历史的事实，质疑和挑战西方模式的现代化发展途径。”[②]

引用这段话想要说明的是，对于如此重大和丰富复杂的问题，“新清史”学者也处于不断探索的过程中，也许在接触更多中国史料和现实之后，会有推翻定论的可能。而中国学者更是任重而道远，我们期待着有更多高水平、高质量的探讨这一具有根本性的问题的成果诞生。

① 米华健在2010年中国人民大学主办的“清代政治与国家认同”会议上即明确宣称，所谓“新清史”并非一个学派。又如柯娇燕，虽然她的两部书（《孤军》和《半透明的镜子》）以及很多文章都被视为“新清史”的代表之作，但她自己对此却未必赞同。2010年在接受中国学者采访时她曾公开表示：“现在从事清史研究的一些美国学者强调新清史，我对这个观点有些异议。新清史的主要观点是：一是，清朝是满族帝国，你要了解满清帝国的行为或看法，要先了解满族文化……我不同意他们的观点。我的观点是：要了解大清帝国，要先了解大清帝国的三个政府管理体系。新清史是要建立以满族为中心的历史，我觉得这是个错误……第二，我们看旗人是移民，当然他们学地方文化没有什么特别，也不能说他们完全变成汉人，因为他们还有自己的看法。我不是从事新清史研究的。我的观点和他们有很大的不同。我不同意他们的历史分析，他们特别重视满洲文化，不愿承认满洲文化改变了，中国文化不停地改变，当然满族文化也不停改变……”见汪立珍《美国著名满学家、清史专家柯娇燕教授谈满学与清史》，《满族研究》2010年第3期。

② 王晴佳《为何美国的中国史研究新潮迭出？再析中外学术兴趣之异同》。

对于本节标题，亦即在21世纪如何书写中国历史的问题，我们提出几点我们的看法，以供同行们思考：

（一）如何面对西方学术观念与理论的问题

有学者指出，“新清史”运用的理论、视角与方法，思考的问题与得出的观点，都是建立在西方的现代话语体系上。此话不错，但问题在于，有关“国家”“民族”“汉族”，乃至“中华民族”这一系列的名词和概念，本来就是晚清时期的知识分子（无论革命派还是立宪派）接受西方理论和观念提出来的。所以，只因为“新清史”的出发点与西方的理论体系有关，就确认它不适用于对中国历史的解释，这种说法并没有多少说服力。

如何面对西方那些层出不穷、花样翻新、令人应接不暇的学术理论和方法，这个问题多年来或隐或显，在学术界却始终存在，在如何对待“新清史”的问题上变得尖锐和敏感起来。有人将其视为是“不同文化背景的差异”，认为中国学者迄今难以理解西方学术中不断挑战旧说，并将其视为学术基本精神的观念，相比之下，中国学者更愿意“沿袭”传统。[①] 也有学者提出，中国学者研究清朝史，有自己的独特优势，只有立足本国的历史、传统与实际，坚持研究的主体性，才能把研究不断引向深入。至于目前颇为流行的那种将西方理论方法观点盲目照搬，人云亦云，不加分析，对本国研究却抱着虚无主义态度的倾向，显然不值得提倡。

很多人同意这种说法，但笔者这里不肯苟同。这个问题，应该说包括了两层含义：

第一，所谓只有立足本国的历史、传统与实际，坚持研究的主体性，才能把研究不断引向深入，这种说法值得商榷。事实上，建立在异文化观察上的异文化研究，不仅是人类学的宗旨，这其实也是史学的原则，

① 王晴佳《为何美国的中国史研究新潮迭出？再析中外学术兴趣之异同》。

因为史学研究的是过去，而过去是任何今人也进入不了的另一个世界，恰如从事异文化研究的人类学家一样。所以有“历史是异邦”的说法。从这个角度来说，历史对于任何人，本国的也好，他国的也好，都是同样的异邦，都是公平的。如果认为只有立足本国的历史来坚持研究的主体性，那么是不是说，美国人不能研究中国史，中国人也不能研究欧洲史，甚至河南人不能研究河北人的历史呢？这无异于说，不同地域、不同国别的人之间很难有沟通的可能性，这当然是不符合事实的。

第二，虽然不是中国人，照样可以研究中国历史，但还应该承认的是，不同国家或者国内不同民族的学者，会有不同的问题意识，他们提出的问题，往往受到自己文化背景、民族背景的影响，不同国家、不同族群、不同文化背景下的学者，他们的“文化关怀”往往是不一样的。例如，民族、族群以及帝国等问题，是美国学界而不仅仅“新清史”学者一直关注的问题，并非针对中国。而中国学者也会有自己更关注的、与自己现实世界联系更紧密的问题，这并不奇怪。而不同的关怀，促使学者们从更多元的视角看待清朝的历史，应该说是一件好事，也是对中国清史研究的一种启发和促进。①

总之，当我们评判一项史学研究成果的好坏、一种新的研究范式或理论的成败时，标准应该首先是它在学术上的价值，具体地说，它征引的史料是否坚实可靠、它的分析是否规范合理、它的结论是否给人以启示，至于它是来自西方还是东方、中国还是外国、是否“建立在西方的现代话语体系上”，反而应该列为其次。试问，马克思主义难道不是来自“西方”的理论吗，它难道由于是来自外国，就与中国的国情格格不入了吗？

即以施坚雅为例，他以近代市场史、城市史、人口史为中心创建的研究模式尽管获得中国学者的广泛赞誉，有些也成为中国学者用来

① 可参考朱政惠、刘莉著“柳暗花明又一村——关于海外中国学研究与史学研究的对话”，载《史学月刊》2013年第4期。

研究中国社会的重要范式，但对他的著作、对他创建的模式的质疑和批评，无论在美国还是中国乃至其他国家，都一直存在着。对于这些批评，有学者认为“面对施坚雅，更应该反思的似乎是我们的知识和思维中究竟是什么缺席了，为什么会是这样”[①]。“西方学者可能不懂中国，更难以将中国国情穷形尽相，但是，施坚雅模式提醒我们，早应该对明清以来就有的认识框架进行反思。这种反思应该是多学科多层面的，尤其是历史学的反思必不可少，因为施坚雅模式的主要基石就是国人所称的中国近代史”。[②]后者更多强调要反思自己研究的不足，持的是一种很为理性和客观的态度，也为学界所普遍认同并接受。我们认为，对于“新清史”，何不也参照一下这种态度呢？

对于这个问题，党为的说法在年轻一代中可能更具代表性：

由于我们现代的知识体系源于西方，目前我们生活世界中的一切似乎也只能在西方的概念框架中获得自我表述，原先只是作为一种他者的西方文化，如今在全球化时代之下，无论我们愿意与否，已经成为文化本身，成为我们的当代历史与现代经验的组成部分，从而当代中国的问题也变成完全是整个现代性文化自身的内部问题。我们无法跳出世界（历史）的语境讨论中国，更无法在西方之外建构出一个自给自足的中国。[③]

（二）超越政治，可能吗

有学者发表议论说：“国内学者对新清史问题有所回避的关键，不是其所运用的范式、理论或视角，而是新清史学者所关注的问题及其得出的结论挑战了国内清史研究的既成观点。”[④]虽然说国内学者

① 孙明“另一种‘历史’”，《中国图书商报》2001年12月20日。

② 任放《施坚雅模式与中国近代史研究》，载朱政惠主编《中国学者论美国中国学》，上海辞书出版社，2008，第345页。

③ 党为《美国新清史三十年——拒绝汉中心的中国史观的兴起与发展》，上海人民出版社，2012，第230页。

④ 李爱勇《新清史与“中华帝国”问题———又一次冲击与反应？》。

有所回避并不尽是事实，而且“新清史”学者所关注的问题的结论，正是来自于他们所运用的范式、理论或视角，但他也确实指出了问题所在，那就是“新清史”挑战了国内清史研究的既成观点。这些既成观点，包括上述引文提到的“大一统”“中国认同”以及“满洲汉化”、清帝国性质等等，都是最根本性的、被中国史学界视为公论、多年来习惯于以这种公论进行思考、撰写文章并教育学生的问题。对这些问题提出挑战，颠覆了中国百姓从小学到的，从来都以为是最自然不过的常识，所以受到冷遇、质疑甚至提到政治高度进行批判并不奇怪。

将“新清史”学者的一些论点提到了“背后有政治目的”的高度，这是改革开放三十多年来，中国史学界对待西方各种学说、流派时比较少见的。尽管也有学者呼吁将这种讨论置于学术范围之内，但怀疑与反驳之声也不绝于耳，恰便似上引文章的标题：“‘新清史’之争，超越政治，可能吗？”

该文认为：

本书的编者曾在其他场合表示，希望将有关“新清史”的争论置于学术范围之内，避免将其政治化（《清朝的国家认同》序言），《清代政治与国家认同》这本论文集的出版，证明上述理想近乎自欺。“新清史”的某些重要论著至今还不能在国内翻译出版，一些论文还要因为“语境的不同”而作删节，甚至相关的学术活动也曾经受到来自不同方面的干扰，在如此剧烈的思想交锋之下，幻想将讨论限制在纯学术领域是完全不可能的。更现实的做法也许是，承认相关议题中的政治因素，但在讨论中分清楚哪些是学术的进路，哪些是政治的考量。[a]

这段话说得很诚恳，甚至也很大胆，所涉及的问题已经逸出了学术讨论的范围，对于单纯的学者来说，是一种善意的提醒，也就是说，当这个问题被提到“政治化”的高度以后，“新清史”对于清史研究本身来说究竟有没有意义已经不重要，重要的只是作为“中国”学者

① 江风《新清史之争：超越政治，可能吗？》。

应该站的“立场”了。

笔者二人数十年治史的主要方向，都是清代八旗制度和满洲认同问题，却从未料到这个问题在今天会变得如此敏感。不可否认的是，清史本身确实早已政治化了，不仅是清史，所有的历史，包括像夏商周那么久远的历史，都带有很强的政治因素，这种倾向从20世纪开始，就已经成为难以改变的潮流。美国德州大学的李怀印教授在他撰写的有关中国近代史学史的新著[①]中说，自从“五四”以后，写历史变为一种要显示自己政治思想的途径，而不是自己对于过去的理解和解释。无论是20世纪30年代、50年代，还是70年代，无论是自由主义和现代化理论，还是马克思主义和革命理论，在很大程度上，20世纪的中国史学都变成了服从于政治的工具。李教授认为，在20世纪中国的两个领域（历史、政治）之间，从来没能取得一个比较良好的、稳定的平衡。80年代以后，中国的历史学家终于可以开始脱离开政治、相对自由地寻找相对客观的解释架构与方法论。直到90年代以后，与中国在经济上根本翻身的同时，以前的模式和典范被颠倒了，却仍然没有找到新的模式来代替它。

李怀印认为，为解决这一危机，历史学进入到一个新的阶段，寻找可以被历史学恰当使用的模式的阶段，这个模式，就是全球化。我们同意李教授的意见，但还要强调的是，史学的全球化并不意味着它的去政治化，而是刚好相反，现在的政治家更加依赖历史，尤其是清史，来达到政治上的诉求，正因为如此，人们才开始将目光回溯到清朝，来寻找现代民族国家合法性的基础。

因此，无论在中国还是在国外，如何书写清史，就变成了一个比较复杂的问题。也就是说，正像这种政治化的气氛会给史学家带来某种困扰一样，“历史化”也同样会令政治家头痛，尤其是在如今这个

① *Reinventing Modern China: Imagination and Authenticity in Chinese Historical Writing*. University of Hawai 'i Press, 2012.

中国历史进入全球化的时代。我们已经看到了，国内学者对于“新清史”的反应是各种各样、褒贬不一的，国外学者当然更是如此了。

尽管问题变得如此棘手，但书写中国历史的重要性也在日益凸显出来。每个国家的历史叙事对那个国家、对全世界都很重要，而世界上的强国更是如此。正如布朗大学德国历史教授巴托夫所说：“当一个强国以它的过去作为决定国策的参考点（或者有如此的姿态），那么那强国的过去（或者对过去的理解）就要在世界事务中扮演重要的角色。”① 在当今中国，这正是“中华复兴”“盛世修史”等口号背后的思路。

结论

正如我们在上文中阐述的那样，“新清史”提出的诸多结论虽然都给人以启发，但对于中国学术界的最重大的意义，或许还不在于它的这些结论，而在于它提出了诸多值得我们深入思考的问题。

像所有的新理论、新范式一样，“新清史”存在诸多问题和不足，国内外学者对它的批评和质疑也从未间断，其中有些针对的是某部具体著作、某个具体作者阐述的具体问题，也有些则是从整体上着眼的。

首先，虽然“新清史”提出以满文等非汉民族语言形成的档案史料的重要性，但他们中很多人自己也做不到这一点，至少他们很多研究的结论并不是来自这些非汉民族的史料而仍然是汉文文献。而且，由于真正能够运用满文或其他非汉文史料研究所出的成果并不多，所以直到现在，这些史料究竟有多么重要的价值，在哪些重大问题上是因利用了这些史料取得的突破，呈现得仍不够充分。

其次，“新清史”的有些作者由于把握语言和文献阅读等各方面

---

① 原文是：“When a major power determines its policies （or at least claims to do so） by reference to its past, then this power's past （or its understanding of that past） assumes a central role in world affairs.” 参见 Omer Bartov, “Time Present and Time Past: The Historikerstreit and German Reunification”, *New German Critique* 55 （Winter 1992）, p. 174.

的限制，出现一些“过度阐释”的问题，举例来说，他们强调满洲皇帝与传统中原王朝的皇帝不同的时候，总好以蒙藏等族首领将其称为“大汗”为例，但仅仅凭借这个称呼，而不进而以相关制度、事件为证据，是不足以充分说明在这些族群中满洲皇帝的真实身份的。至于一些著作中出现的对史料理解、阐释的“硬伤”也在所不免。

第三，某些“新清史”学者过于强调清王朝的历史在中国历史中的特殊性，但事实上，正如罗新教授在《内亚视角的北朝史》一文指出的那样：“新清史所引发的‘清朝是不是中国’的争议，容易给人一个错觉，似乎清代历史在中国历史中十分特殊，与其他历史阶段迥然不同。其实，中国历史中差不多一半的时间内都存在类似清朝的问题，而另外一半时间中国史又与内亚史有着无法切割不可分离的重叠……内亚史从来就没有或绝少有可能不与中国史发生或浅或深的接触、交叉乃至重叠。完全脱离了中国史的内亚史，甚至不可能被记录、被叙述、被了解，而成为永久消失了的过去。”这个意见确实切中要害，只是要真正做到这点，亦即将对清史的研究与对清朝之前诸多王朝的研究贯通起来考察，是以个人或几个人之力难以做到的，需要清史学者与研究其他各断代史乃至内亚史等众多学科学者进行深入广泛的交流，我们期待日后有越来越多学者加入到这样的合作之中。

第四，一些美国“新清史”学者与中国学者交流不够，对中国学者在这个领域的成果不甚了解，甚至茫然不知。

但是，“新清史”确实打开了一条路，一个新的视野，很多人从这个视角，已经看到了很多以前未曾关注的问题，无论中国学界对它采取什么态度，它造成的影响已经不可忽视。而“新清史”从面世到如今，已经走过了十多年，它究竟会不会到此止步，会不会继续发展，或者说，它是否还有未来，这取决于年轻一代，尤其是中国的年轻一代学者对它的接受和理解程度。从目前来看，无论是中国年轻学者包括博士生、硕士生对“新清史”的关注程度上，还是从美国攻读中国史的学生的论文选题上，都可以看出“新清史”强劲的发展势头。尤为值得一提的是，学习满文满语，注重满文档案，已经成为国内外众多研习清史的学者和学生的共识，并在许多高校和研究机构得到了前所未有的重视。这种新局面，可能在经过一段时间之后，还会呈现得更清晰。此外，“新清史”还提醒从事清史研究的学者，要注意打破“古代史”和“近代史”的界限，因为要对清末民初那段历史有深入了解，不了解清朝前半期的和内亚的历史，是不可能做好的，反之也是一样，研究清朝早期历史的学者也有必要与研究近代史的学者更多地交往、沟通。

最后我们还想说的是，“新清史”提醒我们，在21世纪这样的全球化的世界里，中国的文化、中国的学术也必然像中国的经济一样走向世界。将中国历史的变迁从全球的、世界的角度来衡量和评价，已经不再是一种空谈，而是一个趋势，这是所有研究中国历史的学者，无论国内国外的，都必然要面对的问题。目前，中国学界和西方学界对“全球化”的理解和认识还有相当大的、甚至难以调和的距离，而且在诸多关键性的问题上短期内不仅难于达成一致，甚至无法对话。但是挑战毕竟已经是客观存在的事实，史学家是仍然埋首于自己研究的具体课题，还是自觉地把“小历史”与“大历史”结合起来，已经是希望“掌握国际学术话语权”的中国学者必须思考的事。做出什么样的选择，取决于我们每个人对历史与历史学意义的基本观念和认识。总之，我们的历史是为谁而写，在未来的“后民族国家转向”的世界里，历史应该如何写，是本文在最后向我们自己、也向我们的诸位同行提出的问题。

本文写作得到众多朋友、同行的大力支持帮助，并在初稿写成后提出中肯的批评意见，特此致谢。

（原刊彭卫主编《历史学评论》第一期，社科文献出版社）

“晚期帝制中国”考：美国中国学史研究中的“关键词”探讨

吕 杰

安徽财经大学马克思主义学院

1985年6月，一批从事中国清史问题研究的西方学者们像往常一样从自己的信箱中收取美国清史研究会（Society for Qing Studies）主办的《清史问题》（Ch’ing–Shih Wen–T’i）杂志。①但是，令他们吃惊的是，杂志居然改名了，“晚期帝制中国（*Late Imperial China*）”这个醒目的标题映入眼帘。然而，为什么要改名呢？是学术内部发展的必然趋势，还是外部环境变迁的不可逆转？让我们首先看

---

① 《清史问题》（*Ch’ing–Shih Wen–T’i*）创刊于1965年5月，最初是美国清史研究会（Society for Qing Studies）的内部通讯，由芮玛丽（Mary Wright）发起创立，1969年成为正式出版物，从1979年开始，每年固定6月、12月出版两期。史景迁（Jonathan D. Spence）、马若孟（Ramon H. Myers）、柯志文（James Cole）、韩书瑞（Susan Naquin）、冉枚烁（Mary Rankin）等人先后（或共同）担任此刊物的主编。从1985年第一期开始，该刊更名为《晚期帝制中国》（*Late Imperial China*）。费侠莉（Charlotte Furth）、李中清（James Lee）、罗威廉（William T. Rowe）先后（或共同）主编此刊物。该刊目前由约翰·霍普金斯大学出版。国家清史编纂委员会编译组出版的《清史译丛》第二辑中刊载了董建中编译的《美国<清史问题>及<晚期帝制中国>总目（1965—2003）》，可以参阅。

一看编者们的回答。

在这一期杂志的前言页中，新任主编李中清（James Lee）和费侠莉（又译傅乐诗）（Charlotte Furth）合写了一封“新主编的信”[①]。在信中，他们指出，采用新的名字是基于如下两个方面的考虑：一方面是为了扩大读者群，把一些非清史方面的研究专家也包括进来；另一方面，也是为了表明采用一种更为有机的分期，要比在王朝框架下探讨清代更为可行。此外，两位编者希望以此为契机，来促进学者对清代社会和文化进行一种长时段的研究。

由此可见，在李中清和费侠莉的眼中，杂志更名主要是考虑到学术自身的发展趋势，期望从长时段的角度出发，把清史置于一种更为广阔的背景中进行考察。当然，我们也不能否认这是为了扩大杂志的受众面和提高经济效益的一种策略。但是，如果我们把这次更名看成是一起学术事件的话，就不能把目光仅仅停留在更名事件的表层原因上，而应该将其置于美国中国学发展史的脉络中进行考虑，充分发掘事件背后所包含的各种错综复杂的因素。

在这起更名事件中，最为关键的不是为什么要改名，而是所改的名字——晚期帝制中国（*Late Imperial China*）。从20世纪70年代开始，这个词开始在美国中国学界流行开来，一直到现在，我们依然可以看到很多美国明清史的著作依然冠以“晚期帝制中国”的标题[②]。但是，以目前我们对美国中国学的引介和研究状况来看，很多精力都被用在了对人物、作品、研究范式的介绍和整理上，而对类似“晚期帝制中国”这样的关键词背后的学术史脉络以及政治、文化背景却缺乏整理和深入的研究。因此，本文将以“晚期帝制中国”这一关键词为剖析对象，

① Charlotte Furth, “Letter from the New Editors” ,*Late Imperial China*, 6:1 (1985: June) p.0.

② 笔者通过 Google Scholar, WorldCat, Bibliography of Asian Studies, Questia 等搜索引擎和在线数据库，以 late imperial china, Qing dynasty, Ch’ ing dynasty 为检索关键词，发现以“late imperial china”为书名的英文著作总计在100本以上（1970年以后）。至于相关论文，数量更多（截至2010年）。

挖掘其来龙去脉和文化背景，一方面理清概念的内涵外延；另一方面，从词汇意义的变迁中窥视美国中国学史的发展趋势。

相关研究回顾

国内学界对美国中国研究中的关键词探讨，主要集中于社会经济史领域，像“士绅”“内卷化（过密化）”“大分流”等引起海内外学界广泛争议的词。但是，对历史分期方面的关键词探讨，则相当少见。李天纲的《关于中国的“早期现代性”》① 以及孔诰烽的《从“早期现代性”、“多元现代性”到儒家现代性》② 则是从现代性的多维视角出发，探讨了现代性与中国社会自身发展的关系，在一定程度上可以帮助我们理解美国中国研究中的另一个关键性的历史分期术语“早期现代中国”（Early Modern China）。而对“晚期帝制中国”这一历史分期术语的探讨，则需要参阅相关的英文文献，其中，印第安纳大学的司徒琳（Lynn A. Struve）主编的《世界历史时间下清的形成》③ 一书对包括王朝周期体系（Dynastic Cycles）、帝国晚期（Late Imperial）、早期现代（Early Modern）在内的几种主要历史分期术语进行了考察，并对其背后的学术史脉络做了深度整理。而史乐民（Paul Jakov Smith）、万志英（Richard von Glahn）主编的《中国历史上宋、元、明的变迁》④ 一书则讨论了讨论“唐宋”与“明清”之间历史发展的连续性问题，在此书的第一章，万志英回顾了“晚期帝制中国”这一

① 李天纲《关于中国的“早期现代性”》，载《北京行政学院学报》2002 年第 2 期。

② 孔诰烽《从“早期现代性”、“多元现代性”到“儒家现代性》，载《读书》2002 年第 2 期。

③ Lynn A. Struve, ed. *The Qing Formation in World—Historical Time*, Cambridge, Harvard University Asia Center, 2004. 此书已经由北大历史系的赵世瑜教授主持翻译，并于 2009 年 12 月由生活·读书·新知三联书店出版中译本《世界时间与东亚时间中的明清变迁（下）——世界历史时间中清的形成》。由于此文写于 2009 年初，故引用均依据英文原版和《清史译丛》第四辑中所刊载之导论部分节译。

④ Paul Jakov Smith, Richard von Glahn, eds. *The Song–Yuan–Ming Transition in Chinese History*, Cambridge, Harvard University Asia Center, 2003.

术语兴起与发展的历史。此外，丹麦奥胡斯大学（ Aarhus University ）克劳森（ Soren Clausen ）的《早期现代中国：一项初步的检视》（*Early Modern China: A Preliminary Postmortem*）一文，对“晚期帝制中国”和“早期现代中国”这两组概念进行了考察，尤其对“早期现代中国”概念进行了深入的分析与总结。日本学者岸本美绪（Kishimoto Mio）的《中国历史与“早期现代性”概念》（*Chinese History and the Concept of "Early Modernities"*）一文讨论了“早期现代性”这一概念与中国历史之间的适用关系，对于我们理解美国中国研究中的相关历史分期术语大有裨益。

“晚期帝制中国”概念的发展演变

根据司徒琳的观点和查询施坚雅（G. William Skinner）教授在1973年所编成的三卷本目录《近代中国社会研究文献解题索引》[①]，以及马钊先生在2006年所编成《1971—2006年美国清史论著目录》[②]，我们可以肯定最早使用“晚期帝制中国”这一概念的学者是孔飞力（Phillip A. Kuhn）。1970年，孔飞力出版了《中华帝国晚期的叛乱及其敌人》（*Rebellion and Its Enemies in Late Imperial China*）一书[③]，并在书中质疑了以往的近代史分期，在第一章《地方军事与传统国家》的第一节《近代史的时限》中，孔飞力指出，如何区分清代统治的衰落和作为整体的传统中国的衰落，是一个令近代史研究者颇感困难的问题。孔飞力认为：

中国政治制度的长期稳定性和地方社会的连续性使得行政的过渡和朝代的承继既不是来自于中国人生活的下层结构，也不长久地作用

---

① G. William Skinner, ed., *Modern China Society: An Analytical Bibliography*, Vol. 1: Publications in Western Languages, 1644—1972, Stanford: Stanford University Press, 1973.

② 马钊主编：《1971—2006年美国清史论著目录》，人民出版社2007年版。

③ 本文所引来自哈佛大学出版社1980年的修订版。中译本见［美］孔飞力著：《中华帝国晚期的叛乱及其敌人》，谢亮生等译，中国社会科学出版社2002年年。

其中。政权的兴衰、国家事务中上层各派系的冲突，只不过是稳定深渊的表面波浪[①]。

上述这段话表明，孔飞力认为朝代的更替或是政治兴衰并不是近代史划分的唯一依据，社会结构的变迁才是历史分期的有效标尺。因此，研究 19 世纪清代的社会变迁必须追寻它的历史源头、描绘它的发展历程。在本书第一章的第二节“国家民兵制度的历史重要性”中，孔飞力完整地追溯了中国古代“民兵”制度的发展历程、从府兵制开始，一直延续明末清初。所以，清代的地方军事化问题，不仅是对 19 世纪国内重重危机的一种反应，同时也是对中国历史传统的一种继承。紧接着，在第二章“1796—1850 年间清代民兵政策的发展，孔飞力又白莲教叛乱期间的地方管理问题入手，一直写到太平天国叛乱前夕的民兵政策。通过这种对地方军事组织历史渊源的描述，孔飞力一方面展现了传统中国在社会制度方面的一脉相承，另一方面又暗含着以传统社会的衰落为标志划分近代史的意思。因为，通过第二章的叙述，我们可以看出，中国的地方军事组织是“兵”“民”逐渐分离，所以到了完全由地方精英领导的团练出现时，传统中国的地方军事制度也就走到了尽头。因此，“绅权”的扩张、地方权力的下移是传统中国社会衰落的标志之一，也是划分近代史的标志之一。在作者这种新的有关历史分期理解的语境中，“晚期帝制中国”这个词的使用意味着孔飞力试图在历史发展结构的分析中跳出王朝循环的窠臼，避开政治大事件的缠绕，从中国社会内部入手，强调中华帝国的发展具有一种内在的连续性，以淡化了外部冲击带来的影响，可以在一定程度上说是重新审视了费正清的“冲击—反应”模式[②]。但是，这个“晚期”到

① Philip Kuhn, *Rebellion and Its Enemies in Late Imperial China*, Cambridge: Harvard University Press, 1980, p.3.

② 司徒琳认为，20 世纪的清史学家在构建“双向时间之箭”的历史叙事过程中，陷于把 19 世纪即当作传统，也看成现代的困境之中。孔飞力使用“晚期帝制中国”则明白无误地指称了 20 世纪之前的中国，淡化了“传统—现代”的反差。

底有多久，孔飞力并没有给出明确的时间点，可能指的是18世纪之后。但是，到了1975年，魏斐德（Frederic Wakeman）就在其会议论文集《中华帝国晚期的冲突与控制》（*Conflict and Control in Late Imperial China*）的导论中指出了这个范围：

逐渐地，社会史学者认识到，从16世纪50年代开始到20世纪30年代的整个时期构成了一个连贯的整体。同把清视为过去的复制品，或把1644和1911视为临界的终点相反，学者们发现了一个从中国过去400年的历史中一直延伸到共和国时期的过程。长江下游的城市化、劳役租变成货币租、大众文化的提高和士绅规模的扩大以及地方管理活动的商业化，所有的这些根植于晚明行政变动和政治变迁的现象一直持续发展到清，甚至某些方面在20世纪早期达到了顶峰。[①]

这段话清晰明了地把魏斐德的态度展现了出来，即从晚明到20世纪初期这将近400年的时段被称作“晚期帝制中国”，在此一历史时期内，中华帝国并非停滞不前，相反却表现出了相当的活力。此外，在前言页处，魏斐德也同样指出那种便于记忆的，以1644年来划分历史的做法应该被重新审视，明、清以及民国初年应该被看成是一个整体。为了说明这一点，魏斐德举例说如果你研究19世纪80年代的财政政策，就不能忽视16世纪70年代的地籍政策。同样地，在地方，由于士绅名流们在很大程度上决定了本地的财政状况，因此发展出了一套坚固的“地方精英统治”的思想认识体系，所以，当1911年政权发生激烈动荡时，地方精英们受到的影响并不大[②]。在这一点上，魏斐德与孔飞力的观点基本一致，即我们应该将王朝的衰落和中国传统社会的衰落区别来看。不过，魏斐德在此处提出不要以1644年作为划分中国历史的依据，反映了其将明清视为一个连续性发展整体的学术理念。

① Frederic Wakeman, Carolyn Grant, eds., *Conflict and Control in Late Imperial China*, Berkeley：California University Press, 1975, p.2.

② Ibid, p.xiii.

从孔飞力和魏斐德的观点中，我们可以看出，“晚期帝制中国”这个术语的使用体现了学者们试图展现中国社会在西方入侵之前所具有的一种自我更替的连续性和内在的活力。换句话说，孔飞力和魏斐德的阐释提醒我们认识到：“西方入侵之后中国社会所产生的种种变化表面上是西方冲击的结果，实际上早在19世纪前就已经埋下了伏笔。”这种看法与柯文（Paul A. Cohen）的《在中国发现历史》（*Discovering History in China*）一书所提倡的“中国中心论”取向是一致的。柯文在此书中是这样描述中国近代史中所存在的一种“剧情主线”（story line）的：

19、20世纪的中国历史有一种从18世纪和更早时期发展过来的内在结构和趋向。若干塑造历史的、极为重要的力量一直在发挥作用：前所未有的人口压力的增长与疆域的扩大，农村经济的商业化，社会各阶层在政治上遭受的挫折日增等等。呈现在我们眼前的并不是一个踏步不前、“惰性十足”的传统秩序，主要或是只肯能从无力与西方抗争的角度予以描述，而是一种活生生的历史情势，一种充满问题与紧张状态的局面，对这种局面，无数的中国人正力图通过无数方法加以解决。就在此时，西方登场了，它制造了种种新问题——而正是这一面，直到近年来一直吸引住美国史家。但是它也制造了一个新的情境（context），一种观察理解老问题的新框架（framework），而且最后还为解决新、老问题提供了一套不大相同的思想与技术。但是，尽管中国的情景日益受到西方的影响，这个社会的内在历史自始至终是中国的[①]。

换句话说，柯文也认为来自中国内部的变化才是决定西方入侵之后中国发展的主要因素，并且他在书中倡导一种跨学科的、进入中国情境的地方史研究和微观层面上的社会经济史研究，以深入挖掘“晚

① ［美］柯文著，林同奇译《在中国发现历史：中国中心观在美国的兴起》，中华书局2004年增订版第210页。

期帝制”时期中国社会变迁的动力与自身所具有的活力。但值得思考的一个问题是：为什么上述三位学者会在20世纪70年代以后做出如此相似的改变？是巧合还是学术大环境的使然？这就需要配合当时美国中国学发展的大背景和相关语境进行理解。20世纪60年代末，一批年轻的研究生和学者开始参与美国校园的反越战活动，他们除了直接反对美国政府的亚洲政策外，还指责一些前辈学者的著作实际上是在给美国的帝国主义政策辩解和开脱[①]。因此，一个名为“关注亚洲学者委员会（CCAS）”的团体很快成立起来，他们强烈质疑中央情报局、东亚研究以及各大基金会之间的潜在关系[②]，并认为费正清等人的著作只不过是用一种现代化理论的花言巧语来替政府的亚洲政策涂脂抹粉[③]。因此，这些年轻人开始对当时亚洲国家的民族解放运动以及中国共产党领导下的中国产生了强烈的兴趣，他们尤其认同中国当时的“文革”，认为那是一种由下而上的对抗权威的社会理想主义运

① 根据当时CCAS成员范乃思（Peter Van Ness）自己的描述，他对美国中国研究前辈学者的失望来自于他们对当时政府政策的一种默认或者说是暧昧的态度。他说当时他和周锡瑞（Esherick Joseph）共同写了一封信给《远东经济评论》（*Far Eastern Economic Review*）的编辑，希望奥克森博格（Michel Oksenberg）共同署名发表一篇回应越南人批评美国越战政策的文章，但是被奥克森博格拒绝了。参见：廖国志著《极端年代学者范乃思对当代中国的想象》，台湾大学“政治学研究所”中国大陆暨两岸关系教学研究中心（中国学的知识社群研究计划），2011年2月，第46页。

② 关于这一问题，可参见：James Peck, “Peck to Vogel: Why Is the CIA Here?,” *Bulletin of Concerned Asian Scholars*,1（2）, 1968, pp.7—12；费正清则认为佩克言过其实，见：John Fairbank, “Government Personnel Can Help Us and We Can Help Them,” *Bulletin of Concerned Asian Scholars*, 1（2）, 1968, pp.7—12. 直到1997年，布鲁斯还依然质疑CIA在区域研究中阴影不散：Bruce Cumings, “Boundary Displacement: Area Studies and International Studies During and After Cold War,” *Bulletin of Concerned Asian Scholars*,29（1）, 1997, pp.2—26

③ See James Peck, “The Roots of Rhetoric: The Professional Ideology of America’s China Watchers,” *Bulletin of Concerned Asian Scholars*, 2（1）, 1969, pp.59—67: 63; Edward Friedman, “Chinese Foreign Policy and American Social Science”, *Bulletin of Concerned Asian Scholars*, 6（2）, 1974, pp.7—12.

动，和他们的反霸权的理念相当一致[①]。甚至在1971年，他们还专门组团去了中国，受到毛泽东和周恩来等国家领导人的亲自接见，并参观了上海、北京、天津等地，拍摄了大量的照片并将他们的在中国的经历出版成书，即《中国！在中华人民共和国内》（*China! Inside the People's Republic*）[②]，他们在此书中流露出一种后来被赵文词（Richard Madsen）称之为平民主义（Populism）的倾向[③]，他们对普罗众生在社会中的命运有着一种天然的同情，这种对精英上层的拒斥心理后来在这一批学者的研究中得到了体现，沙培德认为，CCAS成员的观点后来体现在研究方法论上，就是拒绝先前强调“中国文化失败”的方法，转而以社会经济分析（温和的马克思主义唯物论和实证论）作为研究取向，以平民大众为研究对象，运用经验论的工具强调历史结构的长时期变化，从而发现不变的传统中国只是一种迷思，实际上明清的经济、社会和思想，在商业化和人口成长的刺激下，确实发生了显著变化。[④]

由此可见，在20世纪70年代的美国中国学界，已经出现了一种从上层精英文化向下层平民文化转向的苗头，而要做到柯文所谓的“在中国发现历史”，进入中国田野则是必不可少的条件。换句话说，孔飞力和魏斐德所提出的“晚期帝制中国”的研究框架试图表达一种重视17—18世纪中国社会发展内在连续性的理念，但后来的研究者如

① 参见：廖国志著《极端年代学者范乃思对当代中国的想象》，台湾大学“政治学研究所中国大陆”暨两岸关系教学研究中心（中国学的知识社群研究计划），2011年2月，第53页。此外，赵文词（Richard Madsen）认为，学生们的这种反抗权威的精神还来自于大学中教师对学生未来命运的掌握，尤其是在工作方面。这也可以视为他们同情中国文革的一个潜在的心理因素。见：Richard Madsen, *China and the American Dream,*California: University of California Press, 1995, p.56.

② Committee of Concerned Asian Scholars, *China! Inside the People's Republic*, New York: Bantam Books, 1972.

③ Richard Madsen, “The Academic China Specialists”, in David Shambaugh ed., *American Studies of Contemporary China*, New York: M. E. Sharpe, 1993, pp.166—171.

④ 沙培德（Peter Zarrow）《西方学界研究中国近代史的最新动向》，洪静宜译，载《汉学研究通讯》2003年第22卷第4期。

果要进一步证实这一点，以及更加深入地挖掘18世纪中国内在的活力，那么进入中国内地以获取第一手档案资料和田野资料则是必不可少的，这也是"晚期帝制中国"概念在20世纪80年代能够占据美国中国近现代史研究主要阵地所必须考虑的社会语境。

赵文词曾经在访谈中回顾了他和陈佩华（Anita Chan）、安戈（Jonathan Unger）共同写作《当代中国农村历沧桑：毛邓体制下的陈村》一书的经历，他说当时他们是在香港的大学服务中心[①]相识的，然后在那里采访偷渡到香港的大陆人，其中有两个是陈村出来的，因此，后来他们决定根据采访记录写一本陈村的书[②]。由此可见，当时的研究完全是一种隔着竹幕看中国，黎安友（Andrew Nathan）在《中国研究四十载》一文中曾经用"一个在月球的陌生国度"来形容那时美国人对中国的印象，而且他自己1963年去香港做研究的时候，也和赵文词一样，通过采访偷渡者来了解当时中国的农村公社[③]。由此可见，在这种隔绝的研究条件下，从事深度挖掘中国社会之内在活力的研究实属不易。但是，这一切随着中美关系正常化和中美之间学术交流的日益频繁得到了极大改善，而对于清史研究者来说，能够接触到北京第一历史档案馆的清宫档案、刑科题本以及各地方档案馆的材料给他们深度研究帝制中国晚期社会、经济、政治、民生等方面带来

① 2003年第22卷第4期。大学服务中心最初由福特基金会出资，一批美国学者于1963年在香港成立的，目的是收集有关中国大陆的资料和情报。有关目前香港中文大学中国研究服务中心的详细介绍可参见2004年傅高义（Ezra Vogel）、白鲁恂（Lucian Pye）和金耀基在大学服务中心成立40周年的时候对中心历史的追述。熊景明、关信基编《中外名学者论21世纪初的中国》，香港中文大学出版社2009年版。

② ［美］赵文词、包淳亮《赵文词访谈》，台湾大学"政治学研究所中国大陆"暨两岸关系教学研究中心（中国学的知识社群研究计划），2011年。陈村一书见：（澳）陈佩华、［美］赵文词、（澳）安戈著《当代中国农村历沧桑：毛邓体制下的陈村》，孙万国等译，香港：牛津大学出版社1996年版。

③ 黎安友《中国研究四十载》，载黎安友著《从极权统治到韧性威权：中国政治变迁之路》，何大明译，台北：巨流图书公司、"国立清华大学"当代中国研究中心联合出版，2006年，第107、108页。

了极大的便利[①]。尽管这其中曾经出现过“斯蒂芬·莫什（Steven W. Mosher）事件[②]”，但总体来说，中美之间的学术交往已经步入一个快速的发展阶段。当然，“晚期帝制中国”研究框架在20世纪70年代后的出现不仅仅只和社会大环境的改善有关，还与一直以来坚持在香港、台湾等地做人类学研究的美国学者有关，即我们还需要在西方中国研究的传统语境中去考虑一种学术上的借鉴、继承与关联性。诸如弗里德曼（Maurice Freedman）的东南宗族组织研究、武雅士（Arthur Wolf）对民间信仰和台湾童养媳的研究，孔迈隆（Myron Cohen）对国家与社会关系的研究、华德英（Barbara Ward）对华南地区的研究、屈佑天（James Watson）对华南沿海的天后崇拜以及沃尔夫（Margery Wolf）对台湾传统父系家庭内女性地位的研究都直接或间接地为“晚期帝制中国”框架下所强调的对中国社会内部的活力和一种长时段结构过程（structuring）的研究提供了一种可供借鉴的资源。

于是，在这种致力于论证18世纪中国之重要性和传统中国内部活力的学术语境中，大批学者甚至包括一些学术杂志也纷纷放弃王朝循环的框架，转而在“晚期帝制中国”概念的框架下进行研究，其中，标志性的事件发生在1985年，即我们开头所提到的美国著名的《清史

① 白彬菊和孔飞力（Philip A. Kuhn）就是其中的受益者，白彬菊于20世纪80年代初来中国研究内务府档案，发现了大量未被研究的满文档案，她利用这些材料撰写了有关军机处的经典作品。而孔飞力也得益于第一历史档案馆的材料，他自己在《叫魂》中译本的序言中表示，当他1984年到北京开始研究的时候，并不知道会写出《叫魂》一书，但很显然，有关清政府内部通讯方面的丰富材料改变了他最初的研究目的。

② Steven W. Mosher是中美关系正常化后第一个进入内地做人类学研究的博士生，从1979年到1980年，他分别进入广东和贵州部分地区做田野调查，但他未经允许便擅自发表田野报告，揭露了当时存在的强制堕胎和溺杀女婴现象，并在报告中将当事人的照片刊出。中国政府认为他违反了相关法律规定，将其驱逐出境，而其所在的斯坦福大学以其违反学术伦理为由将其开除出校。参见：David Shambaugh ed., *American Studies of Contemporary China*, New York: M. E. Sharpe, 1993, p.13.；关于美国人类学家在中国做田野调查的回顾性总结见：Ayi Bamo; Stevan Harrell; Lunzy Ma ,*Fieldwork Connections: The Fabric of Ethnographic Collaboration in China and America*, Seattle: University of Washington Press, 2007.

问题》杂志把刊名改为《晚期帝制中国》的事件。此外，还有一些学者认为，只研究精英活动和上层政治是不够的，“晚期帝制中国”丰富多彩的画卷中不可缺少“大众的生活、信仰与文化”。而姜士彬（David Johnson）、黎安友和罗友枝主编的《中华帝国晚期的大众文化》（*Popular Culture in Late Imperial China*）则是这种学术理念的代表之作。它们首先是强调对“非精英”阶层的研究。几位作者在序言部分便表明了这种决心。他们写道：

本书的主要目的就是要把对“传统中国非精英文化”的研究带进主流学术话语之中。没人会相信我们仅靠研究那些受过教育、享有特权的人便可以理解中国。但是，这些精英们留下了大量的档案文献，所以他们获得了历史学家的特别关注，这些关注度与精英阶层的人数相比是大大超过的。这种对精英的过度关注扭曲了我们视野中的中国历史和文化，只有通过对被统治阶级认真系统的研究，才能纠正这种扭曲①。

不仅如此，几位作者还发现很多非精英人士也有很强的读写能力，并且留下了各式各样的文本，包括经文、戏本、民谣、神话传说、小说等。这些形式的文本由于其可读性和趣味性远胜官方的经典说教和颁布的公告，所以普及程度很高。因此，姜士彬等人认为，“晚期帝制中国”的自身变化和活力并非只体现在官方文本之中，而是更多的蕴含在大众文化和生活之中。

其次，作者强调把明清时期的社会、经济、文化发展看成是一个连续变化的整体。罗友枝在《晚期帝制的经济和社会基础》一文中写道：

我们为什么要把晚明和清视为一个历史整体？——我们所讨论的“晚期帝制”时期（从16世纪到19世纪）在实质上是迥异于它之

① David Johnson, Andrew Nathan, Evelyn S. Rawski eds., *Popular Culture in Late Imperial China*, Berkeley: University of California Press, 1985. p.ix.

前的时期，并且在关键机制和社会经济结构方面有着相当强的连续性[①]。

此外，罗友枝认为在考察连续性的同时还需要讨论三种现象：一是社会经济的增长变化导致了精英性质和组成人员的变化；二是由于经济发展所引发的教育事业的扩张；三是教育事业发展带动了大规模印刷业的兴盛。所以，罗友枝指出社会经济长期的发展变化对大众文化的整合和分化起着潜移默化的作用，这不是王朝更替或是政治兴衰所能左右的，从而证明了王朝兴衰对于中国社会自身发展的趋势影响不大。

20 世纪 90 年代以后，“晚期帝制中国”这一历史分期概念在美国明清史研究中已经渗透到各个领域，从共时性的角度出发考察同时代的作品，会发现代表性的著作有艾尔曼（Benjamin A. Elman）的《从理学到朴学：中华帝国晚期思想与社会变化面面观》、《经学、政治与宗族：中华帝国晚期常州今文学派研究》[②]、周启荣（Chow Kai–wing）的《中华帝国晚期儒教礼制的兴起：伦理、典籍与宗族》[③]、包筠雅（Cynthia J. Brokaw）的《中华帝国晚期的印刷与图书文化》以及《功过格：中华帝国晚期的社会变迁与道德秩序》[④]、苏成捷（Matthew H. Sommer）的《中华帝国晚期的性、法律与社会》[⑤]、白馥兰（Francesca

① David Johnson, Andrew Nathan, Evelyn S. Rawski eds., *Popular Culture in Late Imperial China*, Berkeley: University of California Press, 1985. p.ix.

② [美] 艾尔曼《经学、政治与宗族：中华帝国晚期常州今文学派研究》，赵刚译，江苏人民出版社 1998 年版。

③ Kai–wingChow, *The Rise of Confucian Ritualism in Late Imperial China: Ethics, Classics, and Lineage Discourse*, Stanford: Stanford University Press, 1994.

④ Cynthia J.Brokaw, *The Ledgers of Merit and Demerit: Social Change and Moral Order in Late Imperial China*, Princeton: Princeton University Press,1991; Cynthia J. Brokaw, *Printing and Book Culture in Late Imperial China* , Berkeley: University of California Press , 2005.

⑤ Matthew H. Sommer, *Sex, Law and Society in Late Imperial China*, Stanford: Stanford University Press, 2000.

Bray）的《技术与性别：晚期帝制中国的权利经纬》[①]、魏爱莲（Ellen Widmer）和张孙康宜（Kang I Sun Chang）的《晚期帝制中国的妇女作品》[②]、林达·约翰逊（Linda Cooke Johnson）主编的《中华帝国晚期的江南城市》[③]等。其中，其中魏爱莲和张孙康宜在导言部分明确了“晚期帝制中国”概念在广义和狭义上的不同理解。魏爱莲指出，广义上的“晚期帝制中国”指的是明、清两代（1368—1911），其中清承明制，大部分典章制度都被继承下来。狭义上的“晚期帝制中国”用一种有机的历史分期法取代了王朝框架，指的是大概从晚明的16世纪50年代开始一直到清末这一时段。在这个时段内商业扩张、城市化进程加快、娼妓文化、印刷业和奢侈品贸易显著增长[④]。而在《从理学到朴学：中华帝国晚期思想与社会变化面面观》一书中，艾尔曼则把孔飞力在《中华帝国晚期的叛乱及其敌人》一书中所提到的分期问题再次摆出，并同时指出：

只要我们把清代历史的研究重点从社会关系转向学术思潮，就不难发现，知识阶层对帝国正统学术的批判早在18世纪已达到高潮。传统儒学经典一度拥有的不容置疑的权威性，在那时即受到知识阶层日趋尖锐的挑战。这种挑战明显反映于他们的语言、数学、天文、地理、金石实证性研究之中。18世纪的知识分子运用这些研究成果，重新审视儒学遗产众多理论的合理性，对宋明理学对儒家经典解释所充斥的空疏之风极为不满。儒家经典受到全面的怀疑，并经由史学化，变成了寻常的史学研究对象和材料。这是知识阶层思想变化最显著的

① Francesca Bray, *Technology and Gender: Fabrics of Power in Late Imperial China*, Berkeley: University of California Press, 1997.

② Ellen Widmer and Kang I Sun Chang, ed. *Writing Women in Late Imperial China*, Stanford:Stanford University Press, 1997.

③ Linda Cooke Johnson , *Cities of Jiangnan in Late Imperial China* ,State University of New York Press, 1993.

④ Ellen Widmer and Kang I Sun Chang, ed. *Writing Women in Late Imperial China*, Stanford: Stanford University Press, 1997, p.2.

标志。[①]

艾尔曼的这段话明确地表达了自己的观点，即首先传统儒家经典受到质疑早在王朝衰落之前就已经开始了；另外，18 世纪的中国知识分子并非腐儒不堪、抗拒科学，相反的是，很多考据学家所从事的工作极具科学性。也就是说，19 世纪之前的中国不需要西方的冲击也能保持相当的活力。

此外，艾尔曼还强调历史发展的连续性，注重“长时段”内社会经济、文化思想发展的跨时段延续。比如他在《从理学到朴学》一书中指出，目前的研究过于集中在 17 世纪和 19 世纪，18 世纪被大大忽略了。而艾尔曼自己认为 18 世纪晚期的中国历史实际上是 17 世纪以来政治、学术变革的延续及其发展的极致，其影响甚至波及 19 世纪乃至 20 世纪。艾尔曼指出，18 世纪是 17 世纪满族入关到 19 世纪西方入侵的漫长历史进程中的有机组成部分，因而不应被孤立出来。在这一点上，曼素恩（Susan Mann）的研究也证明了艾尔曼对 18 世纪的看法，在《缀珍录》一书中，曼素恩指出，如果我们在社会性别关系的理解方面删掉了 18 世纪，便会导致我们对中国历史产生误读，即错误地将西方的标准来衡量中国文明的历史进程[②]。

同样在《经学、政治与宗族》一书的序言中，艾尔曼也表达了对社会思想“长时段变化”的兴趣，他指出：

尤为值得注意的是，与中华帝国晚期正统学说相对立的儒家学说并非出现于鸦片战争之后，而是最早兴起于明末。18 世纪后期，今文经学在经历许多世纪的湮没之后，又重新崛起，他的倡导者重新提倡 17 世纪兴起的政治学说。这些学说在满洲灭亡明朝后受到排斥。西方的入侵固然开始改变中华帝国赖以生存的政治、经济、军事、社会结构，

① 艾尔曼《从理学到朴学：中华帝国晚期思想与社会变化面面观》，赵刚译，江苏人民出版社 1997 年版，第 1 页。

② [美] 曼素恩《缀珍录：十八世纪及其前后的中国妇女》，定宜庄、严宜葳译，江苏人民出版社 2005 年版，第 280 页。

可是，在西方入侵60年以前，儒家学说已流露出寻求可供选择的政治话语的兴趣，这是为什么[①]？

这种淡化“西方冲击”和“鸦片战争”在历史叙事中地位的观点在艾尔曼的两本著作中多次出现，足以表明他的态度——考察社会思想长期的变迁趋势。所以，在“晚期帝制中国”的框架下，社会结构的变迁要比政治格局的兴衰更替更为重要。

而魏爱莲和张孙康宜则在导言部分明确了“晚期帝制中国”概念在广义和狭义上的不同理解。魏爱莲指出，广义上的“晚期帝制中国”指的是明、清两代（1368—1911），其中清代承袭明制，大部分典章制度都被继承下来。狭义上的“晚期帝制中国”用一种有机的历史分期法取代了王朝框架，指的是大概从晚明的16世纪50年代开始一直到清末这一时段。在这个时段内商业扩张、城市化进程加快、娼妓文化、印刷业和奢侈品贸易显著增长。总的来说，这些学者着眼中国社会内部，仔细考察了中华帝国晚期的社会、文化、性别、城市、商业、学术、思想等方面的变迁。这些变迁不仅给整个清代，而且给后帝制时代的国家与社会赋予了特定的形和神。按照司徒琳和万志英的看法，“晚期帝制中国”概念虽然强调了中国社会自发变化的特点，但却把这些变化背后的动力置于市场经济成长中，而正是这种商品经济的发展损害了占支配地位的社会等级，并塑造了一种从严格的行为与表达的规范中摆脱出来的独立性，重申了韦伯（Max Weber）关于现代性的观念。

就这一点来说，杜赞奇对此也有类似看法。在《护史退族：现代中国史叙事的质疑》（*Rescuing History from the Nation*）一书中，杜赞奇指出，“韦伯－帕森斯”关于从传统到现代的假设与马克思或新马克思主义的阶段论相结合，塑造了一个供学者们释疑的历史分期框架，即从唐宋之交一直到西方冲击的“晚期帝制时段”，这个阶段的特征

① ［美］曼素恩《缀珍录：十八世纪及其前后的中国妇女》，定宜庄、严宜葳译，江苏人民出版社2005年版，第280页。

集中表现在原始资本主义的形成、原始工业化的兴起、商业资本主义的出现以及资产阶级价值观在社会中的体现[①]。

但是，冷战结束以后，美国中国学界开始对冷战时期美国的中国研究典范进行反思，黄宗智、魏斐德等人十分警惕将西方理论不加区分就应用到中国研究方面的行为，并且寄希望于能够从中国研究中抽象出合适的研究理论；而何伟亚、冯珠娣、塔尼·白露等人则一方面系统地批判冷战期间美国中国研究所存在的问题，另一方面又希望能从后结构主义和后殖民主义中寻找一种新的研究灵感[②]。在这种充满反思氛围的语境中，“晚期帝制中国”概念也被学者指出了其中的缺陷。尽管何伟亚在《文化与战后美国的中国史研究》一文中肯定了孔飞力、施坚雅、魏斐德的研究赋予了传统中国社会新的活力，并强调他们“开辟了重新审视中国社会结构的道路，抛弃了原有僵化的中国官僚政治形象，否认了精英阶层的历史是应当受到特别重视的领域，并将明清时代作为‘帝国晚期’（late imperial）的连续性发展整体，以立基于中国回应西方理论，重新书写近代历史”[③]。但是，他认为这种对社会运动、日常生活、阶级和性别冲突、知识分子的不满以及政治和经济转变等内部因素的过度重视，会使得我们对整体意义上的国家，以及中国与海上时代的欧洲和内陆亚洲关系的忽略[④]。因此，何伟亚认为，正是“晚期帝制”概念对内部因素的过度重视，使我们在近20年的研究中忽略了中国对外关系的研究，研究者对“晚期帝制”概念的接受让中国有了一部富有内在活力的历史，但外部因素很显然被低估

① Prasenjit Duara, *Rescuing History from the Nation: Questioning Narratives of Modern China*, Chicago: University of Chicago Press, 1995, pp.25—26.

② 上述学者的反思详见本文第二章

③ Judith B. Farquhar and James L. Hevia, *Culture and Postwar American Historiography of China*, Positions 1:2, 1993, pp.496—497.

④ James Hevia, *Cherishing Men from Afar: Qing Guest Ritual and the Macartney Embassy of 1793*, Durham: Duke University Press, 1995, p.8.

了[①]。

何伟亚的观点使我们注意到了中国与内陆亚洲和海上欧洲之间关系的重要性，而我们在第一章中所提到的"阿尔泰学派"和"欧亚相似论"正是对何伟亚这种观点的回应。实际上，根据当前"新清史"的观点，"晚期帝制中国"框架最大的缺陷就是将明清视为一体，从而忽视了清王朝的满洲特性。曼素恩的研究也表明，尽管"晚期帝制中国"的王朝更迭没有冲击女性学问的轨迹，但如果我们把问题集中在社会性别上，就会发现清军入关标志着一种文化的混乱，随着清王朝掌握政权，社会性别关系也发生了转变[②]。如果从当前全球史的视野出发，"晚期帝制中国"框架最明显的缺陷就是将中国与欧亚史和更为广阔的世界史隔离开来。或许我们可以说，"晚期帝制中国"框架只适合不考虑整体中国的地方性研究，如果我们从更为广阔的比较史语境中考察它，那么它的缺陷必然显露无遗。这也意味着，在不同研究理念的语境中，"晚期帝制中国"框架所发挥的作用是不同的，因此，在我们将它进行语境化理解的时候，需要区分不同的研究领域和研究思路，否则，如果我们只在"比较欧亚史"的语境中理解"晚期帝制"，那么它在地方史研究中所能发挥的作用就会被严重忽略。因此，我们不能因为"新清史"的兴起，就说"晚期帝制"框架过时了，从人们视野中淡化了，而是应该像乔迅（Jonathan Hay）那样，在选择"早期现代中国"框架和批评"晚期帝制"的缺陷时，并不否认它的有效性[③]。此外，还不断有其他一些作品表露出对"晚期帝制中国"框架的不满。有的

① James Hevia, *Cherishing Men from Afar: Qing Guest Ritual and the Macartney Embassy of 1793*, Durham: Duke University Press, p.3, pp.8—9. 何伟亚认为，晚期帝制是一种新的历史分期，主要指从14世纪中叶到19世纪末的明清时代。

② [美]曼素恩：《缀珍录：十八世纪及其前后的中国妇女》，定宜庄、严宜葳译，江苏人民出版社2005年版，第7页。

③ Lynn A. Struve ed. *The Qing Formation in World—Historical Time*, Cambridge: Harvard University Asia Center, 2004, p.xiii.

学者开始指出“晚期帝制中国”这个术语在语义学上所体现出来的缺陷。乔迅在《清初视觉和物质文化的形成》一文中指出，帝国晚期表明了一种文化迟滞，因此它便支持了一种旧的观念，即中国，特别是清代，在过去的重压下步履蹒跚，靠的是“现代的转变”才把它拯救出来（简单地说就是一方面学者们试图展现明清社会、政治、经济、文化等方面的发展变化，另一方面用了一个很具有衰落感的词——“晚期帝制中国”，这是一个矛盾之处）[①]。因此，乔迅认为“早期现代”这个术语要比“晚期帝制”更能准确地反映17世纪的中国。当然，他的观点并没有得到司徒琳的完全认可，司徒琳在《世界时间下清的形成》一书中指出：

> 简言之，我所表达的怀疑是，我们可以令人信服地展示出从晚明到清看起来像是现代主义的连续发展，但与其构建一个早期现代的叙事，不如把我们在16世纪末到18世纪初的中国文化中发现的令人震撼的东西，看成是一个文明内部的变迁，而这个文明有其自己的节奏和轨迹[②]。

司徒琳对乔迅的质疑表明了她担心“早期现代”的叙事会让人们误将中国社会内部的变化视为一种类同于西方社会现代性发展的过程，这种看法与柯文所表达的担忧类似。柯文的原意是在中国寻找内部的变迁，以中国历史本身为衡量标准，而不是按照欧洲历史发展的准则。因此，在《在中国发现历史·新序》一文中，柯文指出他发现一些研究中国的学者已经开始关心许多欧洲史学家长期以来所一直关心的问题，如商业化、都市化、人口变化、社会动员、国家建设、国家与社会的关系等问题，这些体现在诸如席文（Nathan Sivin）对中国科技史的研究、罗友枝对帝制晚期民众识字率的研究以及马若孟（Ramon

① Lynn A. Struve ed. *The Qing Formation in World—Historical Time*, Cambridge: Harvard University Asia Center, 2004, p.xiii.

② Ibid, p.45.

Myers）、罗威廉、曼素恩对明朝后期以来的商业化、货币化和都市化的研究之中。柯文指出：

个别而言，虽然他们的著作不但提到了中国与欧洲的相同之处，同时也道出了两者的不同点；但就总体而论，这些著作显示了一个令人担忧的问题：这就是在克服了一种视中国无力自我转变而要靠西方引进现代化的偏见后，我们是否无意中又对中国历史形成了另一种偏见，即中国历史只有那些符合西方现代化定义的发展轨迹才值得研究[①]？

柯文的这种担忧涉及另外一个难以解决的问题，即研究者在对中国社会内部进行深入的地方性研究或微观研究时往往会发现与早期现代欧洲很多表面上的相似，但又无法找到合适的术语来描述它。高彦颐（Dorothy Ko）在《闺塾师》（*Teachers of Inner Chambers*）一书中曾经这样表达困惑："我确信这一点，即中国历史的内涵只能在中国文化和中国历史的动态发展过程中寻找，但它的重要性只能在比较史学的大框架下才能体现出来"[②]，因此尽管其认为"早期现代"要比"晚期帝制"更加适合比较妇女史研究，但她还是觉得当前的研究成果还能很充分地支持我们做出富有成效的比较。正如我们前面所说，"晚期帝制中国"框架只是在不考虑整体的地方性研究中才特别有效，一旦研究者试图将其所挖掘到的"活力"同早期现代欧洲的成就相比较，那么很容易陷入一种以西方成就为标准来衡量中国社会发展境地之中。造成这种现象的原因：一方面是我们尚未能从中国地方史研究中抽象出恰当的，可以用于比较的中层理论；另一方面，比较史学本身目前也仍在寻找一种可以有效避免偏向任何一边的方法论，当前讨论较多的全球史可以被视为一种有益的探索。不过，回到语境中来，我们会

① ［美］柯文《在中国发现历史：中国中心观在美国的兴起》增订本，林同奇译，中华书局2004年版，第233页。

② Dorothy Ko, *Teachers of the Inner Chambers,* Stanford: Stanford University Press, 1994, p.25.

发现，“晚期帝制中国”框架的有效性建基在地方史和微观史语境中的，因此，如上所述，我们首先在各使用它的文本内语境中理解它的含义，比如在孔飞力和魏斐德的文本中可以发现，“晚期帝制中国”框架可以让我们将明清视为一个连续性发展的整体，并且内部充满活力。但是，我们无法只在文本内语境中理解这一变化，必须结合当时美国中国学的语境来理解，比如研究理念由上层精英转向下层民众、中美学术交往的正常化使得学者有机会进入中国内地，以第一手材料来深入挖掘中国社会内部的活力，而且原有的人类学研究传统也为更加深入的区域史和微观史研究提供了学术资源。但是，从历时性的角度来看，20世纪90年代以后的美国中国学界发生了变化，在对冷战期间研究典范进行反思和批判的语境中，一些学者认为过于强调内因的做法和以前过于强调外部冲击的观点异曲同工，都未能在一个更为广阔的比较史视野中来理解中国。因此，我们需要在两种不同的语境中对“晚期帝制中国”框架进行评价，首先，在原有的地方史研究中，此框架依然有效，因为我们不能认为其割裂了明清时期的连续性发展；其次，在世界历史时间下审视明清的做法使得“晚期帝制中国”框架的有效性遭到了质疑，它淡化了清代独特的“满洲属性”以及同以往朝代不同的政治运作模式，并且无法在欧亚比较史的语境中有效地体现传统中国社会特有的活力和内涵。因此，我们在书写美国中国学史的时候，需要分别结合文本内语境、社会语境、不同研究范式的语境来综合分析“晚期帝制中国”框架，并且通过共时性和历时性的连接，我们可以比较清楚地看到美国中国学这段时期的一个大致的发展历程。

最后，本文对“晚期帝制中国”这一概念做一个简单的总结。

首先，“晚期帝制中国”概念是对以往“中华帝国”概念的修正。传统观点认为，“中华帝国”在鸦片战争之前是一个专制的、非现代、停滞不前的多民族帝国。比如，有些学者会认为宋代以后一直到清（蒙元期间有所断裂），传统中国在科技和农业经济方面已经陷入了伊懋可（Mark Elvin）[①]所谓的“高水平均衡陷阱”，另一些学者或是受到日本京都学派的影响，认为“唐宋变革”“明清停滞”，最终只有靠现代化的冲击，才能把传统中国从中解脱出来[②]。而“晚期帝制中国”概念则强调寻找中国传统社会的活力和自身发展变化的动力，力图展现中国文明自身的变化逻辑。淡化那种“传统 / 现代”的二元对立，把西方冲击的影响放到了次要的地位。此外，过去的研究把满清看成是蒙元的同类者，因此，蒙古人使得宋代资本主义中断，满清同样使得明末资本主义萌芽无法长成参天大树。而晚期帝制中国首先强调了一种明清作为连续发展整体的历史观念。所以，魏斐德所划分的时限——从 16 世纪 50 年代到 20 世纪 30 年代，成了“晚期帝制中国”的基本范围[③]。

其次，“晚期帝制中国”的概念强调进行“长时段”和“中时段”研究，把明和清视为一个连续发展的整体。从理论思潮方面来看，这主要受到法国年鉴学派的影响。布罗代尔等人把“长时段”下社会心态、

① “高水平均衡陷阱”说（high—level equilibrium trap），认为在唐宋尤其是宋代，人口和经济向南方的拓展引起了农业、水路交通、货币信贷、市场结构与城市化以及科学技术等方面的一次重要的经济革命。然而到明清时期，移民扩张达到了边界、政府限制对外贸易和心学重视内省而忽视自然科学三方面的原因，使得人们倾向于节约使用资源和资本而不是采用替代人工的发明，知识分子沉溺于复杂哲学的思考而丧失了探究科学的兴趣，发达的国内市场、农业与运输可以保证在很低的成本下提供足够的商品，因而无法产生投资发明的动力，于是中国陷入了一个高水平均衡的陷阱之中，再也无法通过内部力量产生新的变化。参见关永强：《从欧洲中心史观看美国中国史研究的变迁》，载《史学理论研究》2009 年第 1 期。

② 关于“唐宋变革、明清停滞”可参见李伯重《“选精”“集粹”与“宋代江南农业革命”——对传统经济史研究方法的检讨》，载《中国社会科学》2000 年第 1 期。

③ 卜正明（Timothy Brook）和王笛都曾提到过“晚期帝制中国”概念的另一种少见时限范围，即从宋代到清代的这一段时间被看成是“中华帝国晚期”，这其实是受到京都学派“宋代近世说”和伊懋可所提出的中国“中古时期的经济革命”和“帝制晚期没有技术变化的经济发展”理论的影响，把宋代以后的中国看成是陷入了“高水平均衡陷阱”和只有“量的增长”，没有“质的提高”的时代。所以，把从宋到清这段时间看成是“中华帝国晚期”的学者所理解的“晚期帝制中国”概念，依然强调了历史发展的连续性和中国社会自身的变化，但这种变化不是积极的，而是消极衰落的。

社会环境的变迁看成是历史发展的基础性动力，所以从事中国研究学者们开始在“晚期帝制中国”的框架下追寻19世纪以来中国社会变化的历史渊源，强调社会文化、社会结构的变迁在历史分期中的重要性要大于“短时段”结构下王朝兴衰的循环。

此外，“晚期帝制中国”概念重视对下层社会和非精英群体的研究。比如姜士彬、韩书瑞（Susan Naquin）等人对民间文化和民间信仰的研究，高彦颐对“才女文化”的研究都表现出这种趋势。按照万志英的看法，“晚期帝制中国”概念深受英美“新社会史（New Social History）”思潮的影响[①]，使得学者们逐渐重视对微观史、大众文化史和妇女史的研究。马克·博斯特在《文化史与后现代性》一书中总结了新社会史方法论的三大特征：一是解释模式上从叙述转向分析；二是材料性质上从引用个人的话语转向寻找数据档案；三是历史书写的对象从政治和思想精英转向日常生活中的大众，包括工人阶级、妇女、弱势群体、少数族裔等[②]。这体现在“晚期帝制中国”概念中，即表现强调从社会或者是“小传统”的角度出发，对普通人群和地方文化进行细致研究。

三、结语

本文剖析了“晚期帝制中国”这一历史分期术语内涵变迁的来龙去脉，从概念变迁的角度将20世纪70年代以来美国明清史研究中的范式转换趋势展现了出来：从“冲击反应论”到“中国中心观”再到后来的“族群认同说”的转变。实际上，从概念术语出发，对其内涵与外延进行剖析，从而进入学术史脉络的做法和雷蒙·威廉斯（Raymond Williams）所提倡的关键词研究法有异曲同工之处。首先，威廉斯的本意是通过探寻词汇意义变化的过程，来达到对社会和文化的解析。

① Paul Jakov Smith, *Richard von Glahn eds., The Song–Yuan–Ming Transition in Chinese History*, Cambridge: Harvard University Asia Center, 2003, p.46.

② Mark Poster, *Cultural History and Postmodernity: Disciplinary Readings and Challenges*, New York: Columbia University Press, 1997, pp.3—4.

他认为：一方面，词语意义的演变反映了社会和思想的矛盾、冲突和争议；另一方面，一些重要的社会历史演变其实就发生在语言内部。因此，威廉斯所创造的“关键词”研究法实际上受到了 20 世纪以来西方语言学转向的影响，即学术关键词不是孤立的，它的内涵与外延反映了社会文化甚至是知识权力的转变。而本文将此方法论的精髓之处“语言与社会之间的互动关系”移植到了史学史的研究领域中来，强调“术语同学术史之间的互动关系”，以期通过对“关键词”演变的研究来展现美国中国学史研究的变迁。

按照葛兆光先生的说法，海外中国学本质上是外国学，所以翻译过来的作品又经过了一次译者的“跨语际实践”，同原作存在一定程度上的文化和学术理解上的偏差。以美国中国学为例，有很多关键词，包括“晚期帝制中国”“早期现代中国”在内的术语，国内学界在理解上比较混乱，给予必要的整理，并加以分析，可以帮助我们更加清晰地掌握他山之石。所以，本文即以美国明清史研究领域中最为常见的“晚期帝制中国”为研究对象，希望能够以点带面，通过研究关键词的变迁来展现美国中国学史发展的脉络。

（本文原刊于《学术界》第 159 期，本次发布版本经作者审订）

《中国西征：清朝对欧亚大陆腹地的征服》书评

田　宓

陕西师范大学西北历史环境与经济社会发展研究院

《中国西征：清朝对欧亚大陆腹地的征服》是濮德培（Peter C. Perdue）今年四月出版的关于明清中国西北边疆发展史的一部力作。与以往研究有所不同的是，作者反对从民族国家本位主义出发来看待清王朝、俄国、蒙古在欧亚大陆中部地区的三方角力。他将清王朝、俄国、蒙古置于平等的位置上，在三者的互动关系中，解读清帝国在欧亚大陆中部地区疆域拓展的历史进程，然后作者将笔锋转至清代、民国直至现在，分析社会精英利用文字等媒介对这一历史事件所进行的话语建构过程。作者对上述内容的阐释其用意是在“全球化”的视野下，从中国历史发展的自身理路来回答近代中国民族国家何以形成的问题，进而与西方历史的发展进程形成比较，有别于以往中西比较研究，作者认为应重视国家行为对社会经济的发展与制约作用。因此，在行文中，国家安全与战略在中国历史发展过程中的重要性是作者一再强调的重中之重。

本书除引言外，共分五部分。第一部分包括三章内容，主要围绕欧亚大陆国家的形成展开。在这部分内容中，作者首先对欧亚大陆中部的自然环境进行了描述。他反对研究者带着政治上先入为主的偏见和种族优劣论对自然环境进行比较研究，他认为这样做的目的无非是用地理环境的差异来为西方优于东方提供佐证。在作者看来，如果研究者能够放弃成见，真正体察人类与周边环境的微妙关系，那么许多问题都可以重新解释。立足于这个观点，作者指出欧亚大陆生态环境从东到西具有相当程度的一致性，这使得该地呈现疆界和文化的模糊和不确定的显著特征，同时也使得人们可以在这里任意迁徙。既定的地理环境，无形中约束着人类的全部行为。易于移动的地理形势，适合游牧人群的生存，但环境的同构型也限制了他们的进一步发展。而对于明清帝国的缔造者们来说，如何有效地适应这种环境与活跃在这里的游牧人群展开斡旋，也就成为在竞争中获胜的关键。在这里，作者特别介绍了时最主要的作战和运输工具——马在人们交往中扮演的重要角色，结合后文，我们可以发现，在人类交往方式未变的情况下，马政得失于明清对蒙政策的成败具有极为特殊意义。接下来，作者主要对 15~17 世纪末近二百年间的明蒙关系、俄罗斯帝国、准噶尔汗国的形成、满洲的崛起以及他们的早期接触进行了论述。

第二部分包括四章，主要围绕欧亚大陆中部的权力竞争展开。在这里作者反对单方面地探讨中俄关系、俄蒙关系或中蒙关系，他强调应在清帝国、俄罗斯、蒙古三方交错的利益关系中分析欧亚大陆中部的局势。他认为，由于清帝国和俄罗斯存在一致的经济利益，因此在对外关系上俄罗斯最终倒向了清帝国。1689 年《尼布楚条约》和 1727 年《恰克图贸易条约》的签订，使清帝国和俄罗斯达成某种程度的默契，这决定性地影响了欧亚大陆中部地区的权力格局。双方关系的和解对准噶尔蒙古来说是沉重的一击。这使他们不可能向俄国寻求结盟关系。不只如此，俄罗斯对清廷西征的默许态度也为准噶尔汗国的最终失败埋下了伏笔。与周边蒙古的良好关系，不仅使清帝国谙熟草原帝国的政治军事逻辑,也使得他们在战时得到了蒙古同盟的有力支持。而随着准噶尔汗国不断壮大，对清帝国的侵扰不断，构成帝国安全的巨大威胁，战争已在所难免。这场旷日持久的战争以准噶尔及其后继势力的最终溃败以及清帝国的全面胜利收场。在双方的交战中，作者一再强调了在欧亚大陆中部广袤的土地上后勤保障对军事战争的重要性。作者认为与前代比起来,清帝国之所以能够取得前所未有的胜利,主要就是因为他们通过种种举措有效地解决了粮饷、军马、武器等一系列后勤补给问题。

第三部分分为四章，主要论及帝国的经济基础。在这部分内容作者指出以往研究往往忽略了新疆地区由游牧发展到定居经济的至关重要的转变过程。像清帝国在西北作战饱受后勤补给不足的困扰一样，准噶尔汗国同样在这方面受到限制。因此，在清帝国不断向西北渗透之时，他们也在通过建立城市、发展农业、培植商业等各种手段来加强自己的经济基础。但不应把这一转变简单视为被定居社会同化的过程，它实际上体现了准噶尔汗国动员各种资源，加强防御的需要。接下来的内容主要涉及清帝国对新疆的经略。作者论述了新疆的屯田、土地清理、粮食仓储、灾荒救济、商业货币等问题。但他并没有把目光停留在对这些现象的叙述，而是进一步分析了清政府经营西北的真正动因，他指出如果我们回到当时的历史情境中去，就会发现其实并不像一些学者所说的那样，清廷是怀抱着发展西北经济的目的而进行上述努力的。在清政府看来，经营新疆始终是一单明知折本却不得不做的生意。朝廷的动机十分简单，就是使新疆在经济上能够自给，不再仰赖内地，而最终的目的是为了保障帝国的安全。作者以为举凡清代新疆的所有问题，都应在这个大前提下加以考虑。

第四部分分为两章，主要围绕中央王朝固定疆界的努力而展开，主要讲中央王朝在空间和时间两个方面对疆界进行固定的努力。在空

间方面，作者首先指出像西欧各国、俄罗斯和土耳其帝国一样，17、18 世纪，中国同样经历了一个限制人口流动、明确空间界限以及与周边国家谈判建立疆界的过程。接着书中主要考察了游历、碑刻、地图这几种被统治者惯常采用的技术手段，作者认为这几种技术手段在划定疆界、彰显权力的同时也制造了帝国的想象。但帝国标识空间和人群的努力，从未真正取得成功，在“平定”的表象下，隐藏着深层的危机。

在时间方面，作者主要强调帝国如何通过编撰史书把对边疆征服的历史按照自己的方式加以诠释；而这样做的目的其实是证明清王朝是天命所归,正因为他是天命所归才能完成前朝未能完成的丰功伟业。但此种以帝王为中心的解释，一厢情愿地将西北的战事定义为“叛乱”，将帝国的征服定义为“剿灭”，作者认为如此这般的做法，有失公允，因此他希望认真比对经过改造和原始的、官方与非官方的、王朝与蒙古等各方面的史料，尽量能够使我们倾听更为多样的声音、看到更为多元化的历史。作者最后指出王朝的这种努力，虽然从未能够弥合帝国内部的诸多差异性，但它极大地确立了帝国统治的合法性，并被他的后继者——民族国家发扬光大。

第五部分的标题是“传承与意涵”（Legacies and Implication），这一部分又分为“书写民族征服历史”“欧洲与亚洲国家的建立”“从清朝沉浮看边疆扩张”三章内容。在“书写民族征服历史”的章节，作者首先分析了在王朝内忧外患的情况下，龚自珍、魏源这些经世致用之才如何继续并最终完成了民族征服历史的书写,同时指出龚自珍、魏源对边疆开发、边疆防御的关注，显示了其思想的进步性，但这样的观念并不是受西方的影响而产生，而是源自于他们所知道的王朝扩张的经验。接下来，作者指出西方史学家在地缘政治的视野中，也对清帝国疆域的扩张进行关注，而且他们跨越了国家的界限，把准噶尔、俄罗斯、清帝国三国的扩张，作为世界历史发展过程的一个重要事件来看待。然后，作者阐释了进入20世纪以后，中国的历史学者如何在民族主义的情怀下，将中国建构成一个多民族的国家。他指出，苏联和蒙古亦采用了同样的假设，他们把清帝国看成是一个一贯的扩张者，强调其扩张对游牧民族造成的灾难。作者将上述编史方式归纳为目的论（teleology）、道德评判（moral evaluation）、自然边界（natural frontiers）、实质化认同（essentialized identities）四个特点，并对这四个观点一一加以驳斥。他指出：应回到历史的场景中去，尽可能地从当时国家和行动者利益和动机来思考问题，而不是把其视为民族国家发展的必然阶段；应把边界和族群的认同当成是一个建构的过程来看待；应看到环境对人类的制约作用、给予物质基础足够的重视。

在“欧洲与亚洲国家的建立”这一章节中，作者指出主要由边疆关系、军事战略、后勤补给、外交策略四方面内容组成的清王朝扩张的模式，可以最终回答为何清王朝得以成为中国历史上最大的帝国这个问题。接着，作者对基于欧洲经验研究中国的政治理论以及游牧国家形成理论这两种史学传统进行了学理上的爬梳。他赞同直到18世纪中期，欧洲与清帝国并没有存在巨大差异的观点，并引用了Charles Tilly有关欧洲国家体系形成的理论，来对中国民族国家形成的模式进行阐释。Charles Tilly区分了现代欧洲民族国家形成的三种途径，即资本密集型（capital–intensive mode）、高压统治密集型（coercion–intensive mode）和资本化的高压统治型（capitalized–coercion mode），作者认为Charles Tilly的研究使我们的讨论可以转移到军事与商业活动的相互作用上来。接着作者试图弥合“欧亚大陆相似论”和“阿尔泰学派”两种理论的分歧。作者指出，作为近年来清史研究领域新出现的两种解释倾向，前者强调明清时期的社会经济组织与欧洲存在很大的相似性（如R. Bin Wong、Kenneth Pomeranz等人的研究），而后者则强调清帝国与欧亚大陆中部的关系（如Mark Elliott、Evelyn Rawski等人的研究）。作者认为用军事后勤（logistics）

和战略文化（strategic culture）两方面的内容入手来研究这段历史，则可以有效地将两者的观点结合起来。

在本书的最后一章，“从清代沉浮中看边疆扩张”中，作者指出军事扩张深刻地影响着清朝内政，使其拥有了前所未有的活力，最终成就了天朝大国的无上荣光。因此，军事扩张的停止不可避免地使清朝丧失了活力之源，这导致了清朝统治基础的日益削弱。接着作者从18世纪80年代，英国侵略中国南部海岸的事件讲起，论述了清廷错误地将西北经验移植到中国南部去运用。作为一个谈判的国家（negotiated state），在特定的时期，地方势力与中央王朝平衡的破坏；国家的商业化与地方化几个方面的内容，作者认为正是以上四个方面内容导致了19世纪王朝的日渐疲弱。

有关中国西北边疆的研究成果之多，无须笔者赘言，作为同样一部关心这个问题的论著，笔者认为作者将西北的军事扩张与清王朝命运的浮沉联系起来考察，进而在世界的格局中，重估清代中国历史，这是与以往研究最大的不同之处。近年来译介过来的有关中西比较史学研究著作（如R. Bin Wong、Kenneth Pomeranz等人的研究），在很大程度上拓宽了中国明清历史研究的视野，同样作为一部比较研究的著作，本书与既往不同的是：作者在书中更加强调了国家行为对各种社会资源的配置作用，他把国家的安全与军事战略和近代民族国家的形成紧密联系起来，强调国家安全与军事策略在民族国家形成过程中所起的至关重要的作用，作者希望在这个基础上比较中西民族国家形成的不同历程。笔者以为这样的研究视角使我们更具整体感地看到了社会生活的生态、政治、经济、文化等各个侧面如何互相激发，推动社会发展至今天我们所见的面貌，在这个意义上来说，本书是一本能够启发我们思考的好书。

本书读来令人意犹未尽之处是，作者在强调国家行为的同时，势必过多地关注边疆扩张过程中的王朝单向度推进以及王朝如何创制帝国的想象，但这只是事情的一半，它的另一半是那些在经由军事征服已经纳入王朝版籍的地域范围内生活的人们，比方说作者在文中提到的新疆的伯克势力，比方说在更为底层的普罗大众，他们又怎样表达对帝国的想象？这是作者的研究中关注不够的地方。笔者认为如能更平衡地把握两者的关系，或许能够更加深入地回答“帝国何以被想象并维系”的问题。

（本文出自《历史人类学学刊》第三卷第二期（2005.10））

附录一

历史研习社推荐阅读书单

1. 辛德勇：研治古代文史的必备入门书籍
2. 豆瓣评分≥ 9.5 的历史类书籍
3. 研习中国历史必备的 10 本书
4. 学术翻译必备的极简工具书单
5. 10 位历史学家如何写自己的历史
6. 了解古代生活的入门指南
7. 张帆：中国史暑假阅读推荐书目
8. 一位北大历史系学霸的阅读书目
9. 10 本书让你洞悉中国古代法律的特点
10. 肚大能容：一份关于吃吃喝喝的书单
11. 城市史研究书单，围观有哪些关于你家乡的著作
12. 一份寻找秦汉王朝记忆的必读书单
13. 不为人知的 10 本隽永学术随笔
14. 艺术史必读书目
15. 读大学有哪些不容错过的好书
16. 就这 6 本书，让你读懂大名鼎鼎的年鉴学派
17. 自然科学家如何研究人类历史
18. 你真的了解自己的身体吗
19. 别傻了，民国的大学才不是你想的那样

20. 从西方了解中国："海外中国研究"系列完整版书目

21.〈开卷八分钟〉谢幕了，你可记得他们推荐过哪些经典的历史书？

22. 从一本书认识一座城，上海、香港、广州、武汉你可以读什么？

23. 历史爱好者如何入门中国史

24. 历史爱好者如何入门明史

25. 历史爱好者如何入门清史

26. 翻哪些书可以最快掌握清代学术

27. 明清社会经济史专题

28. 明清环境下的社会与法律

29. 读书有心得，青年学者来荐书

30. 在庙宇发现历史，满天神佛，来听听神仙的故事

31. 用"内陆亚洲"的视角看清史，你能看到些什么

32. 他山之石，欧美的清史著作

33. 清代的外交：中国与世界的相遇

34. 在清朝遇到西方，4 种新书来推荐

35. 国家清史编纂委员会已出版图书目录

36. 明史研究书籍提要 • 目录、史料及明史通论类

37.2016 以来大陆出版的明清史新书

历史研习社精选微课目录①

序号	课程名称	嘉宾	嘉宾简介	时间	备注
1	皇权如何进入县以下政区？从州县佐贰官分辖说起	胡恒	中国人民大学清史所副教授	2015 年 10 月 9 日	
2	乾隆皇帝与美国新清史研究	蔡伟杰	印第安纳大学内陆欧亚学系博士候选人	2015 年 10 月 29 日	
		袁剑	中央民族大学世界民族学人类学研究中心讲师		
		惠男	山东大学硕士生		
3	黄仁宇说“中国古代数目字管理”有问题，历史学人如何看？	郭永钦	复旦大学史地所博士生	2015 年 12 月 22 日	
4	关于中国史研究中如何用计算机记笔记的讨论	张一驰	中国人民大学清史研究所博士生	2015 年 1 月 28 日	
5	清代社会中的“客家”与移民问题	刘婷玉	厦门大学历史系助理教授	2016 年 3 月 4 日	
6	考研复试那些事儿	罗福平、静静、张磊	中山大学、陕西师大、南开大学硕士生	2016 年 3 月 11 日	
7	重新“发现”拉铁摩尔：一个人和他的时代	袁剑	中央民族大学世界民族学人类学研究中心讲师	2016 年 3 月 27 日	
8	明清以降洞庭湖区环境变迁与血吸虫病的流行	车群	上海交通大学历史系助理研究员	2016 年 4 月 23 日	
9	史料、方法与视角——走出近代江南城镇化水平研究的困境	江伟涛	广东社科院历史所助理研究员	2016 年 5 月 3 日	

① 限于篇幅，本表仅收录部分微课内容，全部微课内容可关注微信号“历史研习社”在主页查看。

续表

10	文科生写论文有哪些必备的文献数据库?	林红状	南开大学图书馆副研究馆员	2016年5月20日	
11	解码《琅琊榜》隐藏的真实历史世界	颜岸青	南京大学历史学院博士研究生	2016年5月27日	
12	学术研究要用什么软件进行文献管理?——以人文科学为例	张一弛	中国人民大学清史所博士研究生	2016年6月3日	
13	读不懂书怎么办?取法其上:从钱穆、顾颉刚那里学读书法	廖峰	贵州大学中国文化书院副教授	2016年6月25日	
14	中国人为什么爱吃瓜子?	李昕升	南京农业大学博士生	2016年7月2日	
15	在香港读研究生是种什么体验?	王惠	香港中文大学博士生	2016年7月19日	
16	清朝的AB面:草原帝国还是中原王朝	孔令伟	哥伦比亚大学东亚与历史学系博士生	2016年7月24日	
17	上师、牧民与水电站:行走康藏边区的故事	励轩	四川大学中国西部边疆中心副研究员	2016年7月30日	
18	文科生如何写出自己的第一篇学术论文?	赵思渊	上海交通大学历史系讲师	2016年8月13日	
19	乌托邦指南:读大学要怎样去读书?	廖峰	贵州大学中国文化书院副教授	2016年9月4日	
20	2016历史学考研经验分享会	小昊、晨晨、后长、欣宇	中国人民大学、华东师范大学、四川大学、中国人民大学硕士生	2016年9月10日	
21	E时代做研究如何运用电子数据库?——以文史专业为例	高树伟	北京大学古典文献学硕士	2016年9月21日	
22	文科生如何写出自己的第一篇学术论文?	赵思渊	上海交通大学历史系讲师	2016年10月26日	
23	清代八旗子弟求学记	开宸	长春市满族文化促进会副会长	2016年11月6日	
24	当代史学研究的十个前瞻课题	蒋竹山	台湾东华大学历史学系暨研究所副教授	2016年11月4日	直播
25	明代北边的军事防御	邱仲麟	台湾中研院历史语言研究所研究员	2016年11月25日	直播

续 表

26	美国四博士谈“一带一路”：中国、内亚与东南亚的历史交流哥大工作坊会后谈	陈博翼	圣路易斯华盛顿大学博士候选人	2016 年 12 月 4 日	
		蔡伟杰	印第安纳大学内陆欧亚学系博士候选人		
		卢正恒	爱默蕾大学历史系博士生		
		孔令伟	哥伦比亚大学东亚与历史学系博士候选人		
27	宋代中国的海上贸易	吴钩	资深传媒人、作家	2016 年 12 月 23 日	
28	环境·边疆·秩序清代以降环境史研究的几个侧面	薛辉	广西社会科学院当代广西研究所讲师	2016 年 12 月 30 日	
29	台大、北大谁更大？北大博士眼中的台湾文科教育	蔡佳宏	北京大学历史学系博士生	2017 年 2 月 19 日	
30	数字人文研究的利器：CBDB 应用入门	徐力恒	哈佛大学“中国历代人物传记资料库（CBDB）”项目博士后研究员	2017 年 3 月 5 日	
31	从月港到安海——泛海寇秩序与西荷冲突背景下的港口转移	陈博翼（华盛顿大学）	美国圣路易斯华盛顿大学博士候选人	2017 年 3 月 6 日	直播
32	马伯庸：在历史中填充想象	马伯庸	著名作家	2017 年 3 月 30 日	直播
33	何为中国，何谓China《祖国的名称》微课堂独家分享	胡阿祥	南京大学历史学院教授	2017 年 4 月 8 日	
34	人民日报力荐，读完 2100 本书的清华博士，总结了这些高效读书法	冯立	清华大学人文学院历史系博士生	2017 年 4 月 15 日	
35	外视中国：汉学与中国研究	陈赟	华东师范大学社会发展学院人类学研究所讲师	2017 年 4 月 23 日	
36	被误诊的艺术史：一堂课教你如何鉴赏名画	董悠悠	法国马赛大学艺术史专业	2017 年 5 月 3 日	
37	海盗（海商）传奇经济全球化视角下的明清海商海盗问题	王涛	河北大学副教授	2017 年 5 月 7 日	
38	招魂者与驱魔人女巫与宋代社会	董嘉诚	纽约州立大学宾汉顿东亚系硕士生	2017 年 5 月 21 日	

续表

39	我的“文书”发现之旅：从“地方衙门档案”到“民间历史文献”	田宓	内蒙古大学副教授	2017 年 5 月 30 日	
40	李怀印：世界史视野下的中国近代史诸问题	李怀印（美国德克萨斯大学）	德克萨斯大学奥斯汀校区历史系兼东亚研究中心主任	2017 年 6 月 7 日	直播
41	传承与裂变：晚清以来的思想与社会	祁梁	郑州大学历史学院讲师	2017 年 6 月 18 日—7 月 28 日	
42	中古中国社会与门阀大族	谭凯（美国加州大学伯克利分校）	美国加州大学伯克利分校讲师	2017 年 6 月 19 日	直播
		李鸿宾	中央民族大学历史文化学院教授		
		胡耀飞	陕西师范大学历史文化学院讲师		
43	从里斯本到澳门：葡萄牙帝国的崛起	陆大鹏	南京大学英美文学硕士	2017 年 7 月 23 日	直播
44	超级课程：被误读的日本史：五名博士带你解毒日本（共九节）	康昊、黄霄龙、胡炜权、贺申杰、袁甲幸	大阪大学、神户大学、一桥大学、东京大学、早稻田大学博士在读	2017 年 7 月 31 日	
45	探究故宫深处的细节之美	李文儒（南开大学）	故宫博物院副院长、研究馆员	2017 年 9 月 14 日	直播
46	大秦帝国的祖先神话 基于铭文与传说的解读	何彦霄	芝加哥大学古代历史博士生	2017 年 9 月 30 日	
47	以五篇文献为例——中古文学史的再脉络化	戴燕（复旦大学）	复旦大学中文系教授	2017 年 10 月 13 日	直播
48	太阳底下的新鲜事——20 世纪人与环境的全球互动	贺克斌	清华大学环境学院院长、中国工程院院士	2017 年 10 月 17 日	直播
		包茂红	北京大学历史学系教授		
49	2017 年历史保研经验分享	叶鹏、曹鲁晓、王艺朝、李馨、杨鹏云	复旦大学、上海交大、北京大学、南开大学硕士生	2017 年 10 月 22 日—29 日	
50	寻找你自己的写作之路	黄帅	中国青年报社评论部评论员	2017 年 11 月 12 日	

续 表

51	《历史学宣言》书评会 历史学到底出了什么问题?	蔡伟杰	美国印第安纳大学内陆欧亚学系博士	2017 年 12 月 1 日	录播
		涂丰恩	美国哈佛大学历史学博士生		
		陈建守	中央研究院近代史研究所助研究员		
52	我们如何研究家里的账簿?	董乾坤	安徽大学历史系师资博士后	2017 年 12 月 24 日	
53	明长城军事防御体系及其 HGIS 研究	何捷	天津大学建筑学院风景园林系副教授	2018 年 1 月 23 日	直播
54	用考古知识揭开郑和船队的真相	王冠宇	香港中文大学文物馆助理研究主任	2018 年 2 月 3 日	

后 记

在读书人眼里，出书是件神圣的事情。文字一旦付梓，就有了一种对抗时间的力量，这种力量一经赋予，就很难再受到书写者的约束。学人对于出书，始终抱有敬畏之心。

这本小书的诞生有很多耐人寻味之处。传统的论文集汇编多由成名学者主持，所选文章体现了学人对于某一领域的专业研究，有传道授业的意味。而这本书从策划、选文到出版都由一帮仍在读博士的年轻学人担纲，表面上看所选的文章还是那些熟悉的名字与领域，但背后的思路却有些不同。从读者的角度出发，以数据为标尺，选择读者读得懂的文章，洞察历史学基础的价值与训练，在我们看来有着现实的意义。

这个思路的转变与“历史研习社”公众号 4 年来的运营经验有关。在互联网可视化、可量化的标准之下，什么样的文章为读者所需求显而易见。我们不断地在研究数据，探寻学术与科普传播的平衡点；不断地在交流，探讨那些踏入历史学大门的同学想看到什么样的内容。在微信的生态系统里，我们不得不重视用户体验，本文所选篇目，或为简明扼要的技术指南，能使人受益终身，或为名家深入浅出的心得，既能调动初学者的兴趣，又对资深专业人员有所启示，这是微信的价值观教会我们的道理。

我们相信这本书的出版自然会有它的历史意义。也许很多年后微信不在了,“历史研习社”公众号也注销了,还是会有人通过翻阅这本书,找到我们一起经历的点点滴滴。我们本是一群读书人，我们的知识、兴趣与依恋来自于书,我们也愿意用书的形式来记录我们初心与探索。

本书的出版要感谢各位老师的热情支持，在我们联系授权出版事宜时，毫无例外地慷慨应允，让我们本来觉得艰难的事情出乎意料地顺利。李伯重老师在去俄罗斯的旅途中，仍慨然授权并帮助联系吴承明先生的后人；吴洪教授从上海返京后还专门在父亲的旧电脑上查阅文稿最佳版本；鲁西奇老师在台湾休养期间仍帮忙还原被重新拼接过的流行本，并惠赐同类稿件鼓励和支持我们公众号的原创首发栏目；陈春声老师在最繁忙的教学评估考核时期亦抽空确认文稿版本；尤陈俊兄协助联系了退休多年的黄宗智教授，黄老师慷慨赐稿并指出原文本是他的上课提纲，而流行的几个版本都是被人各自拼接而成所以稍显混乱，是故我们重新核对编辑了这份独特的“课纲”，黄老师也仔细审阅并予以肯定；科大卫老师谦逊地指出其实有一些更好的稿件可以增补或者代替他的原稿，不过基于公众号刊发和选稿原则，目前我们确认由程美宝教授的翻译这篇译文是“人民群众喜闻乐见”的最佳选择；包弼德老师的文章本为在复旦的演讲整理稿，在得知我们有意收录演讲内容出版后，在哈佛大学繁忙的教学与政务中，特意抽出时间重新改写演讲稿，增补入五年以来新的思考，使之成为一篇精湛的研究论文，又经译者杜斐然等人昼夜兼程校译，使读者得以抢先西文学界阅读到这篇极佳的中文稿。森正夫先生也怀抱着促进中日两国中国史学术交流的拳拳盛意，慨然应允收录大作。刘志伟、李振宏、定宜庄、欧立德、葛兆光、王汎森等老师也在琐事缠身之时，提供修正稿或认定稿，这样的细节不胜枚举，温暖了每一封邮件的等待。

同样要感谢各位编委成员的鼎力相助。陈博翼联系身在中美学界的诸位教授，在本书初稿形成后连续几夜精编精校，提出许多完善意见；赵思渊是微课堂栏目的负责人，不断邀请优秀的青年学者为大家带来前沿的学术研究；蔡伟杰负责公众号新清史栏目，兢兢业业，成为连通海峡两岸和美国清史研究的桥梁；李晓龙常常在繁忙的考察与研究之外，精选经济史领域的文章。此外，思想谈栏目负责人项旋，田野记栏目负责人石颖、田宓、张振兴，舆地志栏目负责人潘威、郭永钦、韩周敬、申志锋、伍伶飞，艺术史栏目负责人何鉴菲等，均用自己专业独到的眼光，帮我们发现了更多优秀的研究成果。

感谢历史研习社，它的存在能让我们以新的方式表达对历史学的热爱，在一个时代的澎湃浪潮中寻找新的可能。

感谢这本书，它寄托着许多人的所思与所念。

历史研习社编辑部

2019 年 8 月